# 한국인의 지식역량
## 진단과 처방

# 한국인의 지식역량 진단과 처방

| | |
|---|---|
| 발행일 | 2020년 9월 18일 |

| | | | |
|---|---|---|---|
| 지은이 | 김승일 | | |
| 펴낸이 | 손형국 | | |
| 펴낸곳 | (주)북랩 | | |
| 편집인 | 선일영 | 편집 | 정두철, 윤성아, 최승헌, 최예원, 이예지 |
| 디자인 | 이현수, 한수희, 김민하, 김윤주, 허지혜 | 제작 | 박기성, 황동현, 구성우, 권태련 |
| 마케팅 | 김회란, 박진관, 장은별 | | |
| 출판등록 | 2004. 12. 1(제2012-000051호) | | |
| 주소 | 서울특별시 금천구 가산디지털 1로 168, 우림라이온스밸리 B동 B113~114호, C동 B101호 | | |
| 홈페이지 | www.book.co.kr | | |
| 전화번호 | (02)2026-5777 | 팩스 | (02)2026-5747 |

| | | |
|---|---|---|
| ISBN | 979-11-6539-374-8 03320 (종이책) | 979-11-6539-375-5 05320 (전자책) |

이 도서의 국립중앙도서관 출판예정도서목록(CIP)은 서지정보유통지원시스템 홈페이지(http://seoji.nl.go.kr)와
국가자료공동목록시스템(http://www.nl.go.kr/kolisnet)에서 이용하실 수 있습니다.
(CIP제어번호: 2020039565)

# 한국인의 지식역량
# 진단과 처방

김승일 지음

그곳에 사는 사람들이
그들의 교육과 일자리를 결정한다!

'지식역량'이란 앎을 기반으로 문제를 해결하는 역량이다. 개인에게는 삶의 기반이며, 국가 차원에서는 경쟁력의 원천이다. 학교에서 공부하고 배운다. 일을 통해서도 배우고 역량을 개발한다. 경험하면서 학습한다. 이처럼 삶에 필요한 지식을 충분히 학습하고 역량을 개발할 필요가 있다. 개발한 역량을 마음껏 발휘할 수 있다면 더욱 좋을 것이다. 역량은 일을 하면서 새롭게 개발되고 향상되기도 한다. 그러나 기술과 지식이 빠르게 발전하는 시대에는 학교에서 배운 것만으로는 충분치 않다. 일과 경험을 통해 배울 수 있어야 한다. 따라서 학교와 직장에서 무엇을 배우고 어떻게 역량을 활용할 것인지가 중요하다. 각자의 지식역량과 삶을 결정하는 기반이 되기 때문이다.

특히 지식역량을 개발하고 활용하는 기반이 되는 관련 제도와 여건은 모두에게 중요하다. 그것이 한국인의 지식역량을 결정한다. 하지만 한번 만들어진 법령과 제도는 쉽게 바뀌지 않는다. 현실에 부합하지 않으며 비효율적일 수도 있다. 지식역량이 곧 국력인 나라에서 지식역량 개발과 활용에 적합지 않은 구조가 있다면 논의를 통해 바꿀 필요가 있다.

'한국인의 지식역량'은 광범위하고 다양한 요인이 서로 영향을 주고받으면서 형성될 것이다. 지식과 교육에 대한 생각, 사람 평가와 역량 개발에 관련된 제도, 경제 운영의 방법과 경쟁의 방법, 관련된 제도와 정책, 전통과 사회문화 등이 그것이다. 관련하여 우리 사회에는 학력과 지식역량의 괴리, 고학력과 일자리 문제, 경제적 격차의 확대, 지식역량 개발을 저해하는 구조 등 여러 문제가 존재한다. 하나같이 중요하며 제도와 정책 등 구조적인 문제와 결부되어 있다. 본서는 이러한 문제에 대한 관심에서 시작되었다.

이 책은 한국인의 지식역량에 대하여 현상, 원인, 발전 방향을 중심으로 이야기한다. 특히 인적자원 역량을 개발하고 활용하는 거시적 틀에 대한 논의에 초점을 두었다. 우선 한국인의 지식역량을 개괄적으로 진단하고 평가해 보고자 하였다. OECD 등이 발표한 자료가 그 기반이 되었다. 이어서 지식역량 개발과 활용의 구조적인 여건을 분석하고 논의하였다. 한국인의 학력 수준과 지식역량의 배경에 대한 논의이다. 지식역량 관점에서 본 한국인의 자화상을 그려본 것이다. 나아가 한국의 인적자원 개발 여건을 혁신하는 방향에 대해 생각하고 논하였다. 현재의 문제를 개선하고 보다 향상된 지식기반 국가가 되는 방안에 대한 것이다.

본서는 다음과 같이 크게 세 부분으로 구성되어 있다. 1~2장은 한국인 지식역량의 수준과 특성을 논의한 부분이다. 1장은 도입부로서 지식역량은 무엇이며 왜 그에 대한 논의가 필요한지를 다룬 것이다. 지식과 역량, 명시지와 암묵지, 지식기반 경제, 지식역량 논의의 배경 등이 주요 내용이다. 2장은 한국인의 지식역량 수준을 평가하고 분석한 부분이다. 우선 고학력 현상, OECD가 평가한 한국인의 언어·수리·컴퓨터 역량 등에 대하여 정리하고 설명하였다. 또한 한국인의 역량을 창의력과 실행력, 소통과 협업역량, 지식과 역량의 불균형 등으로 나누어 평가하고 논의하였다.

3~4장에서는 인적자원 개발과 역량 활용에 관한 한국의 구조적인 여건과 문제를 다루었다. 3장에서는 지식역량 개발의 구조적인 문제로서 삼각의 틀, 한 번의 승부가 된 입시, 평가와 보상의 문제, 계급적 위계와 연공서열, 불공정한 경쟁, 경제의 이중구조와 지식역량 개발 등에 대해 논의하였다. 4장에서는 인적자원 역량 활용의 문제를 일자리 미스매치, 청년실업과 조기퇴직, 직업보다 직장, 역량 개발과 활용 연계의 문제 등의 관점에서 다루었다.

5~7장은 앞서 논의한 지식역량 현상과 문제에 대하여 개선과 혁신을 논의한 부분이다. 5장에서는 지식 국가 건설에 필요한 새로운 기

반에 대하여 논의하였다. 지식역량의 균형적 개발, 보상체계의 혁신, 지식역량 기반의 공정한 경쟁, 인적자원 정책 개발과 정책 간의 연계 등이 그것이다. 6장은 개인 차원에서 삶에 필요한 역량을 획득하고 개발하는 방법에 관한 것이다. 생애역량, 직관과 분석, 나의 도메인, 시행착오와 체화, 융·복합과 창조, 창의력 개발 등으로 구성되어 있다. 앞의 장들이 한국인의 지식역량에 관한 평균적이며 구조적인 내용을 다루었다면 여기에서는 개인 차원에서 지식역량 개발에 필요한 팁을 제공한다. 7장에서는 지금까지의 논의를 토대로 근본적인 교육개혁을 생각해본다. 교육개혁의 방향, 학교의 직업교육 강화, 입시와 학교의 개혁, 대학 개혁 등이 주요 내용이다.

**Contents**

## 제1장   지식기반의 역량

## 제2장   한국인의 지식역량 평가

**제5장** 지식 국가의 새로운 기반

 **제6장** 생애역량의 개발과 창조

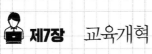 **제7장** 교육개혁

# 제1장
# 지식기반의 역량

1 | **지식기반의 역량**

2 | 한국인의 지식역량 평가

3 | 지식역량 개발의 구조적 여건

4 | 역량의 활용

5 | 지식 국가의 새로운 기반

6 | 생애역량의 개발과 창조

7 | 교육개혁

지식역량이란 앎을 기반으로 문제를 해결하는 역량이다. 특히 한국인에게 지식역량은 중요하다.

# 1. 지식과 역량

## ⊙지식은 아는 것(knowing)이다

안다는 것은 어떤 대상에 대하여 명확하게 인식하거나 이해하는 것이다. 배우거나 실천을 통해 알게 된 것이다. 어떤 사실이나 정보 또는 답을 안다(know)는 것은 그것이 이미 마음속에 있음(have it correctly in your mind)을 의미한다. 두뇌가 그것을 기억하고 있는 것이다. 내가 누구를 안다는 것은 전에 그를 만났고, 그와 얘기를 했기 때문에 그와 친하다는 것을 뜻한다.[1] 이에 대하여 전해 들어서 간접적으로 알고 있는 경우에는 'know of'로 표현한다. 이는 대상을 직접적으로 이해하는 것과는 다른 것이다. 직접 경험하여 아는 것이 아니다. 어떤 지식은 단기간 뇌에 머무르지만, 또 어떤 것은 장기간 두뇌 속에 저장된다.[1)]

지식(knowledge)이란 어떤 주제에 관해 정보를 가지고 있거나 그것을 이해하는 것이다. 이해한다는 것은 그것이 어떻게 작동하는지 또는 그것이 뜻하는 바나 느낌을 안다는 의미이다. 이와 관련하여 아인슈타인은 "간단하게 설명할 수 없으면 제대로 이해하지 못하는 것이다."라고 하였다. 충분히 이해하는 것의 중요성을 강조한 말이다.

---

1) 뇌과학에서는 인간의 기억을 단기 기억과 장기 기억으로 나누는 등 지식의 과학적 성격을 다루는 연구가 활발하다. 관련 내용을 보다 깊이 있게 이해하려면 관련 연구를 추가로 학습할 필요가 있다.

왜 그것이 존재하고, 어떻게 그런 일이 발생하는지 알 수 있어야 지식을 지녔다고 할 수 있다는 것이다. 지식(knowledge)이란 대상이 무엇(know-what)이고, 왜 존재하며(know-why), 어떻게 작동하는지(know-how)를 아는 것이다. '안다(know)'고 말하려면 그것에 관해 이미 뇌 속에 많은 것이 축적되어 있을 필요가 있다.

한자어 '지식(知識)'은 지(知)와 식(識)의 결합이다. 지(知)는 '화살이 과녁을 꿰뚫듯 상황을 예리하게 판단하여 문제의 핵심을 알고 있다(知, 화살을 의미하는 矢와 표적을 나타내는 口가 결합)'는 뜻이다. 식(識)은 '말을 머리에 새기거나 기록한다'는 의미를 지녔다.[2] 즉 지식은 '정확하게 알거나 이해하는 바를 기록하거나 기억하고 있는 것'이라 할 수 있다. '안다'는 것은 정보나 지식을 가지고 있는 것인데 대상을 느끼거나 깨닫고 있다는 의미를 포함한다. 즉 '분별하다, 이해하다, 인식하다' 등의 의미가 내재해 있는 것이다. 대상이 존재하는 형태와 방법 등에 대하여 포괄적으로 이해하고 있다면 깊은 지식을 지닌 것이 된다.

'안다'고 했을 때 모두 똑같은 수준에서 이해하고 있다고 볼 수는 없다. 그 넓이와 깊이의 수준에 차이가 있는 것이다. 한국인과 외국인이 각각 '태극기'에 대하여 '안다'고 생각하는 경우를 보자. '태극기를 안다'고 하지만 그 둘의 이해 정도는 크게 다를 수가 있다. 예컨대 외국인은 단순히 '태극기가 한국의 국기라는 사실을 안다'는 수준일 수 있다. 이에 대하여 한국인은 태극기의 역사, 태극의 의미, 태극기와 관련된 사건, 태극기를 볼 때의 느낌 등에서 다양한 이미지와 정보 등 지식을 지녔을 수 있다.

'안다'의 반대어는 '모른다'이다. 어떤 현상에 대하여 완벽하게 알 수도, 전혀 모를 수도 있다. 하지만 현실적으로 대상을 완벽하게 알거나 모르는 것이 아닌 '알지만 모르는 것도 있는' 상태의 경우가 많을 것이다. 즉 어떤 대상에 대한 지식은 '완벽하게 아는' 것과 '전혀 모르는' 것 사이에 있을 가능성이 높다. 그런 점에서 어떤 지식에 대하여 '아는 것'과 '모르는 것'으로 이분법적 구분을 하는 것에 주의가 필요하다. '알고, 모르고'가 아니라 대상을 아는 수준에 차이가 있는 것으로 이해하는 것이 합리적일 수 있다. 지식의 수준이 앎의 연속선상 어느 한 점에 있는 것으로 인식할 필요가 있는 것이다. 그럼에도 우리는 일상에서 지식의 정도를 '안다, 모른다'로 구분하는 경우가 많다. 특히 그 구분에 따라 어떤 평가를 하거나 무언가 적용 여부를 결정해야 할 때 그렇다. 예컨대 각종 시험에서 정, 오답을 가리거나 합격, 불합격을 구분해야 하는 경우이다.

## ⊙ 역량(Competence)은 할 줄 아는 것이다

지식에 대하여 역량(Competence)은 어떤 일이나 과업을 잘하거나 효과적으로 해결하는 능력이다. 즉 지식은 '아는 것'임에 대하여 역량은 '할 수 있는 능력'이다. 경제협력개발기구(OECD)[2]는 '역량(com-petence)'과 '스킬(skill)'을 구분[3]하기도 하지만 혼용하기도 한다. 역량이란 주어진 상황에서 무엇인가를 적절히 수행할 수 있는 능력이다. 명시적 또는 암묵적 지식을 적용하고 도구를 활용하는 능력, 사물 인식과 문제 해결 전략 및 절차, 신념, 경향성, 태도, 인간관계 능력 등을 포함한다.[3] 역량은 학습을 통해 획득 또는 강화되며 개인의 전 생애를 통해 활용, 유지, 소실된다. 역량은 개별적인 무엇을 할 줄 아는 능력으로부터 포괄적으로 삶 전반에 필요한 능력으로 확장되어 사용되기도 한다.

지식은 '문자로 표현되는 지식'으로 좁게 정의되는 경향이 있다. 하지만 그것만으로 개인의 삶과 국가의 문제를 해결하고 감당하기엔 부족하다. 알기만 할 것이 아니라 그것을 기반으로 실제의 문제를 해결할 수 있어야 한다. 즉 지식과 역량을 결합한 '지식역량'이 필요한 것이다. 지식역량의 대표적인 것으로 '기술' 또는 '노하우'를 들 수 있

---

2)  Organization for Economic Cooperation and Development의 약칭. 회원국 상호 정책조정 및 협력을 통해 세계 경제의 공동 발전 및 성장과 인류의 복지 증진을 도모하는 정부 간 정책연구 협력기구로서 '선진국' 모임으로 불리기도 한다. OECD 회원이 되기 위한 기본자격은 다원적 민주주의 국가로서, 시장경제체제를 보유하고, 인권을 존중하는 국가로 한국은 1996년 12월에 29번째 회원국으로 가입하였다. 현재 회원국은 한국, 미국, 일본, 캐나다, 멕시코, 칠레, 호주, 뉴질랜드와 유럽 국가들을 포함하여 35개국이다.

3)  역량은 특정 맥락에 적절한 지식, 스킬 및 태도 등의 조합이라 할 수 있다. OECD는 역량을 '개인이 성공적, 지속적으로 행동하고 과업을 수행하는 기반이 되는 지식, 자질, 능력으로, 학습을 통해 축적되고 확장될 수 있는 것'으로 정의한다. 주어진 시점, 하나의 경제에서 이용 가능한 역량의 합이 한 국가의 인적자본을 형성한다. OECD 역량전략(Skills Strategy)의 초점은 공식적인 교육 기간과 교육훈련, 획득 자격과 졸업장 등 전통적인 역량지표에서 인간이 전 생애에 걸쳐 획득, 사용, 유지, 소실하는 역량을 포함하는 보다 광범위한 관점으로 이동하였다. 사람들은 노동시장에서 필요한 구체적인 직무역량 및 대인관계 능력은 물론 더 나은 사회를 만드는 데 필요한 사회적 공헌 등의 역량을 갖출 필요가 있는 것이다.

다. 지식을 기반으로 문제를 해결하는 역량이다. 앎을 기반으로 일과 과업을 수행하고 문제를 해결하는 능력이 중요하다. 개인의 삶과 국가경쟁력의 기반인 '지식역량'에 대한 보다 깊은 논의가 필요하다.

## ⊙ 명제지와 방법지

한편 지식은 크게 명제적 지식(propositional knowledge)과 방법적 지식(procedual knowledge)으로 나눌 수가 있다. 명제지는 '~인 것은 ~이다' 또는 '~라는 것을 안다(know that 또는 know what)'로 표현되는 지식이다. 보통 주어와 술어를 지닌 문장으로 표현된다고 할 수 있다. 이에 대하여 방법지는 '~을 할 줄 안다(know-how)'고 표현되는 지식이다.[4] '나는 자전거를 탈 줄 안다', '라면을 맛있게 끓일 수 있다' 등과 같이 표현한다. 명제지가 지식을 문자로 표현한다면 방법지는 무엇을 할 수 있다는 것을 행동으로 보여줄 수도 있을 것이다. 즉 방법지는 지식을 기반으로 문제를 해결하는 역량에 가까운 지식이다. 물론 그 기저에는 명제지가 있을 수 있다.

> 몇 해 전 일이었다. 12월의 어느 저녁 일곱 시, 한 지방 공항의 관제 시스템이 마비되었다. 관제탑 4대와 인근 관제소 6대, 총 10대의 통신장비가 모두 먹통이 되고 말았다. 주 장비는 물론, 예비 장비까지 고장 나, 1시간 넘게 관제탑과 조종사의 교신이 끊겼다. 70여 편의 항공기가 하늘에서 맴돌다 늦게 착륙하거나 몇 대는 아예 출발 공항으로 되돌아갔다. 항공기 12대는 무전기와 관제탑의 불빛에만 의존해 이착륙하는 아찔한 상황도 이어졌다. 주 통신장비에 이상이 발생하면 예비 장비로 자동 전환이 되어야 했었다. 담당 직원이 주 장비의 반도체 카드를 빼고 예비 장비 카드를 꽂기만 했어도 되었다. 하지만 다른 부품만 점검하면서 시간이 흘러갔다.[5]

문제를 진단하고 해결할 역량이 준비돼 있지 못했던 것이다. 노하우를 지닌 전문 인력이 있었다면 바로 고장을 해결하고 비행기 이착륙은 정상화되었을 것이다. 방법적 지식의 결여가 불필요한 혼란과 손실의 확대를 가져왔다.

명제지는 다시 세 유형의 지식으로 분류할 수 있다. 우선 '물은 100°C에서 끓는다'와 같이 사실이나 현상에 관한 지식인 사실적 지식이 있다. 있는 그대로의 현상을 문자로 표현하는 경우이다. '갈매기는 조류의 하나로 동물이다'와 같이 문장 내 구성 요소들의 관계를 표현하는 것은 논리적 지식이다. 단어 간의 분류, 연결, 인과관계 등을 논리적으로 추론하는 지식이다. 마지막으로 '민주주의는 바람직한 정치제도이다'와 같이 규범이나 가치를 나타내는 규범적 지식이 있다. 가치관이나 윤리 등을 표현하는 지식이다. 즉 명제지에는 사실적 지식, 논리적 지식, 규범적 지식이 있다.

명제지는 선언적 지식, 방법지는 절차적 지식으로도 불린다. 명제지가 앎을 선언하는 형태의 지식이라면 방법지는 문제 해결에 필요한 방법과 절차를 아는 기술이자 노하우이다. 학교 교육을 통해 학습하는 대부분의 지식은 명제지이다. 대개 언어로 표현된 지식이다. 반면 자전거 타기와 같은 방법지는 자전거를 타는 행동으로 나타난다. 언어로 명확하게 설명하는 것이 어려울 수도 있다. 방법지는 주로 실험과 경험 등을 통해 획득된다. 명제지는 보통 정보와 문제를 이해하고 분석, 대조하는 분석적 지능(analytical intelligence)에 의해 획득할 수 있다. 반면 방법지는 일상적인 문제와 상황을 효과적으로

처리하는 데 필요한 실제적 지능(practical intelligence)으로서 주로 경험을 통해 획득한다.[6] 방법지는 어떤 문제를 푸는 방법과 절차에 대한 실제적 지식 또는 기술상의 전문 지식이다. 과학적 기술 이외에 고도의 기법, 숙련 기술, 산업 기술 등이 모두 넓은 의미의 방법지이다. 영어의 '노하우'에 해당한다. 문제를 해결하는 방법에 관한 지식이라는 의미에서 문제 해결적 지식이라고 할 수 있다.

전문가는 자신의 분야 일에서 심사숙고하거나 주의를 집중하지 않고도 능숙하게 일한다. 자신에게 방법지가 체화되어 있기 때문이다. 명제지와 방법지는 서로 관련되며 다른 하나 없이 성립하기 어려운 면도 있다. 명제지들을 연결하면 방법지가 되고, 방법지를 분해하면 명제지로 나누어질 수 있다. 현실의 문제 해결에 이론과 실제적 지식이 모두 필요하듯 명제지와 방법지는 상호보완적이다. 방법지는 보통 문제를 발견하고 정의하는 것에서 출발한다. 문제의 원인을 파악하면 해결 방법을 알 수 있기 때문이다.

관찰과 몰입을 통해 문제 해결의 실마리를 찾는 경우도 많다. 문제를 해결하는 과정에서 시행착오가 반복될 수 있으며 추론적인 사고도 필요하다. OECD의 '국제성인역량조사'에서는 방법지를 '문제를 풀기 위해 상황을 이해하고 해결하는 인지적 과정에 관한 역량'으로 정의한다. 즉 방법지는 인지적(cognitive)[4], 분석적 능력을 기반으로 하는 것일 수가 있다. 비판적, 창조적인 사고와 협업, 소통, 설득, 협상의 소프트 스킬 등 역량의 결합이 필요하다. 문제를 탐구하고 확인,

---

4)  사물 또는 사건을 인식, 학습하고, 이해하는 것에 관련된 정신 작용이다.

이해하는 과정이 포함된다. 표·그림·언어·공식 등으로 설명하거나 표현할 수가 있다. 방법지 개발을 위해서는 현상에 대한 관찰과 평가, 문제의 발견과 원인 분석 등의 과정이 필요하다. 가설의 형성, 정보 수집, 검증과 판단 등의 과정을 통해 새로운 방법지가 모색되고 발견될 수가 있다.

명제지는 사물과 사람, 세상에 대한 인식을 선언하는 지식이나. 그러한 인식을 논리적으로 연결하는 추론을 하고 규범이나 가치를 주장하기도 한다. 이에 대하여 방법지는 현실의 문제를 해결하는 수단이나 기술로서 역할을 한다. 명제지는 주로 학교나 책에서 배우고, 방법지는 경험이나 시행착오를 통해 깨우치는 경우가 많다. 명제지가 사고의 틀이나 형식에 관계된다면, 방법지는 실질적인 내용이나 절차에 관계될 것이다.

## 2. 명시지와 암묵지

한 신문의 글이다.[7]

> "A 씨는 스페인 요리 해물 파에야를 해보려고 홀 토마토에 샤프란, 새우와 모시조개, 피홍합, 오징어까지 사다가 요리책 레시피대로 깔끔하게 손질했다. 마침내 가스레인지에 불을 켜고 재료들을 볶을 차례. 하지만 레시피의 다음 항목에서 그만 막혀 버렸다···. '취향대로 넣는다', '알맞은 크기로 썬다', '적당히 익힌다', '약간 넣는다' 등 감에 의존해야 하는 문구에 당황했다. 분명한 한글인데 이해하기 어려운 글들은 많다. 해당 분야에 대한 지식이나 경험이 없기 때문이다. ··· 고병욱 셰프는 '그런 표현들은 레시피를 쓰는 사람도 시간과 분량을 특정하기가 애매해서 그런 것'이라며 '사람마다 입맛이 제각각인 간 맞추기는 개인의 취향에 맡길 수밖에 없다'고 설명했다···"

다음은 어떤 블로그의 내용이다.

> "···같은 교육 배경에다 동일한 내용을 동시에 가르치고, 또 같은 재료로 실험했음에도 실험의 진행이나 결과는 전혀 다르게 나타난다. 관심과 태도의 문제도 있겠지만 실험자가 실험기구나 관측기기, 실험 방법에 대해 가지고 있는 사전적 지식이나 관계, 즉 사전적 암묵지의 차이가 작용했기 때문이다."

방법지는 문자로 된 레시피처럼 명시지로 표현되기도 한다. 하지만 많은 방법지는 개인 또는 집단에 암묵지 형태로 남아 있다. 요리할 때 감과 취향, 실험할 때 태도와 방법, 기구에 대한 지식 등의 암묵지 차이가 결과의 차이를 가져온다. 요리와 실험의 산출물에서 암묵지 역할의 중요성을 알 수가 있다.

헝가리 출신의 화학자이자 철학자인 마이클 폴라니(M. Polanyi)는 지식을 암묵적 지식(tacit knowledge)과 명시적 지식(explicit knowledge)으로 분류하였다. 암묵적 지식(tacit knowledge) 즉, 암묵지(暗默知)는 경험과 학습을 통해 개인에게 체화된 지식이다. 언어로 표현되기 어려우며, 겉으로 잘 드러나지 않는다. 이에 대해 명시적 지식, 명시지(明示知)는 언어나 문자 등 형식을 갖추어 표현된 지식이다. 쉽게 전파되어 공유되기 쉬우며 형식지(形式知)라 불리기도 한다.

폴라니는 자신의 저서 『개인적 지식』[8]에서 "우리는 보통 말로 표현하는 것보다 더 많은 것을 알고 있다. 어떤 얼굴을 인식하게 하는 요소가 무언지 정확히 말하기 어렵지만, 그 얼굴은 명확히 인식할 수 있다. 말로 설명할 수 없지만, 얼굴 전체가 주는 분위기를 통해 얼굴을 파악한다. 사람 인상에 관련된 독특한 사항들을 정확하고 세세하게 지각하지 못해도 그 사항들을 전체적으로 통합할 수는 있다."고 하였다. 생후 6개월 된 아기는 자기 엄마 얼굴의 이미지를 획득해서 다른 사람과 구별한다고 한다. 이때 아기가 획득한 이미지는 일종의 암묵지이다. 암묵지는 대부분 지식의 기저를 형성한다. 우리가 세상을 파악하는 지식의 중추적인 요소이다. 모든 지식의 근저에 암묵지가 있는 것이다.

사람들은 '몸 안에 진리가 숨어있다.'거나 '느낌은 생각보다 더 정확하다.'고 말한다. 그러나 때때로 자신의 암묵지 자체, 또는 그것이 타인에게 얼마나 가치 있을 수 있는지에 대하여 인식하지 못한다. 명시지는 기록된 정보로서 성문화된 지식이다. 이에 대해 암묵지는 개인이 가진 기술이나 솜씨, 아이디어, 자전거 타기, 피아노 치기, 차 운전하기, 망치로 못 박기, 밀가루 반죽하기 등 언어로 표현되지 않는 지식이다. 방법지 또는 노하우의 대부분은 암묵지 형태로 존재한다. 암묵지는 명시된 원리나 규칙에 의존하지 않는다. 각 개인이 문자에 얽매이지 않고 자유롭게 사유하거나 행동으로 발휘하는 지식 또는 역량이다.

## ⊙지식의 근원인 암묵지

○ 언어를 모르는 아이들이 처음 습득하는 지식은 암묵지이다. 예컨대 아이들은 말을 배우기도 전에 '불은 뜨겁고, 얼음은 차다'는 것을 안다.

○ 인간은 많은 사건들을 언어화하지 않은 상태로 인지하는 경우가 많다.

○ 암묵지는 그 주체인 개인으로부터 분리되지 않는다. 지식은 개인에게 체화되어 있다. 명시지는 개인에게서 분리하여 책이나 데이터베이스 등에 모을 수 있으나 암묵지는 그렇지 못하다. 암묵지는 속인적 성격을 지녔다. 명시지로 전환되지 않는 암묵지는 소유자만의 지식으로 남는다.

○ 망막이나 뇌에 박힌 얼굴의 세부 사항들이 자생적인 평형 과정을 통해 사람 얼굴의 전체를 인식하게 한다. 전체를 인식하는 과정에서 경험적 기억이 작용하며, 설명하기 어려운 암묵적인 특성들이 포함된다.

○ 선(禪)종에서는 불립문자(不立文字)라 한다. 즉 깊은 진리는 말이나 글로써 전할 수 없다는 것이다. 각고의 숙고 끝에 얻은 정신

이나 사고는 언어로 표출하는 순간 원래의 모습을 훼손한다.

○ 암묵지는 고착되지 않은 인식으로 존재할 수가 있다. 사고 반전의 계기를 통해 쉽게 사고를 확장하고 변형할 수가 있다. 언어로 표현된 명시지의 한계가 작용하지 않는다. 아인슈타인은 "글이든, 말이든 언어는 내 사고 과정에서 아무런 역할도 하지 못하는 것 같다. 중요한 것은 증후 또는 분명한 이미지들로서 자발적으로 재생산되고 결합되는 것들이다. 그것들은 시각적이고 때로는 근육까지 갖추었는데, 그 느낌을 표현하는 것은 매우 어렵다. 직감과 직관, 사고의 본질인 심상이 먼저 나타난다. 말이나 숫자는 이것을 표현한 것에 불과하다."고 하였다. 언어보다 느낌과 이미지, 감정, 직관과 상상 등 논리를 뛰어넘는 것들을 더 중요하게 여겼던 것이다.

○ 인간은 살면서 경험한 것과 학습을 통해 개별적인 정신세계의 틀을 형성한다. 개인화된 중앙처리장치(CPU)가 만들어지는 것이다. 암묵지와 명시지가 그곳에 집적되고 연결되어 두뇌가 작동한다. 이는 사고와 행동의 원천이 된다.

○ 암묵지는 주로 경험을 통해 획득된다. 현대의 많은 산업과 기업에서는 정의되지 않은 지식이 기술의 주요 부분을 형성하고 있다. 교과서나 매뉴얼만으로는 세부적이고 복잡한 기술을 충분히 전달하기 어렵다.

○ 기술이나 재능 같은 암묵지는 충분히 드러나지 않는다. 그 가치를 평가하기 쉽지 않다. 삶이나 과제에 따라 필요한 암묵지는 기능, 감정, 직관, 표현력 등 천차만별의 형태를 띤다. 암묵지가 작용하는 과정을 상세하게 기술할 수 있다면 그 진실성과 가치

가 드러나게 될 것이다. 결국 암묵지는 그 잠재력과 성과를 통해 평가받게 될 것이다.

○ 암묵지는 개성과 창의력의 원천이라는 점에서 충분한 가치를 지닌다. 창조와 혁신이 강조되는 시대에 암묵지의 개발과 축적은 중요하다.

○ 다양한 개인의 암묵지를 존중하는 것은 개인의 자유와 평등을 인정하고 존중하는 것이기도 하다.

○ 도제나 견습공은 앞선 스승(멘토)과 같이 일하면서 언어가 아닌 관찰, 모방, 실습을 통해 솜씨나 기술을 배운다. 배우는 자와 전수하는 자 간에는 광범위한 개인적 접촉, 규칙적인 상호작용과 신뢰가 요구된다.

○ 암묵지였던 기술도 명시지로 전환되면 복제가 용이한 지식이 된다.

○ 기업의 기술이나 자산 중 독특한 경쟁력을 지니는 부분을 기업 특유의 우위(Firm-Specific Advantage)라고 부른다. 핵심역량(Core Competence)이란 그중에서도 경쟁력의 핵심이 되는 역량을 의미한다. 핵심역량의 대부분은 흔히 암묵지와 기술, 브랜드 등 무형자산으로 구성되는 것으로 본다. 희소하고 모방하기 어려운 역량일수록 경쟁력이 있다. 특히 암묵지는 쉽게 모방하기 어려운 형태라는 점에서 경쟁력 유지에 유리하다.

○ 독일과 일본에서는 '장인-도제' 방식으로 암묵지 기술을 전수하는 경우가 많다. 이것이 이들 경쟁력의 원천을 암묵지 기술로 보는 배경이다.

# ⊙ 명시지는 지식 전달과 공유, 지배의 수단

이에 대하여 명시지는 사물과 생각을 언어로 표현하는 데서 시작한다.

○ 말은 궁극적으로 사람의 의사를 전달하는 수단이며, 문자 역시 그러하다. 인류사에 문자가 등장한 것은 약 6천 년 전이다. 인류 전체 역사에 비하면 매우 짧은 최근에 해당한다.

○ 말은 눈짓, 손짓, 몸짓에 비해 명확한 의미를 표현한다. 하지만 동시에 그 의미를 제한한다. 예컨대 '아프리카계 미국인'이라는 표현은 여러 세대에 걸쳐 미국에서 살아온 아프리카계 미국인과 최근 카리브해에서 이주해 온 흑인을 구분하지 않는다. 어떤 사물이나 현상을 언어로써 완벽하게 묘사하는 것에는 한계가 있다.

○ 같은 표현이더라도 언어는 상황과 맥락에 따라 그 의미가 다르다. 예컨대 미국이 1787년경에 헌법을 만들 때는 노예와 여성에게 투표권이 없었다. 당시에 헌법에 쓰인 '자유, 정의, 복지' 등의 의미는 현재와는 다른 것이다. 또한 '행복하다'는 단어에 대해 미국인, 인도인, 일본인, 한국인은 각기 다른 의미로 이해한다.

○ 인터넷 시대의 문자는 그 어느 때보다 중요하다. 도서관, 자료 은행, 다층적 정보 네트워크에 보존된 문자 기록은 무한에 가깝다. 문자는 과거를 활용하게 할 뿐만 아니라 미래를 만들어 가는 기술이다. 문자를 통해 시·공간적 제약이 극복된다.

○ 언어는 사회적 약속에 의한 일종의 규칙적 체계이다. 인위적으

로 일정한 형식에 일정한 내용을 결합한 기호이다.

○ 말은 이해를 위한 표현의 수단이다. 느낌을 구현하는 것은 아니다. 언어는 의사소통의 도구이지만 만능은 아니다. 어떤 이의 얼굴을 완벽하게 묘사하는 것은 매우 어렵다. 그림이나 사진 한 장이 훨씬 나을 수 있다.

○ 플라톤은 "말은 화자에게 묶여 있지만 언제나 그에게 설명을 요구할 수 있다. 하지만 문자는 침묵한다. 언어의 직접적 성격이 빠져서 죽어 있다."고 하였다. 단어, 문장, 텍스트 같은 정적인 존재는 음성 언어와 다르다. 음성 언어는 말하는 행동으로 의미를 보강하며 상황, 화자, 문맥, 화자와 청자와의 관계에 구속된다.

○ 언어 메시지를 구성하고 글로 옮기려면 계획적인 분석과 추론 과정이 필요하다.

○ "고대 그리스에는 문자를 아는 사람이 매우 적었다. …점토와 돌에 새기거나 파피루스에 정보를 기록하려면 큰 비용이 들었다. 빠른 교통수단도 없었기에 정보를 널리 전파하기 어려웠다. 모든 정보는 생기는 즉시 사라졌고 중요한 일부만 말로 전해졌다. 사람의 입과 귀를 한 번 건널 때마다 일어나는 정보의 누락, 왜곡, 변형, 각색을 막을 길이 없었다."[9]

○ 말이 모든 사람에게 보편적이고 필수적이라면 문자는 선택적이다. 문자언어는 교육, 암기, 시험의 대상이어서 학자들은 언어 학습을 중시한다. 가르치는 자는 명시지와 가까운 관계에 있다.

○ 현대의 문자 분포는 문자체계와 종교 간의 관계를 잘 보여준다.

문자권의 경계가 대개 신앙의 경계와 일치한다. 라틴문자는 그리스도교, 로마 가톨릭교회와 동방정교회 지역에 쓰였다. 아랍문자는 중동, 아프리카, 아시아, 유럽 등지의 이슬람국가의 언어이다. 한자는 불교, 유교와 더불어 중국, 베트남, 한국, 일본 등이 그 영향권이다.

○ 북한은 '인민', '동무'라고 하고 한국은 '국민', '친구'라고 한다. 인민과 국민, 동무와 친구는 뜻이 유사하다. 상황에 따라 적절한 표현을 선택할 수가 있다. 하지만 한국에서는 '인민', '동무'라는 단어를 거의 쓰지 않는다.

○ 프랑스의 롤랑 바르트는 "오랫동안 문자는 비밀스러운 도구였다. 문자는 차별, 지배, 의사소통 제어 등을 의미했으며 비결을 전수하는 수단이었다."고 하였다.

○ 문자는 영악함과 불신, 욕망의 산물일 가능성이 높다. 지배의 도구이기도 하였다. 대부분의 농경사회에서 문자를 다루는 사제 직군은 최고 계급이었다. 중세 이슬람에서는 펜, 칼, 장사꾼, 농부 순으로 계급이 결정되었다. 한반도에서는 글을 다루는 유학자들이 사회의 최상위 집단이었다. 이에 대하여 사무라이가 권력을 장악했던 일본에서는 전사 집단들이 사회를 지배하였다.

○ 인간만이 대규모로 협력한다. 안정적 위계질서와 대규모 협력 네트워크를 통해 상호주관적 의미망을 엮는다. 상징, 법, 규칙으로 구성된 그물이 십자군 등의 혁명과 운동을 가능케 했다. 문자로서 인간은 긴 이야기를 창조하였고 사회 전체를 조직하였다. 그것은 엘리트층의 무기였다. 문자는 사실을 기술하기 위

해 생겨났지만, 서서히 실제를 바꾸는 강력한 도구가 되었다.[10]

○ '우리는 하나다'라는 말은 사람들을 뭉치게 한다. 하지만 좌파, 우파, 진보, 보수, 우리, 그들 등은 사람들을 편 가르고, 적이 되게 하는 용도로 쓰이기도 한다.


## ⊙ 암묵지, 명시지의 가치와 보상

신문 기사, 연구 보고서, 논문, 책 등은 언어로 표현된 명시지를 담고 있다. 이에 대해 음식의 맛, 제품의 품질 등에는 명시지와 더불어 언어로 표현되지 않은 암묵지가 작용한다. 암묵지는 인간의 원초적인 지식이자 독창적인 사고와 행동의 원천이다. 그렇지만 암묵지는 타인에게 전수하고 공유하기가 쉽지 않다. 이에 대해 명시지는 소통에 편리하다. 명시지는 교육을 통해 전수하고 사회를 조직하는 데 쓰인다. 조직을 운영하고 관리하는 주요 수단일 수 있다. 예컨대 법령이나 규칙은 명확한 의미의 언어로서 표현된다. 하지만 명시지는 기호적 지식으로서의 한계가 있고 지배의 수단으로 잘못 사용될 수도 있다. '꿀'이라는 단어만으로 꿀을 알고 이해하기에는 한계가 있다. 꿀을 연구하고, 공부할 수는 있다. 하지만 그것을 맛보기 전에는 정말로 꿀을 알기 어렵다. 맛보고 난 이후에는 '꿀'이라는 말은 덜 중요해진다. 말 이전에 느낌으로 알기 때문이다.

한편 명시지는 각자의 암묵지 기반 위에서 공유되는 지식이다. 명시지는 물에 잠긴 부분을 포함한 전체 빙산의 일각이다. 명시지는 충분한 암묵지 기반 위에 있을 때 완전한 지식이 된다. 외부의 명시지를 나에게 체화하면 나의 새로운 역량이 되고 나의 지식이 된다.

내 암묵지를 언어로 표출하면 타인이 공유할 수 있는 명시지로 다시 태어난다.

문자와 글이 조직과 업무의 주요 기반인 학교, 정부, 법원, 공공기관, 언론사 등의 종사자에게는 명시지 역량이 중요하다. 하지만 암묵지를 보완함으로써 보다 깊은 전문적 지식을 지닐 수 있다. 제품과 서비스로서 소비자의 인정을 받아야 하는 기업에 방법지와 기술, 암묵지 역량은 중요하다. 하지만 광고와 슬로건, 조직관리를 의한 규범과 매뉴얼, 기업 내외 의사소통에는 명시지 역량이 필요하다. 명시지는 원활한 소통의 수단으로서 조직의 통합과 유지에 중요하다. 암묵지와 명시지는 상호보완적으로 활용된다.

문제가 되는 것은 사람의 역량을 평가하고 보상할 때 암묵지보다 학력 등 명시지 기반 역량을 우대하는 현상이다. 고학력 우대는 그 좋은 예이다. 자유, 공정, 민주, 정의 등의 단어는 주장하는 자만의 것이 아니다. 언어는 의사를 전달하고 규제하는 도구일 뿐 실제 현상은 그와 다를 수가 있다. '상생', '의리' 같은 단어도 마찬가지이다. 말과 행동이 다르고 표리부동할 수 있다. 좋은 뜻이 바로 실제 현상으로 되는 것은 아니다. 말뿐만 아니라 행동과 실질이 중요하다. 말과 자격증보다 실제 행동과 성과가 중요하다. 사람 역량을 명시지만이 아닌 암묵지를 포함하여 균형적으로 평가하고 보상하는 체계가 필요하다.

# 3. 지식기반 경제

지식기반 경제[5]는 지식이 중요한 역할을 하는 경제이다. 지식기반의 문제 해결 역량이 기업과 경제를 이끄는 것이다. 이는 천연자원이나 자본 투입이 주요 기반인 경제와 대비된다. 중동 산유국들은 원유라는 자원이 경제의 기반이다. 하지만 부존자원이 고갈되면 경제의 기반이 무너질 수 있다. 자원 부국들이 자원고갈에 대비하여 새로운 산업을 준비하는 이유이다. 부존자원에 의존하는 경제는 한계가 뚜렷하다. 물론 자원을 채굴하고 가공하는 데도 자본과 기술의 투입이 필요하다. 한국은 국토는 좁고, 원유나 광물 등의 자원은 별로 없다. 있는 것은 오직 사람이다. 지식기반의 경제를 반겨야 할 나라이다.

경제 발전 초기에는 자원과 노동 등 요소를 투입하여 경제가 발전한다. 요소 투입 경제는 자원과 인력, 자본 등 생산요소 투입으로 경제가 움직이는 단계이다. 많은 양의 요소를 투입할수록 생산이 늘어난다. 이 단계에서는 자본은 부족하고 임금 수준은 낮다. 주로 중, 저가 제품 생산에 의존하는 경제이다. 한국도 이 단계를 거쳤다. 경제개발 초기 또는 개도국 경제가 이에 해당한다. 반면 지식기반 경제에서는 기술과 노하우 등 지식이 경제를 움직이는 핵심이 된다. 자본과 노동의 투입은 덜 중요하다. 높은 수준의 기술과 지식이 부가가

---

5)  OECD 정의에 따르면, '지식기반 경제'란 지식의 창출과 확산, 활용에 근거한 경제를 말한다. 생산 활동에서 노동, 자본 이외에 지식에 의존하는 비중이 높으며 지식이 중요한 역할을 하는 경제와 사회구조를 의미한다.

치 높은 제품과 서비스를 생산하는 기반이기 때문이다.

## ⊙인적자원 요소의 창조

미국의 포터(M. E. Porter) 교수는 고도로 발달한 단계의 경세를 혁신주도 경제(innovation-driven economy)라 불렀다.[11] 한 국가의 경제가 요소 주도(factor-driven)-투자 주도(investment-driven)-혁신 주도(innovation-driven) 단계를 거치면서 발전한다고 보았다. 요소가 주도하는 경제는 토지, 노동, 자연자원 등 생산요소의 투입으로 운영되는 낮은 단계의 경제이다. 투자 주도의 경제에서는 자본의 투자와 대량생산으로 경제가 활성화된다. 이에 대하여 혁신이 주도하는 경제는 전문적인 지식과 기술이 주도하는 고도화된 경제이다. 지식기반의 창조와 혁신이 경제를 이끌게 된다.

그는 특히 인적자원 개발의 중요성을 강조하였다. 자원이나 자본과 달리 인간은 창조나 혁신을 주도하는 주체이다. 인적자원은 학습과 개발을 통해 경제의 핵심 요소로 재창조될 수 있다고 보았다. 인적자원이라는 요소를 새롭게 창조한다는 의미에서 요소 창조(Factor Creation)라 하였다. 즉 새롭게 역량을 창조한 인적자원이 경제의 혁신을 주도한다는 것이다. 교육과 학습을 통해 새로운 역량을 창조하는 것이 그 핵심이다. 특히 전문적 기술 등을 기반으로 문제를 해결하는 역량을 중요하게 여긴다. 전문적인 기술과 역량을 체화한 근로자들이 경제의 기반이다. 그들이 혁신적이고 창조적인 경제를 이끌어 간다.

4차 산업혁명[6] 시대에는 인공지능[7], 로봇, 사물인터넷, 빅데이터 등에 관련된 아이디어와 기술이 경제를 이끌 것이다. 넓게 보면 4차 산업혁명도 지식기반 경제의 연속선상에 있다. 인터넷과 정보기술에 의한 자동화로 인간 노동을 대체하는 분야가 증가할 것이다. 하지만 감성이 중요한 분야는 인공지능이나 컴퓨터로 대체되기 어렵다. 이러한 분야에서는 오히려 대인 직접 서비스가 증가할 것으로 예측되고 있다. IT기반의 전문 지식과 기술이 창조와 혁신을 이끌 것이다. 그러한 분야와 관련된 산업에서 기술이 발전하고 일자리가 증가할 것으로 본다.

## ◉지식 주도 경제의 여건

20여 년 전 지식기반 경제, 지식경영, 지식 국가 등의 단어가 유행한 적이 있었다. 정부와 언론 등에서 '지식'을 중요한 주제로 다루고 여러 곳에서 세미나가 열리는 성황을 이루었었다. 지식의 중요성을 강조하고, 지식기반의 기업활동과 경제에 대한 논의들이 이어졌다. 교육과 산업을 혁신하는 계기가 될 수도 있었다. 하지만 인적자원 개발이나 지식기반 경제를 고도화하는 방향으로 발전하지 못하였다.

---

6) 4차 산업혁명이란 인공지능기술 및 사물인터넷, 빅데이터 등 정보통신기술(ICT)과의 융합을 통해 생산성이 급격히 향상되고 제품과 서비스가 지능화되며 경제·사회 전반에 혁신적인 변화가 나타나는 것을 의미한다. 다양한 제품·서비스가 네트워크와 연결되면서 초연결, 초융합, 초지능이 특징이 된다. 인공지능과 정보통신기술이 3D 프린팅, 무인 운송수단, 로봇공학, 나노기술 등의 혁신적인 기술들과 융합됨으로써 더 넓은 범위에서 더 빠른 속도의 변화가 초래될 것으로 전망된다.
7) 인간과 같이 사고하고, 생각하고, 학습하고, 판단하는 논리적인 방식을 사용하는 인간지능을 모방한 컴퓨터의 고급 프로그램이다.

'지식기반 경제'에 대한 개념이나 그 실현 방안에 대한 논의가 충분치 못했다. 당시 한국에는 자본의 집약적 투자만으로 충분히 성장 가능한 분야도 많았다. 지식기반 경제에 대한 절실함이 부족했었다고 볼 수 있다. 기술과 조직 등을 변화시키는 데 필요한 동력이 충분치 못했다. 하지만 지금의 한국 경제는 기술과 지식을 떠나 운영될 수 있는 분야는 많지 않다. 지식기반 경제와 관련된 여건과 제도의 혁신이 절실한 상황이다.

4차 산업혁명의 상징으로 유니콘(Unicorn) 또는 '데카콘(Decacorn)' 기업[8]을 든다. 대부분 아이디어와 IT 기술에 기반을 두고 창업한 기업들이다. 플랫폼 네트워크와 정보기술을 기반 아이디어로 사업을 시작하고 서비스를 제공한다. 처음에는 자본보다는 창업자 등 사람 중심으로 사업을 시작한다. 창업 후 사업의 확장, 글로벌 네트워크 형성 등에는 자본이 필요하다. 미국의 경우 추가 자본은 주로 외부 투자자들의 투자를 통해 조달한다. 투자자들은 이익이 발생하지 않는 사업 초기에 사업모델과 가능성만 보고 거액을 투자한다. 이는 4차 산업혁명, 지식기반 경제를 특징짓는 모습의 하나이다. 돈 되는 사업 아이디어와 기술에 돈이 모인다. 아이디어와 기술을 지닌 사람에게 돈이 간다. 사람이 돈 있는 곳으로 가는 것이 아니라 돈이 사람에게 가는 것이다.

---

8) '유니콘'은 기업가치 10억 달러($1 billion) 이상, 설립한 지 10년 이하의 스타트업 기업을 뜻한다. 원래는 상장하기도 전에 기업가치가 1조 원 이상 되는 기업을 의미하였다. 이에 대하여 '데카콘'은 '에어비앤비(Airbnb)', '드롭박스(Dropbox)', '핀터레스트(Pinterest)', '스냅챗(Snapchat)', '우버(Uber)' 등 기업가치가 유니콘의 10배인 100억 달러가 넘는 초거대 스타트업 기업들을 말한다.

한국에도 인터넷 포털, 게임, 배송 등 IT에 기반을 두어 창업하고 성장한 기업들이 존재한다. 최근 다음이나 네이버 등 인터넷 포털로 시작한 기업들의 성장세가 두드러지고 있다. 하지만 사업 영역의 다양성이나 규모에서 한국의 기업들은 미국이나 중국 등에 미치지 못한다. 한국은 아직 자본 투자 기반의 반도체, 자동차, 전자, 조선, 철강, 화학, 기계 등의 산업이 경제를 이끌고 있다. 지식보다는 자본을 사업의 기반으로 인식하는 경향이 잔존하고 있다. 그렇지만 기술, 노하우, 아이디어 등의 무형자산이 토지, 건물, 기계 등의 유형자산에 비해 위력을 발휘하는 경우가 많아지고 있다. 지식과 기술 등 소프트웨어가 보다 중요하게 인식될 필요가 있다. 하드웨어보다 소프트웨어가 주도하는 영역이 더 확장되고 성장할 여지가 많다.

아파트 등 부동산에 돈이 몰리는 것은 그를 통해 부를 증식한 경험 때문이다. 부동산 가격이 오르면 보유자들은 단지 그 소유만으로 집값 상승의 이득을 챙긴다. 일종의 렌트[9]이다. 공급이 제한된 토지에서 나오는 불로소득이다.[10]

물질주의가 지배하는 세상에서 돈 될 곳에 돈이 몰리는 현상을 탓

---

9) 렌트(rent)란 본래 토지 사용에 대하여 지급되는 임대료(賃貸料)를 뜻했다. 본서에서는 렌트를 '정부의 규제나 보호 또는 불공정 경쟁에 의해 소수만이 획득하는 초과이윤'의 의미로도 사용한다. 시장경쟁을 통해 독과점적 지위에 오르거나, 기술적 우위에서 발생하는 독과점적 이익은 렌트에 속하지 않는 것으로 본다.

10) 그간 부동산 투자 이익에 대해 충분한 과세를 하지 않은 제도적 환경이 이 같은 불로소득의 만연을 가져왔다. 우리나라는 부동산이 가계 자산의 대부분을 차지하지만, 그동안 부동산에 의한 소득은 제대로 포착되지 않았다. '토지공개념 3법'이라 불리는 택지 소유 상한에 관한 법률, 개발이익 환수에 관한 법률, 토지초과이득세법이 1989년 12월 국회를 통과하여 도입되었다. 하지만 그 후 헌법재판소는 법 내용에 일부 하자가 있다는 판결을 하였다. 정부와 국회는 이를 보완하기보다는 폐지를 결정하였다. 개발이익 환수에 관한 법률만 누더기가 된 채 겨우 기사회생하였다. 정부는 부동산으로 내수 경기를 떠받쳤으며 유권자인 국민을 거짓된 희망으로 호도하였다. 주택가격이 급등하였고 지식을 기반으로 하는 경제는 더 멀리 가 버렸다.

할 수는 없다. 아파트에 투자하면 수억 원 이상의 막대한 차익을 얻을 수 있었다. 세금도 없었다. 기술을 훔친 자는 많은 이득을 얻고도 처벌되지 않았다. 잠도 자지 못하면서 개발한 기술을 거래처나 상대방에게 속수무책으로 빼앗겼다. 제도가 이러한 현상을 부추겨왔다고 할 수가 있다. 소득에는 세금이 따라야 한다. 그리고 부동산 투자 등의 불로소득에는 사실 더 높은 세율을 적용할 필요가 있다. 또한, 기술을 훔친 자는 많은 벌금과 징역 등의 중벌로 다스릴 필요가 있다. 반면 창의적인 아이디어와 노하우에는 충분한 보상이 뒤따라야 한다. 기술의 발전과 지식의 창조를 응원하기 위해서이다. 지식기반 경제에 어울리는 관행과 제도가 필요하다.

## ⦿사람 중심의 경제

공무원이 되거나 대기업에 취업하려고 한다. 일단 경제적인 안정이 필요하기 때문일 것이다. 경제성장의 결과로 정부 금고에는 세금이 쌓였고 대기업에는 자본이 축적되어 있다. 그곳에는 급여를 지급할 안정적인 재원이 존재한다. 높은 수준의 급여가 지급되고 고용도 안정적인 곳에 사람들이 몰린다. 즉 돈 있는 곳에 사람도 간다.

한편 지식기반 경제에서는 지식이 경제의 원동력이다. '지식 있는 곳에 돈이 몰리는 경제'이다. 지식이 돈이고, 지식의 주체는 사람이다. 지식을 지닌 사람에게 돈이 몰리는 것은 당연한 현상이다. '돈 있는 곳에 사람이 가는' 것이 아니라 '돈이 사람을 찾아가는' 경제이다. 물론 사람이 돈 있는 곳으로 가는 것도 자연스러운 현상이다. 하지

만 돈도 결국은 사람이 버는 것이다. 있는 돈을 유지하고, 더 큰 돈
이 되게 하는 것도 사람이다.

　부동산에 돈이 몰리면 경제 발전과 고용 창출의 기반은 약화될 수
가 있다. 기술과 아이디어 개발에 투입될 자본은 부족해질 것이다.
투입되는 자본이 부족하면 새로운 기술을 개발하려는 노력은 위축
될 수 있다. 돈 있는 곳에 돈이 모이는 것이 아니라 사람에게 돈이 모
일 필요가 있다. 가장 중요한 자원은 사람이다. 경쟁력의 핵심은 지
식이고, 지식의 주체는 사람이기 때문이다. 그런 의미에서 지식기반
경제는 '사람 중심의 경제'이다.

　단순히 자본에 대하여 노동을 강조하는 것이 아니다. 사람이 지식
을 기반으로 경제를 주도한다는 점에서 '사람 중심의 경제'이다. 창조
와 혁신을 주도할 지식과 역량의 주체로서 사람이 중요하다. 이러한
시대적 요구에 잘못 대응하면 성장은 정체되고 좋은 일자리 창출은
어려워질 것이다. 한국 경제가 부진한 것은 무엇보다 이러한 지식기
반 경제의 요구에 충분히 대응하지 못했기 때문으로 보인다. 기술혁
신이나 새로운 사업보다 기존의 사업과 축적된 자본에 대한 의존이
과다했던 것이다. 이제 이러한 과거의 구조에서 벗어날 필요가 있다.
새롭게 창조된 인적자원을 기반으로 새로운 경제의 기반을 조성하여
야 한다. 창조와 혁신이 주도하는 경제로 가는 길이다.

# 4. 왜 지식역량인가?


## ⊙ 지식역량과 삶


인간은 호기심 많은 존재이다. 외부 세계와 자신에 대해 끊임없이 질문하고 탐구한다. 모르던 것을 새롭게 배우고 알게 되면 즐겁다. 세 살배기 어린아이도 사물의 이름을 익히려고 열심이다. 낯선 물건에 호기심을 느낄 때 누군가 그 이름을 말해주면 아이는 기쁨의 미소를 짓는다.[12] 이는 아이들만의 이야기가 아니다. 살아있는 한 인간은 앎의 즐거움을 누리려고 한다. 배우고 깨치는 것은 인간의 특성이자 권리이다. 도리이기도 하다. 끊임없는 탐구로 자신을 발전시킬 수 있어야 한다. 관심 있는 분야를 탐구하고 학습하는 재미를 즐길 필요가 있다. 그것이 백 세 시대 삶의 바람직한 모습의 하나가 될 수 있을 것이다.

주변 환경에 대해 아는 것이 없으면 불안하다. 인간도 주위 사물이나 여건을 인식하고 이해할수록 불안에서 벗어날 수 있다. 가로등 신호를 위반하거나 과속했을 때 어떤 처벌을 받을지 모른다면 불안할 것이다. 하지만 처벌금액이나 벌점의 수준이 알려지면 불안한 기분은 사라진다. 불확실성에서 벗어나고 대응할 수 있기 때문이다. 호기심을 충족하는 즐거움이든, 불확실성을 해소하는 것이든 인간의 지식욕은 선천적이다.

또한 앎을 기반으로 문제를 해결하는 역량이 중요하다. 우리가 학교에 다니고 직장에서 일하는 등 삶의 대부분이 지식역량과 관련되어 있다. 지식을 학습하고 역량을 개발하는 것은 행복한 삶을 위해서이다. 마음껏 지식역량을 개발하고 역량을 발휘할 수 있는 국가적 여건이 중요하다. 그런데 삶의 기간과 국가 자원은 유한하다. 필요한 지식역량을 효율적으로 학습할 수 있어야 한다. 불필요한 지식 획득에 시간과 돈을 낭비하는 구조가 되어서는 안 될 것이다.

삶은 '가진 것을 베푸는 과정'이라고 한다. 생활을 위해서 무엇인가 필요하고 소유할 수 있다. 하지만 사는 진정한 의미는 베푸는 데 있는 것이다. 긴 기간 타인에 의존하여 성장하는 인간에게 베푸는 삶은 당연한 것인지도 모른다. 무엇으로 베풀 것인가? 재산을 기부하거나 사회에 환원하는 것은 훌륭한 일이다. 자신의 지식역량을 기반으로 중요한 문제를 해결하거나 타인을 돕는 것 또한 베푸는 삶이다. 공부와 일을 통해 지식역량을 축적하고 개발하는 것은 베풀기 위한 것이기도 하다.


## ⊙백 세 시대


2017년 기준 한국인의 평균 기대수명은 남성 80세, 여성 86세로 나타났다. 백 세 시대는 이미 현실이다. 전에는 직장 퇴직 후의 삶이 상대적으로 길지 않았다. 보통 별다른 준비 없이 은퇴를 맞았다. 하지만 지금은 퇴직 후 몇십 년을 건강하게 생존하는 경우가 많다. 의미 있는 삶과 자아실현에 필요한 역량을 미리 개발하고 축적할 필요가 커졌다. 자신과 가족, 사회를 위해 미래를 준비하여야 한다.

어떻게 장수 시대를 살아갈 것인가? 인간답게 살아야 한다. 인간은 발달된 두뇌를 가졌다. 두뇌와 정신세계를 충분히 개발하고 활용하는 것이 중요할 것이다. '건전한 신체에 건전한 정신'이 깃든다고 한다. 더불어 풍요로운 지적 역량은 인간다운 삶의 주요 요소일 것이다. 자유롭게 탐구하고 학습하는 재미를 느끼는 것이 좋다.

중·노년에는 육체적, 정신적 역량의 저하를 경험하게 될 것이다. 육체적 힘에 기반하는 두뇌의 활동력도 점차 쇠퇴해 갈 것이다. 하지만 인간적인 성숙, 지혜와 노련함은 나이가 들면서 더 발전되고 심화할 수가 있다. 백 세 시대에 자신의 역량을 개발하고 준비해야 할 방향일 것이다. 육체적인 건강의 유지가 중요하다. 동시에 정신적인 성숙과 지식, 지혜와 노하우 등의 지적 역량을 개발하고 유지할 필요가 있다. 육체는 쇠잔하지만, 지성과 감성을 포함한 정신적 역량은 더 원숙한 경지에 이를 수 있을 것이다.

4차 산업혁명 등의 변화가 진행되고 있다. 각종 산업과 기술 등 현대사회는 빠르게 변화하는 중이다. 과거의 지식이나 기술은 빠르게 진부화되고 쓸모없어진다. 새로운 시대에는 새로운 기술과 노하우가 필요하다. 새로운 기술과 지식을 지속적으로 학습하고 체득할 필요가 있는 것이다.

청·장년기에 못지않게 중·노년기에도 '일'은 중요하다. '21세기가 직면할 가장 중요한 과제의 하나는 일자리가 없는 사람들을 어떻게 할 것인가'의 문제라고 한다. 일자리는 모든 연령대에 중요하지만 중·노년기 사람들에게도 절박한 문제가 될 것이다. 일을 통해 삶의 의미를 실현해 나갈 수가 있다. 건강을 유지하고 생계 해결에도 도움이 될 것이다. 해당 개인은 물론 공동체에도 바람직한 일이다.

'중·노년기 일하는 삶'의 가치가 강조되고 있다. 김형석 교수는 다음과 같이 이야기한다.

> "나에게 건강은 일을 위해 필수적이다. 일이 목적이고 건강은 수단이다. 친구들과 비교해 보면서 누가 더 건강한가 묻는다면 대답은 간단하다. 지금 나는 건강한 편이라고 믿고 있다. 내가 누구보다 많은 일을 하고 있기 때문이다. 말하자면 나에게 있어서는 일이 건강의 비결이다. 건강해서 일하는 게 아니라 일을 하니 건강한 것이다. 100세까지 살고 보니 60세에서 80세까지가 인생의 최전성기였다. 70~80세에는 일자리가 있는 게 아니라 내가 일을 찾고 만들어야 한다. 봉사하는 것도 일이다. 일은 젊음 뿐 아니라 행복의 원천이다."[13]

세계적인 경영학자 피터 드러커는 '60세 이후의 30년이 자신의 전성기'였다고 밝힌 바 있다. 보통은 그 나이에 일에서 떠나거나 일을 줄여나간다. 하지만 그는 오히려 왕성하게 일하고 활동하였다. 육체적으로 쇠퇴기에 접어든 이후에 오히려 삶의 전성기를 맞았다는 것이다. 일이 그에게 활기차고 건강한 삶을 제공한 배경이다.

무엇보다 삶의 이유를 뚜렷이 가지고 삶의 의미를 느낄 필요가 있다. 니체는 "왜 살아야 하는지 아는 사람은 어떤 어려움도 참고 견딘다."고 하였다. 『죽음의 수용소에서』를 쓴 빅터 프랭클은 "원고를 새로 쓰고 싶다는 강렬한 열망이 죽음의 수용소에서 나를 살렸다."고 말했다. 존재의 의미, 살아야 할 이유가 분명한 사람일수록 생존 가능성은 높다. 존재의 의미가 분명한 삶은 자아를 실현하는 삶일 수가 있다. 사회에 이로운 일을 하는 것, 새로운 무언가를 창조하는 일, 상대의 잠재력 발휘를 돕는 일[11] 등이 그에 해당할 것이다.

한국은 65세 이상 인구 중 경제활동에 참가하고 있는 비율(경제활동참가율)[12]이 OECD 국가 중 가장 높다. 프랑스는 3.1%, 독일 7.0%, 일본 23.5%, 미국 19.3%, 스웨덴은 17.5%인 데 비하여 한국은 31.5%이다. 이는 한국의 노인빈곤율[13]이 세계적으로 높은 현상과 관련된 것이다. 생계를 위한 취업이 많으며 임금 수준은 낮다. 일용직 등 여건이 좋지 않은 불안정한 일자리에 취업하는 경향이 있다. 노후에 대하여 충분히 준비했거나 국가의 복지 지원이 많았다면 사정이 달랐을 것이다.

중·노년기에도 소득 창출에 필요한 전문적 노하우나 지식기반 역량을 개발하고 유지할 필요가 있다. 일자리가 아니면 일거리를 만들어야 하는 상황이다. 청·장년기의 직업이나 직장도 긴 안목에서 선택할 필요가 있다. 평생 직업을 고려하여 현재의 일을 선택하는 것이다. 나이 들어도 젊을 때의 경험과 역량을 기반으로 일할 수 있다면 좋을 것이다. 지속적으로 역량과 노하우를 개발하고 실력을 발휘할 수 있어야 한다.

---

11) 철학자 에리히 프롬은 상대가 잠재력을 발휘하도록 돕는 일을 '사랑'이라고 정의하였다.
12) 취업자와 실업자 수 / 15세 이상 인구, 취업자와 실업자를 포함하여 경제활동에 참여했거나 참여할 의사가 있는 인구의 비율을 말한다.
13) 상대적 빈곤율을 말하며 중위소득 50%에 미치지 못하는 노인가구의 비율을 의미. 통계에 따라 다르지만, 한국의 노인가구 빈곤율은 대개 45~50% 정도인 것으로 나타나 있다. 연금 등 노인에 대한 복지 지원이 미흡한 것도 한 원인으로 지적된다.

## ⊙ 교육의 문제

한국의 청년 실업률은 높다. 하지만 일자리가 없는 것이 아니라 원하는 일자리가 충분치 않다. 기업은 원하는 역량을 지닌 인력을 구하기 어렵고 젊은이들은 원하는 일자리를 찾기가 쉽지 않다. 특히 공공부문과 기업, 대기업과 중소기업 간 임금 격차가 크다. 일자리와 고용 형태 간 임금 격차와 보상체계가 원활한 인력 수급을 방해하는 면이 있다. 인적자원 개발과 활용 면에서 본다면 청년 역량과 일자리 요구 역량 간의 미스매치가 문제이다. 역량의 개발과 그 활용의 연계가 원활하지 못한 것이다.

"투자 대비 수익이 가장 형편없는 것이 사교육"이라고 한다. 학교교육의 내용과 일자리 역량 간의 괴리가 크다. 학교가 삶과 일에 필요한 역량을 획득하는 데 필요한 역할을 하지 못하고 있다. 암기와 문제풀이식 중심의 교육이 인성과 창의성 등의 개발을 오히려 저해한다는 비판을 받는다. 학교가 출세를 위한 시험 준비를 하는 곳에서 삶에 필요한 인성과 지식역량을 가르치는 곳으로 되어야 한다.

명시지와 명제지 중심으로 시험에 대비하는 교육에서 벗어나야 한다. 암묵지와 방법지도 배울 수 있어야 한다. 지식만이 아닌 역량도 기를 수 있어야 한다. 고학력 실업률을 낮추거나 평균적인 합격 수준을 낮출 필요가 있다. 높은 학력 수준이 충분히 활용되지 못하고 있다. 개인과 국가가 부담하는 학비의 상당 부분이 낭비되고 있는 것이다. 학업에 들어간 시간도 낭비되고 있다. 인적자원의 지식역량 개발과 활용의 문제를 제로 베이스에서 다시 생각해 보아야 하는 이유이다.

학자금 대출 등 학비의 문제를 보자. 신용 유의자가 된 한 대학 졸업자는 "소득이 없어 학자금 대출은 계속 연체 중"이라며 "빨리 취업이 돼야 하는데 걱정"이라고 털어놨다. 대형마트에서 비정규직으로 일하는 20대 후반의 김모 씨는 2008년부터 4학기 동안 대학을 다니다 자퇴했다. 전공에 대한 고민과 경제적 여건 때문이었다. 대학은 그만뒀지만, 학자금 대출 2,000만 원은 고스란히 빚으로 남았다. 대학 졸업자 10명 중 4명은 학자금 빚을 안고 사회생활을 시작한다. 한 교수는 "현재 소득이 낮은 가계의 자녀일수록 학자금 대출을 많이 받는 구조"라며 "대학생이란 이유로 무작정 학자금을 대출해주면 연체에 빠지기 쉽다."고 말했다. 저소득층에겐 대출 대신 장학금을 지원하는 방안을 찾아봐야 한다는 지적이다. 2018년 말 기준으로 학자금 대출을 6개월 이상 연체해 신용 유의자로 등록된 청년 수는 1만 7,231명이었다.[14] 반면 의대나 SKY 대학일수록 고소득층 자녀가 많은 것으로 나타나고 있다.

'대학은 나와야 한다!'고 말한다. 누구나 대학을 다녀야 한다면 학비는 국가가 부담할 필요가 있다. 다수 청소년이 학비로 인해 사회 출발선에서부터 불리한 입장에 선다. 기성세대가 만든 프레임에 청소년들이 희생되는 것이다. 고학력 프레임이 자유와 평등, 기회균등의 원리를 폐기하고 있다. '빚을 져본 사람만이 빚이 영혼을 잠식한다는 것을 안다.'고 한다. 고학력 실업의 시대에 '빚을 내서라도 대학에 가라.'고 압박하는 것은 정상적이지 않은 모습이다.

## ⊙ 지식역량과 국가 경제

2011년 이후 한국의 경제성장률은 2~3% 수준에 머물고 있다. 앞으로 1%대로 하락할 것으로 전망하기도 한다. 미국 경제가 지난 10년간 연평균 2.3% 성장한 것에 비하면 한국 경제성장률은 저조한 편이다. 경제성장에는 여러 요소가 복합적으로 작용한다. 경제에 투입하는 인적·물적 자원의 양과 창의력과 기술 등 인적자원의 질적 수준이 중요하다. 자원 투입 면에서는 경제가 보유한 인적·물적 자원을 충분히 활용할 수 있어야 한다. 그러한 면에서 고학력자 미취업, 출산으로 인한 경력 단절, 조기 퇴직 등은 중요한 문제이다. 인적자원의 역량을 충분히 활용하지 못하고 있는 것이다.

경제가 발전할수록 창의력과 기술 등 인적자원의 질적인 수준이 중요하다. 토지와 기계설비 이외에 인력의 지식수준, 노사관계, 경영방식 등이 생산성[14]과 경쟁력을 결정한다. 경영진과 근로자의 높은 역량 수준이 높은 생산성을 낳는다. 기술, 노하우 등의 지식기반 역량이 중요하다. 미국과 독일 등의 경우에는 지식, 기술 등의 요소들이 생산성에 결정적 영향을 미치는 것으로 분석되고 있다. 한국 경제는 바로 이 부분에 문제가 있는 것으로 지적된다. "2000년 이후에도 기술 개발이나 경영혁신보다는 여전히 요소 투입에 의존하고 있다."는 평가를 받는다. 지식과 기술 등의 역할이 충분치 못한 것이다.

시장경제는 개인이 자유롭게 경제활동을 하는 경제체제이다. 시장

---

14) 어떤 재화를 생산하는 데 투입된 노동, 자본 등 생산요소의 양에 대한 산출량의 비율이다.

에 가보면 자유로운 경제가 주는 활기를 느낄 수가 있다. 물건을 파는 상인이나 그것을 사는 사람이나 자유롭게 흥정하고 거래를 한다. 경쟁할 자유에서 오는 역동성이 활기찬 시장을 만든다. 상인이나 기업은 가능한 한 싸고 좋은 제품으로 소비자의 관심을 끌려고 한다. 창의에 기반을 둔 기업가정신이 발휘되는 것이다.

기술이란 싸고 좋은 제품을 만드는 능력이다. 시장경제는 기술과 지식을 경쟁의 기반으로 하는 경제이다. 경제의 활력이 약화되고 정체 상태에 빠진 분야가 많다. 기술과 지식이 충분한 역할을 못하는 것이다. 주요 원인의 하나는 부당하게 자유로운 경쟁을 제약하는 여건에 있다. 면허 제도 등으로 사업 진입을 제한하거나 불공정한 경쟁의 영역이 많다. 과도하게 사업 진입을 제한하는 규제, 재벌과 공공 부문의 불공정한 경쟁행위 등이 그것이다. 성장률이 정체되고 좋은 일자리가 충분치 늘어나지 못하는 주요 원인이다. 한국 경제는 철강, 반도체, 조선, 전자, 자동차 등 몇몇 산업에 편중되어 있고, 서비스 산업 등에서의 다양성은 부족한 편이다. 더 많은 영역에서 창의력과 기술력을 발휘하고 관련 산업이 발달할 필요가 있다. 자유롭게 지식 역량을 개발하고 기술력으로 경쟁하는 영역을 늘리는 것이 일자리를 확대하고 경제를 살리는 길이다.


## ◉ 도전과 응전


한반도는 대륙과 해양이 교차하는 지점에 있다. 지식과 정보가 교류되고 유통되는 곳이다. 한자, 일본어, 영어는 한국인이 사건과 사물, 이웃을 인식하는 창이고 도구였다. 외부의 문물은 한국인의 삶에 직접적인 영향을 미쳤다. 지리적 이점을 충분히 활용하지 못하여 외부 세력에 지배되기도 하였다. 분단 상황도 19세기 주변 세력의 침입에 적절히 대응하지 못한 결과였다. 외부의 정보, 지식, 기술을 주체적으로 수용하고 발전시키는 것이 중요하다. 그렇지 못하면 외부의 것들은 오히려 내부 갈등과 분열의 씨앗이 되었다. 과거 중국은 주변에 자신의 문화를 동화시키는 강한 포섭력을 지녔다. 때문에 주위의 여러 민족이 그 정체성을 상실하고 중화에 동화되고 말았다. 하지만 한민족은 자주성을 지켰고 살아남았다. 외부의 지식을 주체적으로 흡수하고 재창조하였기 때문이리라.

국가와 국민의 역량이 문제를 해결하기도 하고 문제를 만들기도 할 것이다. 지식을 기반으로 문제를 풀어가는 역량이 중요하다. 인적자원을 잘 개발하고 역량을 충분히 발휘할 수 있어야 한다. 지식역량, 인적자원 개발, 교육 등은 서로 밀접하게 연결되어 있다. 어느 한 요소만의 변화로 전체를 개선하기는 어렵다. 학교와 기업, 정부와 사회가 연계하면서 개선하고 혁신할 필요가 있다.

변화가 많은 시대이다. 시대적인 변화와 요구를 거부하면 부문 간, 계층 간 갈등은 누적되고 언젠가는 임계치에 이른다. 현재의 질서와 제도가 의미를 잃고 사라질 수도 있다. 양보와 희생, 합리적인 타협이 필요하다. 문제를 방치하거나 대증적 처방으로 봉합될 수도 있을 것이다. 근본적인 치유를 미룬 채 손실과 희생을 연장하는 것이다. 문제의 근본 원인을 찾아 그것을 해결하는 방안을 모색하는 정공법이 필요하다. 자동차의 등장으로 마차가 사라졌다. 스마트폰 등장으로 옛 전화기, 카메라, 캠코더들도 사라지고 있다. 한국인의 지식역

량 개발과 활용에 관련된 여러 현상과 관련 제도들도 변화를 맞고
있다.

# 제2장
# 한국인의 지식역량 평가

1 | 지식기반의 역량

2 | **한국인의 지식역량 평가**

3 | 지식역량 개발의 구조적 여건

4 | 역량의 활용

5 | 지식 국가의 새로운 기반

6 | 생애역량의 개발과 창조

7 | 교육개혁

한국인의 지식역량은 어느 수준에 있는가? 그 특성과 배경, 문제는 무엇인가?

# 1. 고학력 국가

2019년을 기준으로 한국의 고등학교 졸업자 중 70.4%가 상급학교
에 진학하였다. 세계 최고 수준의 대학 진학률이다. 동 진학률은
2005년 82.1%의 최고치를 기록한 후 2010년 78.9%, 2014년 70.9%,
2018년 69.7%로 낮아졌다. 고학력자의 취업 실패 등이 대학 진학률
을 다소 낮추는 데 영향을 준 것으로 보인다. 그래도 2017년 우리나
라 성인(25~64세)의 고등교육 이수율[1]은 48%로서 OECD 평균 38%
보다 10%나 높았다. 청년층(25~34세)의 동 비율은 70%이었다. 한국
은 이 비율에서 2008년 이래 OECD 최고 수준을 유지하고 있다.[15]
세계 최고의 고학력 국가인 것이다. 하지만 고학력이 반드시 높은
수준의 지식역량을 의미하지는 않는다. 학교보다 학교 바깥의 공부
가 지식 등의 획득에 더 효과적일 수가 있다. 특히 직업과 삶에 필요
한 역량 획득에서 그렇다.

한국 중·고등학생의 언어나 수리 등의 능력은 세계 상위 수준이다.
하지만 그 후 대학 교육을 통해 전반적인 지적 역량이 더 향상되고
있는 것인지는 분명치 않다. 대학에 재학하는 20~24세 연령대는 무
엇을 하든 학습 효과를 기대할 수 있는 시기이다. 대학에 다닌다면
공부를 통해 많은 것을 얻을 수 있어야 한다. 하지만 강의와 책을 통
한 공부가 직업 현장의 일을 통한 학습(learning by doing)보다 항상

---

1)  '고등교육 이수율=전문대학 이상 고등교육단계의 학력 소지자 수 / 전체 인구수'
    이다.

더 낮지는 않다. 어떤 영역에서 무슨 일에 종사하느냐가 중요하다. 대학 공부가 일에 큰 도움이 될 수도 있고 그렇지 못할 수도 있을 것이다.

## ◉비용과 효과

적절한 학력 수준이란 필요한 만큼 학교에 다니는 것이다. 필요 이상의 학력을 지니는 것은 학력 과잉이다. 예컨대 '일자리가 요구하는 학력보다 평균적으로 실제의 학력 수준이 더 높다. 사회의 수요에 비해 훨씬 많은 인력이 대학을 졸업한다. 평균적인 학력은 높지만, 기업과 사회가 필요한 역량을 지닌 인재는 부족하다.' 만약 이러한 현상이 사실이라면 학력 과잉 상태에 있는 것이 분명하다.

많은 시간과 비용을 투입하면서도 일과 삶에 필요한 역량을 제대로 획득하지 못한다. 학교생활 자체가 행복한 것도 아니다. OECD가 학생들에게 '학교에서 행복한가?'라고 물었다. 한국은 '그렇다'라고 응답한 학생의 비율이 가장 낮았다. 입시를 준비하고 대학 공부를 하는 데 많은 비용과 긴 시간이 투입되고 있다. 특히 '금수저, 흙수저 논쟁' 등 교육의 기회균등 원칙이 크게 훼손되고 있는 것도 문제이다.

한국의 초등학교에서 대학 교육에 이르기까지 지출하는 공교육비[2]는 GDP 대비 5.4%이다. 이는 OECD 평균 5.0%보다 0.4% 높은 것

---

2)    정부와 사학재단 등이 학교 운영과 학생 교육에 지출하는 비용이다.

이다. 대학교육비는 GDP 대비 1.7%로 OECD 평균 1.5%보다 0.2% 높았다. 특히 대학교육비 중 민간 부담비율은 1.1%로 OECD 평균 0.5%에 비해 두 배가 넘고 있다.[16] 한국인들은 대학 학비로 OECD 국가에 비하여 평균 2배 이상을 스스로 부담하고 있는 것이다. 이는 두 요인에 의한 것으로 분석될 수 있다. 하나는 전체인구 중 대학에 가는 비율이 높기 때문이다. 또 하나는 대학 학비 중 본인 부담 비율이 높은 것 때문이다.

다른 조사에 의하면 전체 학생의 1인당 월평균 사교육비[3]는 29만1천 원이었다.[4] 사교육 참여율은 72.8%, 참여 학생들의 1인당 월평균 사교육비는 39만9천 원이었다. 2018년 사교육비 총액은 약 19조5천억 원에 달했다.[17] 가정에 따라서는 자녀 1인당 월 백만 원 이상의 사교육비가 지출되고 있다. 한국의 공교육비 부담은 OECD 평균 이상이다. 공교육비에 사교육비를 더하면 한국인은 세계 최고 수준의 교육비를 부담하고 있는 것으로 추정된다.

거기에 청소년 1인당 평균적으로 학교에서 보내는 시간이 세계에서 가장 길다. 1일 평균 학습 시간도 OECD 국가 중 가장 긴 편이다. 15~24세 학생의 평일 하루 학습 시간은 7시간 50분이다. 5시간 전후의 외국 학생에 비해 평균 2시간 이상 더 많다. 국가와 가정 모두가 비용과 시간 등의 많은 자원을 학교 교육에 투입하고 있다.

다음은 로버트 루트번스타인과 그의 아내가 같이 펴낸 『생각의 탄

---

3)  개인/그룹 과외비, 학원비, 학습지, 인터넷/통신 강좌비, 방과 후 학교 비용, EBS 교재비 등을 포함한다.
4)  2018년 초·중·고 1,486개교, 학부모 4만여 명을 대상으로 조사한 자료이다.

생(Spark of Genius)』에 나오는 내용이다.

> "소설가 버지니아 울프는 '케임브리지대학의 교육은 학생들이 두뇌만 집
> 중적으로 사용하게 하여 정신을 불구로 만들었다.'고 비판하였다. 울프는 케
> 임브리지를 나온 아버지에 대해 '분석 능력은 탁월했지만, 실제 생활에서는
> 조야하고 고리타분했다. 음악, 미술, 연극, 여행 같은 여가활동의 결핍이 심
> 했다. 그 결과 지적으로 편중된 좁은 시야를 갖게 되었다.'고 회상하였다. 대
> 학에 가지 못한 울프는 집에서 폭넓고 종합적인 방법으로 학습하였다. … 그
> 녀는 최고의 문학 작품들을 따라 써보는가 하면 언니들이 그림 그리는 것을
> 옆에서 지켜보기도 하였다. 이를 통해 울프는 문학의 '무엇'뿐만 아니라 '어떻
> 게 하는 것인지'를 체득할 수 있었다. '무엇과 어떻게'를 분리하는 제도권 교
> 육을 피할 수 있었다. 학생들은 이해하여 알게 되는 것이 아니라 외워서 알
> 게 된다. 어떤 것을 '이해하지 못한다'는 것은 그것을 실제로 '어떻게 응용해
> 야 할지 모른다'는 것이다. 그러한 지식은 실로 허약하며 쓸모없고, 교육적
> 실패의 결과물일 따름이다. 겉만 번지르르한 '학문적 성취'의 겉모습에 불과
> 하다."[18]

위의 글은 전통적인 학교 교육의 문제들을 비판하고 있다. 울프는
학교 바깥에서 '무엇(명제지)'과 '어떻게(방법지)'[5]에 관한 지식을 스스
로 학습하였다. 그녀는 문학에 대하여 폭넓은 학습을 하였고 스스
로 글을 쓸 수 있었다.


## ⊙ 선다형 시험과 줄 세우기 교육


학교가 학생의 삶에 필요한 인성이나 경제 사회적 역량을 제대로

---

5) '명제지'와 '방법지'에 관해서는 뒤에서 보다 자세히 설명하기로 한다.

가르치지 못한다고 한다. 물론 훌륭한 교사들이 열심히 학생들을 가르친다. 하지만 특히 한국의 학교는 시험 점수 등으로 학생들 간의 서열을 결정짓고 있다는 점에서 비판받는다. 한국에는 출신학교로 사람을 차별하는 경향이 있다. 의사나 변호사를 배출하는 대학이나 대학원, 4년제 대학, 2년제 대학, 인문계고, 실업계고 등 다양한 학교들이 있다. 나름의 목적을 위해 세워진 학교들이다. 다양한 교육을 받은 인재를 배출하기 위해서이다. 하지만 이러한 학교들은 서열적이며 차등적으로 인식되는 경향이 있다. 대등하고 다양한 의미의 학교가 아니라 획일적 기준으로 차별적 취급을 한다.

소수의 학생만이 상위 등급을 획득하고 성공했다는 판정을 받는다. 나머지 다수는 그 들러리가 된다. 대학은 입학생의 고등학교 때 점수를 기준으로 서열화되어 있다. 대부분 고등학교의 교육 목표는 상위권 대학 입학생을 배출하는 것에 맞추어져 있다. 서열화된 대학은 고등학교 때의 성적순에 따라 차례로 학생들을 받아들인다. 학생의 수학능력이나 전공별 적성은 중요하게 취급되지 않는다. 대부분의 학교 수업은 선다형 시험에서 높은 성적을 받는 것을 목적으로 한다. 대부분 과목에서 선다형 시험이 수험생의 역량을 평가하는 주요 수단이 되고 있다. 학생들의 다양한 역량을 개발하는 것과는 거리가 먼 교육을 하는 것이다.

선다형 시험 위주의 평가와 교육에 관한 몇 가지 문제를 보자.[19]

○ 고3 때 배우는 단편적 지식은 3년 지나면 75% 정도를 잊어버린다. 시험이 끝나면 대부분은 버려질 교육에 몰두하는 셈이다.

○ 선다형 시험에서는 여러 문항 중에서 정답을 식별하는 능력이 중요하다. 시험 문제는 의도적으로 정답과 오답 문항을 구성한다. 하지만 실제 삶이나 사물에는 옳고 그름과 무관하거나 좋은 점과 나쁜 점이 공존하는 경우가 많다.

○ 주로 읽고 분석하는 능력 중심으로 평가를 한다. 쓰기, 말하기, 듣고 대화하기, 만들기 등의 역량은 평가하지 못한다.

○ 단편적 지식 암기에 치중함으로써 높은 수준의 정신 능력 함양이 어렵다. 비판적, 창의적 사고의 계발이 억압된다.

○ 창의성, 소통과 공감 등의 사회적 역량, 자율과 긍정 등의 정서적 역량, 정직, 책임 등과 같은 도덕적 역량 함양에 소홀하다.

○ 문제 풀이는 출제자가 정해 놓은 답을 찾는 과정이다. 정답과 오답을 판별하는 형식에서 이분법적 사고가 유발될 수 있으며 순응형, 동조형 인간상을 길러내는 역할을 한다.

○ 시험 문항들은 출제자의 생각이나 성향 등 주관에 의해 결정된다. 선다형 시험은 채점의 관점에서만 객관적이다. 객관식 시험은 객관적이지 않으며 출제자의 지식범주로 한정된 좁은 범위의 지식을 다룰 뿐이다.

지금은 TED[6], 유튜브 등으로 세계적인 석학의 강의는 물론, 각종 정보와 지식을 실시간으로 접할 수가 있다. 하지만 필기시험을 보려고 특정 강의를 수강해야 하는 경우가 많다. 필기시험 준비로 삶에

---

6)  TED(Technology, Entertainment, Design)는 미국의 비영리 재단에서 운영하는 강연회이다. 정기적으로 기술, 오락, 디자인 등과 관련된 강연회를 개최한다. 최근에는 과학에서 국제적인 이슈까지 다양한 분야와 관련된 강연회를 개최한다.

필요한 지식이나 역량을 충분히 획득하기는 어렵다. 광범위한 분야에 대하여 문자로 표현된 일반화된 지식을 배운다. 관련된 현상이나 사실에 대한 깊은 이해는 부족하다. 실용적 지식 습득과는 거리가 멀다. 창의력과 인성, 사회성과 도덕성 함양에 소홀하다. 현재 문제를 해결하고 미래를 준비하는 역량을 습득하기에는 부족함이 많다. 근본적인 변화가 요구되는 부분이다.

미국 심리학자 하워드 가드너(Howard Gardner)는 "인간에게는 언어, 논리-수학, 공간, 음악, 신체-운동, 인간관계, 자기성찰, 자연 친화, 실존 등의 지능이 필요하다."고 하였다. 근본적으로 인간은 다양한 잠재력을 지니고 태어난다. 다양한 영역을 골고루 발전시키되 개인별 특성에 맞는 곳에 보다 집중할 필요가 있다.

그럼에도 적성이나 소질에 관계없이 시험 점수라는 하나의 기준으로 학생을 평가하고 줄 세운다. 개인별 소질과 특성에 따라 역량을 개발하기가 쉽지 않다. 학교는 공식적으로 인정된 지식체계를 기반으로 분리된 과목들을 교육한다. 이것이 '창조적 사고과정'을 약화시키는 주요 원인이 될 수 있다. 문자와 숫자로만 배우고 평가받는다. 이론을 가르치지만, 실제 세계에 적용하는 방법은 가르치지 않는다. 일반화된 지식을 학생에게 전수하기는 하지만 새로운 지식을 창조하는 것에는 약하다.

학벌이나 학력 자체에 과도한 가치를 부여하는 사회적 인식과 제도에 문제가 있다. 예컨대 1960년대까지는 사법시험을 보는 데 대학 졸업장이 필요하였다. 아직도 학력을 특정 자격 획득의 전제 조건으로 하는 경우들이 많다. 필요한 문제 해결의 역량을 지니지도 않은 채 학력만으로 인정받으려는 경향도 있다. 이러한 기대와 오해가 문제의 원천이 되기도 한다. 지식과 역량은 세상에 도움이 될 때 의미가 있고 존중받을 수 있다. 졸업장은 학력을 인정하는 하나의 증명일 뿐이다. 삶에 필요한 지식역량을 갖추었는지 말해주지 않는다. 입시에서 높은 점수를 얻었고, 시험공부에 집중력을 발휘한 하나의 결과이다.

## ⊙ 사회와 괴리된 교육

2017년 세계 경제포럼(WEF)이 발표한 '인적자본 보고서'는 한국의 인적자원 경쟁력을 130개 국가 중 27위로 평가하였다.[20] 평가 요소 중 청년들의 낮은 경제활동참가율, 성별 고용격차, 낮은 직업교육 참가율 등이 한국의 순위를 낮추었다. 25~54세 한국인의 대학 졸업률은 43.9%로 세계 3위였다. 이에 비하여 독일은 26.4%, 25위에 머물렀다. 독일 청년들의 평균 학력은 한국 젊은이보다 훨씬 낮은 수준이다. 하지만 이들은 직업 현장에서 기술을 배우고 닦아 마이스터(장인)가 되거나 해당 분야의 숙련공이 된다. 한 영역에서 10~20년을 근무하여 경험과 노하우를 축적하고 세계 최고에 이른다. 고졸이지만 세계 최고의 제품을 만들고 세계를 누빈다. 세계 여러 곳에서 이들을 부른다. 이들만의 기술이 필요한 것이다.

한국의 학력 과잉 문제에 대해 OECD는 '한국을 위한 역량전략 보고서[21]에서 다음과 같이 제언한다. "과도한 학교 교육과 고학력 문제를 개선하는 것이 중요하다. 한국 학생들은 읽기, 수학, 과학에서 최고 수준의 성과를 보였으며 높은 대학 진학률을 보여 왔다. 수십 년

간 잘 교육된 노동력이 한국의 경제적 성공에 크게 공헌하였다는 것은 분명하다. 하지만 지금 역량 개발과 교육에서의 성과가 고용을 통한 성과로 연결되지 못하고 있다. 한국의 지속 발전을 위해서는 인적자원의 역량이 노동의 성과로 연결되어야 한다. 무엇보다 학교는 실무 교육과 직업교육을 확대할 필요가 있다." 한국의 학교는 일자리가 요구하는 역량과 거리가 먼 내용을 교육하고 있다. 또한 청년 실업률도 높다.

한국 사립학교에서의 근무 경험이 있는 한 미국인 교사는 "성적은 좋지만 효과는 별로다. 한국 학생은 창의력과 문제 해결의 기본 수완이 부족하다."고 지적한다. 시험 위주의 학교 교육을 비판하는 것이다. 호기심과 질문을 자극하는 교육이 아니라 정답을 놓고 문제를 푸는 교육을 말하고 있다. 이스라엘은 끊임없는 질문과 토론 교육을 기반으로 세계적인 벤처창업 국가를 만들었다. 독일은 질문을 통해 아이들이 생각하도록 돕는 교육을 중요하게 여긴다.

대학은 학생들이 인성과 창의성, 도덕성과 리더십을 함양하는 곳이어야 한다. 직업교육과 실무 역량 함양을 통해 졸업생들의 취업률을 높일 필요가 있다. 교수들의 창의적인 연구와 논문으로 좋은 평가를 받는 것도 중요하다. 창의적인 연구는 차별화된 교육으로 나타날 것이다.

문제는 한국 대학들이 입학생의 성적순으로 서열화되어 있다는 점이다. 대학이 차별적인 노력을 해도 한번 정해진 대학 서열은 잘 바뀌지 않는다. 원재료가 같아도 생산 과정이 다르면 차별화된 제품을 생산할 수 있다. 공정과 기계장치, 공정 담당자가 그것을 결정하는 역할을 한다. 같은 신입생을 받아도 졸업할 때가 되면 다른 결과를 얻을 수 있어야 한다. 학생들을 비슷한 교육 과정과 내용으로 교육한다면 여러 개의 대학이 존재할 이유가 없다.

"전기공학과 출신이 전기회로 도면을 못 읽고, 컴퓨터 공학과 출신이 코딩을 할 줄 모른다."는 하소연을 한다. 대학이 빠르게 변화하는 기술 트렌드를 반영하지 못한다는 것이다. 한 교수는 "'컴퓨터 프로그래밍', '논리설계' 등 전통적 이론 수업 일색이다. 과목 간판만 바꿨을 뿐 실제 가르치는 내용은 10년 전이나 지금이나 별로 달라진 게 없다."고 비판한다. 대신 대학생 등을 대상으로 하는 산업·응용기술학원은 성업 중이다. 이런 학원들은 철저하게 실무에 필요한 교육을 한다. 한 수강생은 "따지고 보면 공대 전공 수업에서 당연히 배웠어야 하는 내용이다. 책 내용과 현장에서 적용되는 것은 완전히 다르다는 것을 매일 깨닫고 있다."고 말한다.

## ⊙ 교육 변화의 필요

경제적으로 넉넉지 못한 여건에 있는 청소년도 많다. 그들은 학력이나 시험성적 중심의 평가에서 불리할 수 있다. 사람은 살면서 서로 다른 다양한 경험을 하고, 각자의 역량을 개발한다. 서로 다른 다양한 경험과 역량은 각기 다른 문제를 해결하는 힘이다. 각기 의미가 있고 가치가 있다. 이질적인 것이 섞이고 융합할 때 창조가 발생한다.

교육열의 배경엔 학교 교육을 출세와 권력욕의 수단으로 보는 풍조가 있다. 조선의 과거제와 교육을 지배의 수단으로 활용한 일제강점기에서 비롯된 것이라 할 수 있다.[22] 시대는 변했지만 이러한 유습이 아직도 살아있다. 하지만 이제 시대에 맞는 교육을 할 때이다. 문제 해결과 행복에 도움이 되는 공부를 하여야 한다. 학교가 삶에 필요한 역량을 습득하는 데 장애가 되어서는 안 될 것이다.

학교는 주로 일반화된 지식을 학생들에게 전수한다. 하지만 산업현장과 사회는 일상적으로 변한다. 변화하는 기술과 노하우는 현장에서 느끼고 배울 수가 있다. 몸소 경험하고 깨달음으로써 귀중한 지식을 얻는 것이다. 너무 긴 시간을 학교에만 머물면 현장 지식을 획득하는 시기만 늦어질 수가 있다.

카이스트의 정재승 교수는 "인간의 생물학적 수명은 점점 길어지는데, 지식의 수명은 점점 짧아지고 있다. 20대 초반 대학에서 '전공'이라는 이름으로 몇 년 공부한 것으로 남은 인생을 살아갈 수는 없다. 학교에서 얻은 지식은 결국 모두 잊힐 것이다. 하지만 평생 스스로 독서를 즐기고 학습을 놓지 않는 어른으로 성장할 수 있다면 성공한 교육이다."라고 하였다. 모든 힘을 입시에 소진한 후 평생 공부에서는 멀어지는 일이 있어서는 안 될 것이다.

# 2. OECD의 학업성취도 평가

## ⊙ 세계 상위권의 학업성취도

　OECD는 각국 학생들을 대상으로 3년마다 학업성취 수준을 평가하여 발표한다. 국제학업성취도평가(Program for International Student Assessment)인데 머리글자를 따서 'PISA'라고 부른다. 만 15세 학생[7]을 대상으로 읽기, 수학, 과학 소양의 성취를 국제적으로 측정, 비교하고 관련 연구 결과를 발표하고 있다.

　2018년 PISA에는 총 79개국(OECD 회원국 37개국, 비회원국 42개국)에서 약 71만 명이 참여하였다. 우리나라에서는 188개교 총 6,876명(고교 154개교 5,881명, 중학교 34개교 917명, 각종 학교 2개교 78명)이 참여하였다. 평가 결과 한국 학생의 학업 성취도는 모든 영역에서 OECD 평균보다 높은 점수를 얻었다. 읽기 514점, 수학 526점, 과학 519점으로 해당 영역의 OECD 평균 점수보다 각각 27~37점 높았다. OECD 37개국 중 읽기 2~7위, 수학 1~4위, 과학 3~5위의 순위로 평가되었다. 전체 79개국 중에서는 읽기 6~11위, 수학 5~9위, 과학 6~10위의 순위를 기록하였다.

---

7) 동 프로그램이 만 15세 학생을 평가대상으로 삼는 이유는 그 나이에 대부분 나라의 의무교육이 종료되며, 학생들이 사회에 나갈 준비가 얼마나 되어 있는지를 평가하기에 적합한 연령으로 보기 때문이다.

<표 II-1> PISA 2018 OECD 회원국의 영역별 평가 결과

| 읽기 | | | 수학 | | | 과학 | | |
|---|---|---|---|---|---|---|---|---|
| 국가명 | 평균 | OECD 국가 순위 | 국가명 | 평균 | OECD 국가 순위 | 국가명 | 평균 | OECD 국가 순위 |
| 에스토니아 | 523 | 1~3 | 일본 | 527 | 1~3 | 에스토니아 | 530 | 1~2 |
| 캐나다 | 520 | 1~4 | 대한민국 | 526 | 1~4 | 일본 | 529 | 1~3 |
| 핀란드 | 520 | 1~5 | 에스토니아 | 523 | 1~4 | 핀란드 | 522 | 2~5 |
| 아일랜드 | 518 | 1~5 | 네덜란드 | 519 | 2~6 | 대한민국 | 519 | 3~5 |
| 대한민국 | 514 | 2~7 | 폴란드 | 516 | 4~8 | 캐나다 | 518 | 3~5 |
| 폴란드 | 512 | 4~8 | 스위스 | 515 | 4~9 | 폴란드 | 511 | 5~9 |
| 스웨덴 | 506 | 6~14 | 캐나다 | 512 | 5~11 | 뉴질랜드 | 508 | 6~10 |
| 뉴질랜드 | 506 | 6~12 | 덴마크 | 509 | 6~11 | 슬로베니아 | 507 | 6~11 |
| 미국 | 505 | 6~15 | 슬로베니아 | 509 | 7~11 | 영국 | 505 | 6~14 |
| 영국 | 504 | 7~15 | 벨기에 | 508 | 7~13 | 네덜란드 | 503 | 7~16 |
| 일본 | 504 | 7~15 | 핀란드 | 507 | 7~13 | 독일 | 503 | 7~16 |
| 호주 | 503 | 8~14 | 스웨덴 | 502 | 10~19 | 호주 | 503 | 8~15 |
| 덴마크 | 501 | 9~15 | 영국 | 502 | 10~19 | 미국 | 502 | 7~18 |
| 노르웨이 | 499 | 10~17 | 노르웨이 | 501 | 11~19 | 스웨덴 | 499 | 9~19 |
| 독일 | 498 | 10~19 | 독일 | 500 | 11~21 | 벨기에 | 499 | 11~19 |
| OECD 평균 | 487 | | OECD 평균 | 489 | | OECD 평균 | 489 | |

자료 출처: '교육부 보도자료 2019.12.3. OECD 국제학업성취도 비교 연구(PISA 2018) 결과 발표'의 표에서 상위권 점수를 받은 나라들을 중심으로 일부를 발췌

※ 주1. PISA 2006부터 각 국가가 속할 수 있는 최고와 최저의 순위를 범위로 제공하고 있음
※ 주2. OECD 평균은 OECD 37개국(읽기는 스페인 제외) 각각의 평균에 대한 평균임

한국에 앞선 나라는 읽기 부문의 에스토니아, 캐나다, 핀란드, 아일랜드가 있었다. 수학에서는 일본, 과학에서는 일본, 에스토니아,

핀란드가 한국에 앞섰다. 한국은 일본에 대하여 읽기에서는 앞섰으나 수학과 과학에서는 뒤졌다. 미국은 읽기 영역에서 505점, 과학에서는 평균 이상의 좋은 점수를 얻었으나 수학에서는 478점으로 평균에 미치지 못했다. 독일은 세 영역에서 각각 498, 500, 503점을 얻었다. 순위에서는 모두 한국에 미치지 못하였다.

한국은 2012년 OECD 국가 순위에서 읽기 1~2위, 수학 1위, 과학 2~4위로 평가되었었다. 이와 비교하면 2018년에는 모든 영역에서 순위가 하락하였다. 2015년의 읽기 3~8위, 수학 1~4위, 과학 5~8위에 비해서는 읽기와 과학의 순위가 다소 상승하였다. OECD 국가 평균으로 보았을 때 수학과 과학에서는 남학생과 여학생 사이에 점수 차가 거의 없었다. 하지만 읽기에서는 여학생이 502점, 남학생이 472점으로 상당한 차이를 보였다. 한국에서도 여학생 526점, 남학생 503점의 뚜렷한 차이로 여성이 더 높은 점수를 얻었다.


## ⊙ 즐겁지 않은 학업


한국 학생들의 학업에 대한 흥미와 동기, 자신감에 관한 부분에 주목할 필요가 있다. '국제학업성취도평가' 2012와 2015에서 드러난 바에 따르면 수학과 과학 학습에 대한 즐거움이나 자신감에서 한국 학생들은 OECD 최저 수준이거나 평균에도 미치지 못하였다. 성적은 비록 OECD 상위 수준이었지만 학생들은 대체로 학업에 흥미를 느끼지 못하는 것으로 나타났다. 학업 때문에 스트레스를 많이 받는 상황인 것으로 유추할 수 있다.

또한 2018년 조사에서 "요즘 자신의 전반적인 삶에 얼마나 만족합니까?"라는 질문(10점 만점)을 하였다. 그 결과 OECD 평균은 7.04점이었는데 한국은 6.52점을 얻었다. 한국 학생들이 느끼는 삶에 대한 만족도가 OECD 평균에 미치지 못하는 것이다. 대체로 유럽이나 남미 지역에 비하여 한·중·일의 학생이 느끼는 삶의 만족도는 낮게 나타났다. 유교적인 사회와 문화는 학생들에게 높은 학업 성취도를 기대하는 경향이 있다. 학생들이 심리적 압박을 느끼는 배경이라 할 수가 있다.

# 3. OECD의 성인 역량 조사

## ⊙ 세계 평균 수준의 언어, 수리, 컴퓨터 역량

'국제학업성취도평가'가 만 15세의 학생을 대상으로 한다면 '국제성
인역량조사(PIAAC)'[8]는 16~65세의 성인 역량을 평가하여 발표하는
것이다. OECD는 이 조사를 통해 회원국 성인의 언어, 수리, 컴퓨터
등 역량 수준을 측정하고 평가한다. 직장과 가정에서의 역량 활용
경향도 평가하고 분석한다. 10년마다 조사할 계획으로 2011~2012년
에 첫 조사가 진행되었다. 처음 조사에 24개국 15만7천 명이 참여하
였다. 한국에서는 6,667명이 참여하였고 2013년에 조사 결과가 발표
되었다.

언어는 '문서로 된 글을 읽어 이해·평가·활용하고 소통하는 능력'에
관한 것이다. 듣기와 작문 역량의 평가는 포함되지 않았다. 수리는
'계산, 도형, 통계 등 수학적 정보와 아이디어를 이해하고 이를 활용·
해석·의사소통하는 능력'을 말한다. 컴퓨터는 '컴퓨터와 컴퓨터 네트
워크에서 정보를 탐색하고 분류하는 등 도구를 활용하여 일상과 직
무에서 문제를 해결하는 능력'이다. 언어, 수리, 컴퓨터 역량은 인간
지적 능력의 기본이 되는 것이라 할 수 있다. 특히 일과 직업 등 삶

---

8)  PIAAC는 'Programme for the International Assessment of Adult Competencies'
의 약자이다.

에 필요한 지식의 기반이 된다는 점에서 중요하다.

발표에 따르면 한국 성인의 역량은 앞에서 본 한국 학생들의 학업
성취도에 비하여 많이 낮은 것으로 평가되었다. 한국 16~65세 전체
의 평균적인 언어능력은 OECD 평균에 해당하는 수준이었다. 수리
력과 컴퓨터 능력은 OECD 평균보다 다소 낮거나 하위 수준으로 나
타났다.

〈표 II-2〉 PIAAC 평가 결과, 국가별 점수와 순위

| OECD 순위 | 언어 능력 | | 수리력 | | 컴퓨터 능력 | |
|---|---|---|---|---|---|---|
| | 국가명 | 평균 점수 | 국가명 | 평균 점수 | 국가명 | 평균(%) |
| 1 | 일본 | 296 | 일본 | 288 | 스웨덴 | 44 |
| 2 | 핀란드 | 288 | 핀란드 | 282 | 핀란드 | 42 |
| 3 | 네덜란드 | 284 | 벨기에 | 280 | 네덜란드 | 42 |
| 4 | 호주 | 280 | 네덜란드 | 279 | 노르웨이 | 41 |
| 5 | 스웨덴 | 279 | 스웨덴 | 279 | 덴마크 | 39 |
| 6 | 노르웨이 | 278 | 노르웨이 | 278 | 호주 | 38 |
| 7 | 에스토니아 | 276 | 덴마크 | 278 | 캐나다 | 37 |
| 8 | 벨기에 | 275 | 슬로바키아 | 276 | 독일 | 36 |
| 9 | 체코 | 274 | 체코 | 276 | 일본 | 35 |
| 10 | 슬로바키아 | 274 | 오스트리아 | 275 | 벨기에 | 35 |
| 11 | 캐나다 | 273 | 에스토니아 | 273 | 영국 | 35 |
| 12 | 대한민국 | 273 | 독일 | 272 | 체코 | 33 |
| 13 | 영국 | 272 | 호주 | 268 | 오스트리아 | 32 |
| 14 | 덴마크 | 271 | 캐나다 | 265 | 미국 | 31 |
| 15 | 독일 | 270 | 사이프러스 | 265 | 대한민국 | 30 |

| 언어 능력 | | | 수리력 | | | 컴퓨터 능력 | |
|---|---|---|---|---|---|---|---|
| OECD 순위 | 국가명 | 평균점수 | 국가명 | 평균점수 | | 국가명 | 평균(%) |
| 16 | 미국 | 270 | 대한민국 | 263 | | 에스토니아 | 28 |
| 17 | 오스트리아 | 269 | 영국 | 262 | | 슬로바키아 | 26 |
| 18 | 사이프러스 | 269 | 폴란드 | 260 | | 아일랜드 | 25 |
| 19 | 폴란드 | 267 | 아일랜드 | 258 | | 폴란드 | 19 |
| 20 | 아일랜드 | 267 | 프랑스 | 254 | | | |
| 21 | 프랑스 | 262 | 미국 | 253 | | | |
| 22 | 스페인 | 252 | 이탈리아 | 247 | | | |
| 23 | 이탈리아 | 250 | 스페인 | 246 | | | |
| OECD 평균 | 273 | | 269 | | | 34 | |

자료 출처: 한국직업능력개발원에서 2013년 발간한 '한국인의 역량, 학습과 일, 국제성인역량 조사 (PIAAC) 보고서'의 관련 표에서 빌췌하고 통합하여 재직성

※ 주1: 컴퓨터 기반 문제 해결력의 퍼센트 수치는 16~65세의 성인들이 수준 2와 수준 3에 위치하고 있는 퍼센트를 의미함

※ 주2: 프랑스, 이탈리아, 스페인, 사이프러스는 문제 해결력 검사를 실시하지 않음

　언어능력 평균은 273점(500점 만점)으로 OECD 국가 평균치와 동일했다. 비교 대상 23개국 중 1위는 일본 296점, 2위 핀란드는 288점이었다. 한국은 12위로 체코, 슬로바키아, 캐나다, 영국과 비슷한 수준이었다. 수리력의 한국 평균은 263점이었으며, OECD 평균 269점보다 낮았다. 23개국 중 1, 2위는 역시 일본, 핀란드로 각각 288, 282점이었다. 한국은 16위로 사이프러스, 영국과 비슷한 수준이었다. 컴퓨터 능력에서 한국은 상위 수준(수준 2와 수준 3)에 속하는 사람의 비율이 30.4%로 OECD 평균 34.0%보다 낮았다. 조사 참여국 19개국 중 15위에 해당하였다. 이에 대하여 스웨덴, 핀란드, 네덜란드, 노르

웨이는 동 비율이 40%를 넘어 세계 최고의 수준을 보였다.[9]

## ⊙쓰기 활동이 많은 한국인

동 조사에서는 성인들이 직장에서 읽기, 쓰기, ICT[10], 문제 해결 등 어떤 역량을 얼마나 활용하는지에 관한 조사도 하였다. 쓰기는 주로 메모, 메일, 보고서 등 문서를 작성하는 활동을 의미한다. ICT 는 이메일, 인터넷, 엑셀, 워드, 프로그램어 활용, 온라인계좌 이체, 온라인 콘퍼런스와 채팅을 통한 토의 참석 등을 포함한다. 문제 해결 활동을 평가하기 위해서 "귀하는 해결책을 찾는 데 30분 이상[11] 걸리는 비교적 복잡한 문제에 얼마나 자주 직면하십니까?"라는 설문 조사를 하였다. '문제 해결력 수준'을 묻는 것이 아니라 업무 중 '복잡한 문제'의 비중이 얼마나 되는가를 묻는 방식이었다.

---

9) 앞의 「OECD Skills Outlook 2013」 보고서와 관련하여 교육부 등에서 2013년 발간한 「한국인의 역량, 학습과 일: 국제성인역량조사(PIAAC) 보고서」를 참조. 이후 본 서에서 '국제성인역량조사(PIAAC)'와 관련하여 별도로 언급하지 않고 인용되는 내용은 본 보고서의 해당 부분을 발췌한 것임을 알린다.
10) 정보통신기술(Information and Communication Technology)이다.
11) 여기서 30분이란 문제의 해결책을 '생각해 내는 데' 소요된 시간만을 의미하며 이를 실행에 옮기는 시간은 포함하지 않았다.

## 〈표 II-3〉 역량 활용의 평균 점수

|  | 읽기 | 쓰기 | 수리 | ICT | 문제 해결 |
|---|---|---|---|---|---|
| 한국 | 2.06 | 2.25 | 1.99 | 2.09 | 1.53 |
| 일본 | 2.09 | 2.23 | 1.87 | 1.69 | 1.45 |
| 미국 | 2.16 | 2.17 | 2.20 | 2.11 | 2.10 |
| 독일 | 2.08 | 2.04 | 1.99 | 1.93 | 1.74 |
| OECD 평균 | 2.01 | 2.01 | 2.00 | 2.02 | 1.82 |

자료 출처: 한국직업능력개발원, 2013년, '한국인의 역량, 학습과 일, 국제성인역량조사(PIAAC) 보고서'의 표에서 발췌하여 재작성

※ 표의 수치는 각 역량들의 활용 빈도 0-4(0: 전혀 하지 않음, 1: 몇 달에 한 번, 2: 한 달에 한두 번, 3: 일주일에 몇 번, 4: 매일)에 대한 해당 응답을 평균한 것

조사 결과에 의하면 미국 직장인들은 전반적으로 읽기, 쓰기, 수리, ICT, 문제 해결 등의 활동을 상대적으로 많이 하고 있었다. 한국은 일본과 더불어 쓰기를 가장 많이 활용하는 국가인데 OECD 평균은 2.01, 일본은 2.23점이며 한국은 2.25점이었다. ICT 역량 활용은 OECD 평균 2.02, 미국 2.11, 일본 1.69점인 데 비하여 한국은 2.09점으로 평균보다 다소 높았다.

복잡한 문제를 해결하는 활동(complex problem-solving)에서는 OECD 평균 1.82점, 일본 1.45점, 미국 2.1점인 데 비하여 한국은 1.53점으로 33개국 중 29위에 머물렀다. 우리나라 사람들은 업무에서 '해결을 위해 탐색이 필요한 어려운 문제'를 접할 기회가 상대적으로 적다고 응답하였다. 이는 직장인들의 숙련도가 높아서 그럴 수도 있지만 실제로 어려운 문제 해결의 기회 자체가 주어지지 않기 때문일 수도 있다. 여자는 남자에 비해 복잡한 문제 해결의 기회가 더 적은 것으로 나타났다.

## ⊙ 45세 이후 역량의 쇠퇴

한국 직장인들은 남녀 모두 25~34세 연령층에서 상대적으로 쓰기와 복잡한 문제 해결 활동을 가장 많이 한다. 그다음으로 35~44세 연령대에서 해당 활동이 많다. 한국 직장인들은 45세 이후가 되면 일본, 미국, 독일, 스웨덴 등과 달리 쓰기와 문제 해결 활동의 빈도가 급격히 줄어든다.[23]

〈표 II-4〉 연령별(남자) 쓰기 활동 국제 비교

|  | 한국 | 일본 | 미국 | 독일 | 스웨덴 |
|---|---|---|---|---|---|
| 16~24세 | 1.77 | 1.72 | 1.74 | 1.80 | 1.36 |
| 25~34세 | 2.56 | 2.36 | 2.24 | 2.17 | 1.79 |
| 35~44세 | 2.40 | 2.41 | 2.29 | 2.14 | 1.99 |
| 45~54세 | 2.06 | 2.46 | 2.25 | 2.09 | 1.88 |
| 55~65세 | 2.02 | 2.22 | 2.17 | 2.09 | 1.80 |

자료 출처: 한국직업능력개발원, 2013년, '한국인의 역량, 학습과 일, 국제성인역량조사(PIAAC) 보고서' 의 표에서 발췌하여 재작성
※ 표의 수치는 각 역량들의 활용 빈도 0-4(0: 전혀 하지 않음, 1: 몇 달에 한 번, 2: 한 달에 한두 번, 3: 일주일에 몇 번, 4: 매일)에 대한 해당 응답을 평균한 것임

이러한 모습은 타국과 비교할 때 한국의 독특한 현상이다. 어떤 배경에서 타국들과 차이가 나는지 주의 깊은 관심과 분석이 필요한 부분이다. 다시 말하면 한국에서는 쓰기 등의 활동에서 25~34세 때 업무량이 가장 많으며, 45세 이후 해당 업무량이 급격히 감소한다. 쓰기 활동으로 볼 때 일본은 45~54세, 미국과 스웨덴은 35~44세에서 가장 업무량이 많았다. 또한 이들 국가에서는 45세 이후 쓰기 관련 업무량이 한국에 비해 완만하게 감소하였다.

이에 대하여 다음과 같은 추측과 해석을 해볼 수가 있다. 한국은 타국과 비교할 때 45세 이상 연령층의 정규직 고용률이 현저히 낮다. 따라서 45세 이상 연령층에서 쓰기 관련 업무의 기회가 많지 않은 것이다. 또한 한국의 수직적 위계 구조에서 쓰기 등의 업무는 낮은 직급의 젊은 직원에게 집중되는 경향이 있다. 어떻든 한국의 45세 이상 성인은 쓰기 및 문제 해결 활동의 빈도가 매우 적은 것으로 나타났다. 이는 해당 역량의 활용과 개발을 위축시킬 수 있다는 점에서 관심을 가져야 할 부분이다.

○ 직종별로 보면 한국은 전문직, 사무직에서 쓰기, ICT, 문제 해결 활동 모두를 가장 왕성하게 한다. 이는 일본, 미국, 독일, 스웨덴 등과 비교했을 때 매우 독특한 현상이다. 이들 나라에서는 쓰기, ICT, 문제 해결 활동 모두에서 관리직, 전문직, 기술직 순서로 해당 활동들을 많이 한다. 사무직의 활동은 상대적으로 적었다.

○ 즉 한국은 쓰기, ICT, 문제 해결 활동에서 25~34세의 전문직과 사무직 근로자가 타 연령대, 다른 직종에 비해 해당 활동을 가장 많이 하고 있다. 하지만 타국에서는 쓰기 활동에서 연령대별 격차가 크지 않으며 사무직에 비해 관리직, 전문직, 기술직에서 문제 해결 활동을 많이 한다. 한국과 다른 나라 간 크게 대조되는 부분이다. 한국 조직들의 인력 운영에 관하여 좀 더 깊은 분석이 필요하다.

○ 한국의 45세 이상 직장인, 관리직 근무자들은 44세 이하 연령대, 사무직 근로자에 비해 평균적으로 쓰기, ICT, 문제 해결 활

동의 빈도가 크게 줄고 있다. 일본, 미국, 독일, 스웨덴 등에서 연령증가에 따른 동 활동의 빈도는 완만한 감소세를 보인다. 역시 한국 조직들의 인력 운영에 관해 좀 더 깊은 분석이 요구되는 부분이다. 쓰기, ICT, 문제 해결 이외의 활동이 많거나 주로 감독 또는 관리자 역할을 하기 때문으로 보인다.

한국의 각종 조직에서는 주요 권한이 리더 1인에게 집중되는 경우가 많다. 또한 위계적 연공서열형의 임금 및 보상체계가 일반화되어 있다. 기술적인 문제 해결은 전문직이나 사무직에 맡기지만, 중요한 결정은 관리직[12] 위의 최종 의사결정자가 직접 하는 경우가 많다. 업무 전문성보다는 계급적 위계 구조에 의해 주요 의사결정이 이루어진다. 중간 관리자는 그냥 위계의 중간위치에서 최고경영자를 보좌하는 것이다. 전문직[13] 또는 사무직이 쓰기 활동 등을 통해 관리자에게 보고하면 관리자는 다시 자신보다 상위의 관리자 또는 최고 의사결정자에게 해당 내용을 다시 보고한다. 주요국과 달리 한국 관리자들에게는 직접 쓰기, ICT, 문제 해결 활동 등을 할 기회 자체가 많지 않은 것이다.

---

12) 기업의 임원급 관리자와 부서장, 고급공무원을 포함한다.
13) 기업이나 공공조직 내부의 전문 인력은 물론 외부의 전문 기술자, 회계, 광고, 하도급 전문 인력을 포함한다.

## ⊙연령대별 역량

국제성인역량조사에서 한국은 성인의 연령대별 주요 역량의 격차가 매우 큰 나라인 것으로 나타났다. 16~24세 역량은 OECD 국가 중 상위 수준이었다. 이 연령대에서는 앞서 본 만 15세 대상의 PISA 결과가 어느 정도 연장되는 것으로 보인다. 한국인 16~24세의 언어능력은 OECD 평균 280점보다 높은 293점이었다. 전체 24개국 중 일본, 핀란드, 네덜란드에 이어 4위였다. 수리력도 평균보다 12점 높은 281점으로 네덜란드, 핀란드, 일본에 이어 4위였다. 컴퓨터 역량은 동 연령대에서 상위 수준 능력자의 비율이 OECD 평균 50.7%보다 훨씬 많은 63.5%로 참여국 중 1위였다.

반면 연령이 증가할수록 한국인의 역량은 크게 낮아지는 경향을 보였다. 언어능력에서 한국은 25~34세 6위, 35~44세 12위, 45~54세 21위, 55~65세 22위로 연령이 증가할수록 순위가 뒤처졌다. 수리력은 25~34세 12위, 35~44세 15위, 45~54세 19위, 55~65세 22위였다. 컴퓨터 역량은 전체 21개국 중 25~34세 11위, 35~44세 16위, 45~54세 20위, 55~65세 20위로 나타났다. 한국인의 역량은 대체로 15~24세에서 상위 수준이었지만, 25~34세에서는 OECD 국가의 평균 수준으로 되며, 45세 이후 연령대에서는 하위 또는 최하위 수준으로 급격히 저하되는 것으로 나타났다.

한국의 연령대별 역량 격차에 대하여 OECD 보고서는 다음과 같이 평가하고 있다. "한국은 비교적 짧은 기간에 중등 및 고등교육 참여율을 성공적으로 높여 왔다. 1970년도에는 노동력의 67.4%가 초졸 학력이며, 26.4%가 중등 교육을 받았고, 6.1%가 대학교육을 받았었다. 하지만 30년 동안에 한국은 중등 교육을 보편화했다. 2010년 한국은 모든 OECD 국가 중 25~34세 연령대의 고졸 이상 학력 비율이 가장 높았다. 한국 25~34세의 98%는 고등학교 졸업자이다. 55~64세에 비해 55% 증가한 것이다. 게다가 한국 25~34세의 65%는 고등교육을 이수했다. 이는 OECD 국가 중 가장 높은 비율이다. 또한 한국은 지난 15년간 15세 학생들을 대상으로 시행한 OECD 국제학업성취도 조사(PISA)에서 높은 성과를 보였다." 한국의 경제성장과 관련하여 교육의 효과를 매우 긍정적으로 평가하고 있다.

연령대별 언어, 수리, 컴퓨터 역량의 격차에는 교육의 양적 격차이외에 다른 요인도 작용하고 있다. 교육의 내용과 질, 노동 현장에서의 경험, 직장에서의 학습과 일하는 방식, 평생교육 수준 등이 그것이다. 교육의 질을 평가한 한 연구[24]는 다음과 같이 지적하고 있다. "국제학업성취도 조사(PISA)와 국제성인역량조사(PIAAC) 자료를 비교 분석한 결과 한국 청년의 상대적인 역량 저하는 17~19세에서 20~22세로 넘어가는 기간에 집중적으로 발생하였다. 그들의 중3 때 실시한 PISA에서 세계 최고 수준이었던 학생들의 성적이 20대에 실시한 '국제성인역량조사'에서는 크게 낮아졌다. 주로 질 낮은 대학 교육과 학생들의 학습 동기를 끌어내지 못하는 초중등 교육에 문제가 있는 것으로 보인다."

국제성인역량조사에서는 역량의 평가 외에도 '학습 의지'[14], '과업 재량'[15], '직장 내 학습' 지표[16] 등 학습 관련 요인도 조사하고 있다. 한국 성인남성의 '학습의지'는 일본과 더불어 최하위권이었다. '직장 내 학습', '과업 재량' 지표는 전 연령대에서 비교 국가 중 최하위로 나타났다. 새로운 것을 배워서 실생활에 적용하거나 학습에서 즐거움을 느끼는 경우가 많지 않은 것이다. 직장에서 일하는 방식이나 속도, 순서 등을 스스로 조절할 수 있는 여지도 적다. 직장 동료나 상사로부터 업무를 배우거나 업무를 통해 스스로 배우는 경우도 많지 않다. 즉 한국 성인은 취업 후의 역량 개발이나 축적이 충분치 못한 것이다. 성인 역량의 순위가 연령증가에 따라 더 뒤처지는 현상도 이와 깊은 관련이 있다.

한국 성인은 학교 교육의 한계와 직장에서의 학습 여건 등이 복합되어 그 역량을 충분히 개발하지 못하고 있다. 성인의 역량 저하를 초래하는 또 다른 요인은 청년기의 경제활동 저조, 여성 취업의 저조, 조기 퇴직 등으로 일할 기회가 충분치 못하다는 점이다. 취업 등의 경제활동은 학교 교육 못지않게 일을 통한 배움의 기회를 제공한다. 업무와 관련된 언어, 수리, 컴퓨터 역량은 물론 관련 지식과 노하우를 습득할 수 있다는 점에서 중요하다.

---

14) 학습 의지: 새로운 것을 배울 때 실생활에 적용하는 정도와 그에 따라 느끼는 즐거움을 가리킨다.
15) 과업 재량: 직장에서 일하는 방식, 속도, 순서 등을 조절할 수 있는 정도이다.
16) 직장 내 학습: 직장 동료나 상사로부터 업무를 배우는 정도로 업무를 통해 스스로 배우는 정도를 종합적으로 측정한다.

## ⊙경제활동 참가와 역량 개발

2017년 기준 한국인 전체의 경제활동참가율은 63.2%이었다. OECD 국가 평균 60.3%보다 3% 정도 높은 수치이다. 그런데 연령대별로 보면 독특한 부분이 있다. 청년층의 경제활동은 매우 저조하지만 노년층의 경제활동은 매우 왕성한 것이다. 한국의 15~24세 경제활동참가율은 30.3%인 데 비해 프랑스는 37.2%, 독일 49.9%, 일본 44.5%, 미국 55.5%, 스웨덴 54.4%, OECD 평균은 47.3%이었다. 동 연령대 한국인의 경제활동참가율은 이들 국가에 비해 7~24% 정도 낮았다. 군대에 가는 남성을 감안하더라도 경제활동을 하는 청년들의 비중이 타국에 비해 매우 낮은 수준이다. 25~29세의 경제활동참가율은 프랑스 85.4%, 독일 82.3%, 일본 88.1%, 미국은 81.9%, 스웨덴 86%, OECD 평균 80.7%에 비하여 한국은 75.9%이었다. 역시 한국의 비율이 가장 낮다.

〈표 II-5〉 주요국의 연령대별 경제활동참가율(%)

| | 15~24 | 25~29 | 35~44 | 45~54 | 60~64 | 65+ | 전체 인구 |
|---|---|---|---|---|---|---|---|
| 한국 | 30.3 | 75.9 | 78.6 | 81.3 | 62.5 | 31.5 | 63.2 |
| 프랑스 | 37.2 | 85.4 | 89.1 | 87.6 | 31.2 | 3.1 | 55.9 |
| 독일 | 49.9 | 82.3 | 88.2 | 89.1 | 60.8 | 7.0 | 61.2 |
| 일본 | 44.5 | 88.1 | 85.9 | 87.2 | 68.1 | 23.5 | 60.5 |
| 스웨덴 | 54.4 | 86.0 | 93.2 | 92.4 | 72.1 | 17.5 | 72.7 |
| 미국 | 55.5 | 81.9 | 82.7 | 80.3 | 56.5 | 19.3 | 62.9 |
| OECD 평균 | 47.3 | 80.7 | 83.3 | 81.6 | 52.4 | 14.8 | 60.3 |

자료 출처: OECD.Stat의 Labour Force Statistics의 자료를 발췌하여 작성

반면 65세 이상의 경제활동참가율에서는 한국이 31.5%인 데 비하여 프랑스 3.1%, 독일 7.0%, 일본 23.5%, 미국 19.3%, 스웨덴 17.5%, OECD 평균은 14.8%이었다. 한국 노년의 경제활동참가율은 비교국들에 비해 8~28% 높은 것이다. 다른 나라들은 24세 이전 절반 가까이의 인구가 경제활동을 시작하고 65세 이상에는 대부분 실질적인 은퇴를 한다. 한국은 30세가 다 되어 취업하고 늦은 나이까지 일한다. 또한 중·노년 근로자의 대부분은 특별한 역량이 필요치 않은 단순 노동에 종사한다.

OECD 국가들과 비교할 때 한국인의 언어, 수리, 컴퓨터 등의 역량은 대개 15~24세 시기에 최고치에 이른다. 그 이후 연령대에서는 주요국과 비교한 역량의 상대적인 순위가 급격히 하락한다. 원인은 크게 두 가지로 볼 수 있다. 하나는 학교 교육의 문제이다. 사회와 괴리된 시험 중심의 교육을 하는 것이다. 개인과 국가의 시간과 자원이 입시에 집중되어 있다. 하지만 입시 이후의 인적자원 역량 개발에는 상대적으로 소홀하다. 대학을 포함한 학교 교육의 효과는 길게 가지 못하기도 한다.

또 다른 원인은 15~29세 기간 청년들의 경제활동이 상대적으로 저조하다는 점이다. 동 연령대의 청년 다수는 학교에 다니거나 취업을 위한 시험 등을 준비한다. 이 시기의 OECD 국가 청소년 다수는 학교와 직업 현장에서 실무에 필요한 지식을 학습하고 역량을 개발한다. 이러한 차이가 역량의 차이를 가져오는 배경이라 할 수 있다.

30세 이후 연령 증가에 따라 한국 성인의 언어, 수리력, 문제 해결력 등의 역량은 빠르게 저하된다. 고연령대로 갈수록 OECD 주요 국가와의 역량 격차가 확대되는 모습을 보인다. 이는 한국 성인의 연령 대별 학력 수준의 차이 때문만이 아니다. 일을 통한 역량의 개발이 미흡한 것이다. 위계질서와 과업 재량성 부족이 지식 학습과 역량 개발을 저해한다. 수직적 위계구조는 업무 영역별 전문성과 창의성 발휘를 제약한다. 자율과 전문성의 존중보다는 지시와 복종으로 일하는 경우가 많다. 전문적 역량과 기술을 개발하기에 적합하지가 않다. 문제 해결에 몰입하고 시행착오를 경험할 기회가 충분치 않은 것이다. 문제 해결 역량이 배양되지 않는다.

#### ⊙성별역량

'국제성인역량조사' 결과 대부분 국가에서 남성의 역량이 여성보다 높은 것으로 나타났다. 평균적으로 보면 한국에서도 그러한 결과를 보였다.

〈표 II-6〉 국가별, 성별역량 차이 - 언어능력

|  | 한국 | 독일 | 일본 | 미국 | 프랑스 | 핀란드 | OECD 평균 |
|---|---|---|---|---|---|---|---|
| 남성 | 275.7 | 272.3 | 297.8 | 270.2 | 262.0 | 286.0 | 273.7 |
| 여성 | 269.4 | 267.2 | 294.7 | 269.5 | 262.2 | 289.1 | 271.8 |
| 차이 | 6.3 | 5.1 | 3.1 | 0.7 | -0.2 | -3.1 | 1.9 |

자료 출처: 교육부 등, 2013년, '한국인의 역량, 학습과 일, 국제성인역량조사(PIAAC) 보고서' p. 228의 부표 2-8에서 발췌하여 재작성

한국 성인은 언어능력에서 남성 275.7점, 여성 269.4점으로 6.3점의 차이를 보였다. 성인의 언어능력에서 OECD 국가의 성별 차이의 평균은 1.9점이었다. 한국은 언어 부문에서 성별역량의 차이가 가장 큰 나라였다. 미국이나 프랑스는 성별역량의 차이가 크지 않았다. 특히 핀란드의 경우엔 여성이 남성에 비해 오히려 3.1점 높은 점수를 보였다.

〈표 II-7〉 국가별, 성별역량 차이 - 수리능력

|  | 한국 | 독일 | 일본 | 미국 | 프랑스 | 핀란드 | OECD 평균 |
|---|---|---|---|---|---|---|---|
| 남성 | 268.6 | 280.3 | 294.3 | 260.0 | 259.7 | 287.3 | 274.5 |
| 여성 | 258.3 | 263.0 | 282.0 | 246.0 | 248.9 | 277.1 | 262.9 |
| 차이 | 10.3 | 17.3 | 12.3 | 14.0 | 10.8 | 10.2 | 11.7 |

자료 출처: 교육부 등, 2013년, '한국인의 역량, 학습과 일, 국제성인역량조사(PIAAC) 보고서' p. 229의 부표 2-9에서 발췌하여 재작성

수리능력에서 한국은 남성 268.6점, 여성 258.3점으로 10.3점의 차이가 있었다. OECD 국가 평균은 11.7점 차이였다. 한국은 OECD 국가 중 언어능력에서는 성별 차이가 가장 컸으나 수리능력에서는 OECD 평균보다 작은 차이를 보였다. 수리능력에서 가장 큰 차이를 보인 나라는 독일이었다.

종합하면 OECD 국가 평균적으로는 수리능력에서의 성별 격차가 언어능력에서의 성별 격차보다 훨씬 컸다. 이에 비해 한국은 언어능력에서의 성별 격차가 수리능력 격차보다 상대적으로 더 큰 것으로 나타났다. 한국 남성은 여성에 비해 직업과 정치 등의 영역에 꾸준히

참여하고 활동하는 경향이 있다. 여성보다 남성이 공식적 표현의 기회가 많은 분야에 종사하는 것이다. 이러한 영역에서는 구어체보다 문어체 언어 사용이 많다. 그러한 업무 환경이 역량 조사 결과에 반영된 것으로 해석할 수가 있다. 여성은 이러한 영역에 참여하고 활동할 기회가 상대적으로 적다. 그것이 언어 등 능력에서의 성별 차이로 반영되고 있는 것이다. 여성은 결혼이나 출산에 따른 경력 단절, 직장이나 단체에서의 승진 격차 등을 경험하는 경우가 많다. 이러한 활동 기회의 제한이 언어능력 등에서의 차이를 초래한 것으로 볼 수 있다.

한편 외국의 경우 프랑스와 핀란드 등은 언어능력에서 여성의 역량이 남성과 비슷하거나 오히려 높았다. 수리능력에서도 타국과 비교한 성별 격차가 크지 않았다. 이는 직업과 사회활동에서 비교적 성평등이 잘 구현된 결과로 보인다. 이에 비해 독일과 네덜란드 등은 언어와 수리능력 모두에서 남성이 여성의 역량을 크게 앞섰다. 성별 격차가 컸다. 이들은 대학 입시 중심의 교육이 아니라 중등학교부터 직업 중심 교육을 하는 나라들이다. 즉 청소년 시절부터 직업에 필요한 역량 중심으로 학습을 한다. 그 결과 직업에 대한 성별 선호의 차이가 역량의 차이를 가져온 것으로 보인다. 남성은 언어와 수리 역량 등에서 앞서는 대신 여성은 소통이나 관련 문제 해결력에서 더 나은 역량을 지니게 되는 것이다.

## ⊙35세 이후 성별 격차의 확대

한국인의 언어능력은 16~34세 연령대에서는 성별역량의 차이가 뚜렷하지 않았다. 그러나 35~44세와 45~54세는 7점, 55~65세에서는 15점으로 격차가 확대되었다. 수리력에서도 16~34세에는 성별 차이가 4~5점에 불과하였으나 35~65세 연령대에서는 10~21점으로 격차가 확대되었다. 컴퓨터 역량도 유사한 결과를 보였다. 본인 학력과 부모 학력의 영향을 감안하면 이러한 성별 차이는 줄어든다. 하지만 45세 이후 연령대에서 그 격차는 뚜렷하게 나타난다.

이러한 현상은 PISA 2015에서 만 15세의 경우 읽기, 수학, 과학 모든 분야에서 여학생이 남학생을 앞섰던 결과와 크게 다르다. 한국은 기본 학력 수준에서 24세까지는 성별 차이가 거의 없다. 하지만 25세 이후에는 남성 대비 여성의 역량이 뒤처지고 나이 들수록 격차가 확대되는 모습을 보인다.

한국 사회는 일자리나 승진 기회 등에서 여성을 차별해 왔다. 우수한 여성 인력을 제대로 활용하지 않았으며, 지속적인 역량 개발의 기회도 제공하지 않았다. 2017년 한국 전체인구의 경제활동참가율은 남성 74.1%, 여성 52.7%로 21.4%의 차이가 났다. 동 비율의 OECD 평균은 남성 69.0%, 여성 52.1%로 차이는 16.9%이었다. 한국과는 평균 4.5%의 차이가 나고 있다. 프랑스, 독일, 미국, 덴마크 등의 동 비율은 8~12% 수준이며 일본은 19.3%이었다.

<표 II-8> 한국의 성별, 연령대별 경제활동참가율(%)

| | 15~24 | 25~29 | 35~44 | 45~54 | 60~64 | 65+ | 전체 인구 |
|---|---|---|---|---|---|---|---|
| 남성 | 26.1 | 76.8 | 94.8 | 93.1 | 76.1 | 41.5 | 74.1 |
| 여성 | 34.3 | 74.9 | 61.7 | 69.4 | 49.3 | 24.1 | 52.7 |
| 평균 | 30.3 | 75.9 | 78.6 | 81.3 | 62.5 | 31.5 | 63.2 |

자료 출처: OECD.Stat의 Labour Force Statistics의 한국 부분 자료를 발췌하여 작성

특히 한국의 경우 경제활동과 역량의 발휘가 왕성할 35~44 연령대의 경제활동참가율은 남성 94.8%, 여성 61.7%로 무려 33.1%의 격차를 보였다. 45~54 연령대에서도 남성 93.1%, 여성 69.4%로 23.7%의 차이가 났다. 여성은 육아, 가사노동(2014년 기준 가사노동 시간, 남성은 하루 47분, 여성은 3시간 28분) 등에 시달린다. 구조적으로 직장에서 역량을 활용하고 학습할 기회 자체가 충분치 않다. 일자리에 대한 기회, 승진과 보수 등에서의 성차별이 여성 역량의 개발을 제약하고 있다.

재학 중 여성들의 학업 성과는 남성과 대등하거나 오히려 높았다. 하지만 성인 이후 남성에 대비한 여성의 언어, 수리, 컴퓨터 역량은 뒤처지고 있다. 직업과 일터에서의 차별 때문이다. 채용과 승진, 임금 등에서 공식적인 차별이 존재한다. 대체로 여성은 단순 업무에 종사하며, 관리직 등의 비율은 낮다. 복잡한 문제를 해결할 기회도 제한적이다.

한 조사는 한국의 기업환경은 여성이 사업하기에 부족한 점이 많으며 남녀 간 소득 격차도 매우 큰 것으로 평가하였다.[25] 여성 근로자의 다수가 결혼과 출산 후 경력 단절을 겪으며, 역량 활용의 기회

를 부여받지 못한다. 학교 시절에 우수했던 여성들의 역량이 성인 이후에 빠르게 저하되는 원인이다. 또한 가부장적 사고와 연공서열형 제도들이 여성의 역량 발휘 기회를 차단하고 있다. 성별에 따른 차별은 저출산과 사회적 갈등을 유발하는 원인이기도 하다. 누구나 차별 없이 자신의 역량을 충분히 개발하고 활용할 수 있어야 한다. 개발된 역량을 활용하지 못하는 것은 개인적 손실이고 국가적인 낭비이다.

한편 가부장적 권위주의가 쇠퇴하고 성차별 개선 노력에 따라 직업과 일자리에서의 성차별에 변화 가능성이 보인다.[26] 젊은 세대에 있어서 성차별은 과거에 비해 크게 개선될 조짐이다. 이는 노동시장에서 남녀 간 채용과 배치, 보상 등에서의 변화로 나타나게 될 것이다.

# 4. 평생학습 수준

지속적으로 역량을 개발하는 것은 현재의 역량 수준을 논하는 것보다 중요할 수 있다. 역량을 새롭게 보강하지 않으면 현재의 앞선 지식역량도 곧 진부화될 수 있다. 현재의 지식수준은 낮아도 꾸준하게 학습하고 역량을 개발하다 보면 언젠가는 최고 수준에 이른다. 60세를 넘어도 경제, 사회적으로 활발한 활동을 할 수가 있다. 평생을 통한 학습[17]이 개인과 국가 모두에게 중요한 것이다. 학습을 계속하지 않으면 지적 역량은 쇠퇴하고 노화는 앞당겨질 수가 있다.

다음은 한국 성인의 평생학습에 관련된 국제성인역량조사의 주요 내용을 정리한 것이다.

○ 우리나라 성인의 평생학습 참여 수준[18]은 OECD 평균 수준이지만 학교 교육에 의한 평생학습 참여 정도는 일본과 더불어

---

17) 교육부는 평생학습을 학습 형식에 따라 형식학습(formal learning), 비형식학습(non-formal learning), 무형식학습(informal learning)으로 구분한다. 형식학습은 학교에서 이루어지는 학교 교육으로서 졸업장이나 학위 취득과 같은 정규교육 과정을 말한다. 초·중·고등학교졸업학력 인정과정, 대학(교), 방송통신대학교, 사이버 원격대학, 대학원(석사, 박사), 고등학력 보완 교육(학점은행제, 독학학위제 등)을 포함한다. 반면 비형식학습은 학교 교육 밖에서 이루어지는 모든 구조화된 학습활동이다. PIAAC에서는 원격교육, 현장 훈련, 세미나나 워크숍, 개인 교습 등을 비형식학습의 유형으로 본다. 계획적, 체계적이며 조직화된 교수과정들이지만 국가의 학력, 학위 인증을 받지 않는 교육이다. 무형식학습은 형식학습이나 비형식학습과 달리, 학습자가 일상 속에서 주도적이고 자발적으로 학습하는 것을 말한다.
18) 평생학습 참여율 계산에서 정규 교육기관에 재학 중인 16~24세의 성인은 제외한다.

가장 낮은 수준이었다.

○ 학교 밖 학습 유형에서 한국 성인은 원격교육이나 개인 교습 참여율이 높은 반면 현장 훈련 참여율은 낮았다. 반면 원격교육 참여율은 조사 참여국 가운데 가장 높았다.

○ 한국 성인의 평생학습 참여율은 여성에 비해 남성이, 연령이 낮을수록, 학력이 높을수록, 실업자나 비경제활동인구에 비해 취업자가, 취업자 경우에는 숙련 수준이 높을수록 높았다. 즉 여성, 저학력자, 고령자, 저숙련자들의 평생학습 참여율이 낮게 나타났다.

○ 근무시간에 원격교육, 현장 훈련, 세미나 및 워크숍, 개인 교습 등 유형의 평생학습에 참여한 비율은 36.1%이었다. 이는 OECD 평균이 50%를 상회하는 것에 비하면 매우 낮은 수준에 해당한다.

○ 최종 학력과 평생학습 참여율은 비례하는 것으로 나타났다. 즉 학력 수준이 높으면 평생학습 참여율도 높고, 학력이 낮으면 평생학습 참여율도 낮았다.

○ 직무수행을 위한 평생학습 참여율은 OECD 평균보다 다소 낮았다. 특히 학교 교육을 통한 학습 참여율은 일본에 이어 가장 낮았다. 이에 비해 학교 바깥에서의 직무 관련 학습 참여율은 중간 정도로 나타났다.

○ 특히 우리나라 45세 이상 집단의 직무수행 목적의 평생학습 참여율은 타 국가들에 비해 두드러지게 낮았다. 타 국가에서는 20대에서 50대 초반까지 평생학습 참여율의 연령별 차이가 거의 없었다.

○ 평생학습에 참여하는 사람일수록 비참여자에 비해 역량 수준이 높았다. 한국은 조사 참여국 중에서도 교육 참여자와 비참여자 간 역량 차이가 큰 편에 속했다.

이와 관련하여 동 조사에서는 '직장 내 학습'이라는 주제로 성인의 직장에서의 학습 정도를 조사하였다. 설문은 "일하면서 동료나 상사로부터 업무와 관련된 새로운 사항을 얼마나 자주 배웁니까?", "과제를 실제로 수행함으로써 업무를 익히는 경우가 얼마나 자주 있습니까?", "업무를 통해서 신제품 또는 새로운 서비스에 대한 정보를 얼마나 자주 얻습니까?"의 세 문항으로 구성되었다.[19] 조사 결과 한국은 조사대상 24개국 중 직장 내 학습의 빈도가 가장 적어서 최하위로 평가되었다. 스페인, 미국, 캐나다, 노르웨이 등의 직장 내 학습 빈도는 우리의 3배 정도에 이르렀다. 또한 한국은 고연령에 가까이 갈수록 학습 빈도가 크게 줄었다. 이는 한국인의 언어, 수리 등의 역량이 연령증가와 함께 빠르게 저하되는 결과와 맥을 같이 한다.

## ◉한국 성인의 낮은 학습 의욕

OECD 자료를 가지고 성인들의 학습 의욕과 태도를 조사한 연구가 있었다. 조사에서는 다음 6개 문항으로 학습 의욕을 측정하여 점

---

19) 조사 참가자들이 5점 척도(1: 전혀 하지 않음, 2: 몇 달에 한 번, 3: 한 달에 한 두 번, 4: 일주일에 몇 번, 매일은 아님, 5: 매일)에 응답하는 방식으로 측정하였다. (한국직업능력개발원, 「한국인의 역량, 학습과 일: 국제성인역량조사(PIAAC)」, 2013, 97쪽.)

수를 평균하였다.[20]

- 나는 새로운 아이디어를 듣거나 읽으면 이를 적용할 수 있는 실제 상황을 떠올려 본다.
- 나는 새로운 것을 배우기 좋아한다.
- 나는 새로운 것을 접하는 경우, 이미 알고 있는 것과 관련지으려 한다.
- 나는 어려운 문제를 속속들이 파헤쳐 이해하는 것을 좋아한다.
- 나는 서로 다른 아이디어가 어떻게 연결되는지 파악하는 것을 좋아한다.
- 나는 어떤 일이 잘 이해되지 않으면 보다 잘 이해하기 위해 추가적인 정보를 찾는다.

조사 결과 한국은 2.9점으로 23개국 중 최저점을 받았다. 핀란드 4.0, 미국과 덴마크 3.9, 캐나다와 스웨덴, 노르웨이는 3.8의 순으로 점수가 높았다. 일본은 한국 다음으로 낮은 3.0이었다. 한국은 연령대 간의 격차도 가장 컸다. 한국의 16~24세 학습 태도 점수는 3.1점, 55~65세는 2.5점으로 0.6의 차이가 났다. 반면 평생학습이 생활화된 핀란드, 스웨덴, 노르웨이, 덴마크 등의 북유럽 국가와 프랑스, 미국, 영국, 일본 등은 동 연령대의 점수 차가 0.1~0.2로 크지 않았다. 한국인은 학습 의욕은 평균적으로 낮은 상태에 있는 것이다. 그마저도

---

20) 6개 문항을 5점 척도(① 전혀 아님, ② 약간 그러함, ③ 어느 정도 그러함, ④ 상당히 그러함, ⑤ 매우 그러함)로 질문하여 그 평균 점수를 계산하였다. (임언, 「한국인의 학습 태도와 역량 수준 국제비교」, 『KRIVET Issue Brief』 제98호, 2016.)

나이 들수록 더욱 낮아졌다. 더불어 한국인들은 독서도 즐기지 않는 것으로 나타나고 있다.[21]

## ⊙평생학습의 문제와 개선 방향

이상의 내용을 통해 한국인들의 평생학습 수준과 관련 문제점을 정리하였다.

○ 평균적으로 연령이 높아질수록 학습하는 것에 친숙하지 않다. 한창 일하고 역량을 발휘할 연령대에 오히려 역량을 개발하고 학습하는 것에서 멀어진다. 25~40세 성인들이 연령증가에 따라 스킬[22] 손실이 빠르게 일어나는 것은 불충분한 평생학습과 연결되어 있다. 성인의 평생학습 확대를 통해 인적자본의 전반적인 수준을 끌어올릴 필요가 있다. 성인이 된 후 학습 기회가 급격히 줄어드는 여건을 개선해야 한다.

○ 특히 여성, 고령자와 저학력자에 대한 평생학습 기회의 확대가 필요하다. 55~65세의 고령자 집단의 경우 평생학습 참여자의 스킬 수준이 크게 높은 것으로 나타났다. 고졸 이하의 경우에

---

21) 호텔스닷컴이 전 세계 여행객 2만5천 명을 대상으로 조사한 바에 따르면 한국인 여행객은 호텔에 머무는 동안 19%만이 책을 읽는 것으로 나타났다. 이는 25개국 중 최하위였다. 스웨덴 60%, 덴마크 58%, 핀란드·노르웨이·러시아는 56%이었으며, 홍콩 27%, 멕시코는 25%였다. (최승표, "호텔에서 책 보는 한국인 19%로 최하위…스웨덴 60%", 『중앙일보』, 2015년 3월 18일.)

22) 역량은 상대적으로 광범위한 실제의 맥락에서 적용될 수 있는 능력을 의미하는 데 비해, 스킬은 역량의 한 구성단위를 의미한다. 즉 스킬이란 특정 맥락에 관련된 구체적인 능력을 뜻한다.

도 평생학습에 참여하는 집단의 스킬 수준이 크게 높았다. 현재의 스킬 수준은 낮아도 평생학습을 통해 스킬을 향상시킬 수 있는 것이다.

○ OECD 국가들과 비교할 때 한국인의 학습 의욕은 평균적으로 낮았다. 나이 들수록 그러한 현상은 더 심했다. 독서를 즐기는 인구도 적다. 지식기반 경제와 백 세 시대를 생각할 때 우려되는 현상이다. 평생교육 관련 제도와 성인의 학습 여건 등을 근본적으로 살펴서 필요한 개선을 할 때이다.

○ 학교 교육, 학교 바깥에서의 체계적인 학습, 자발적이고 자율적인 학습 등 다양한 방식을 통해 평생학습 참여율을 올릴 필요가 있다. 전 국민이 손쉽게 접근할 수 있는 평생학습 기회를 보다 확대하여야 한다. 평생교육 강화를 위해 학교가 할 역할을 찾고 학교 운영 개선에 반영할 필요가 있다.

○ 한국은 현장 훈련 방식의 학습이 부족하다. 실제의 기술이나 노하우 획득에 도움이 되는 현장 중심의 학습 기회를 확대하여야 한다. 필기시험 중심의 자격 획득에서 벗어나 실제의 역량을 획득하도록 지원할 필요가 있다. 학교 교육과 성인 교육 모두에서 현장 중심의 학습 프로그램 확대가 필요하다.

'702010모델'이 있다. 영국의 석학 찰스 제닝스와 네덜란드의 저명한 컨설턴트 요세 아레츠가 조직의 인재육성 패러다임으로 제시한 것이다.[27] 조직 성과와 개인의 성장에 영향을 미치는 학습은 70%가 일하는 과정에서 일어나며, 20%는 다른 사람들과의 관계에서, 그리고 단지 10% 정도가 공식적인 교육에서 발생한다고 본다. 즉 학습의

70%는 일에서(learning by doing), 20%는 사람이나 그 관계를 통해 (social Learning), 10%는 공식적인 교육(formal learning)에서 생기는 것이다. 한국은 학교 교육에 많은 힘을 쏟아 왔지만, 성과는 미흡한 부분이 많다. 일터에서의 학습과 역량의 개발 역시 여러 부분에서 미흡하다.

한국인은 학교 졸업 후 공부와 담쌓는 경향이 있다. 공부는 학교에서나 하는 것으로 여긴다. 주입식 교육과 시험공부의 후유증이 그러한 결과를 가져온 것은 아닌지 되돌아볼 일이다. 줄 세우는 교육에 대한 실망이 평생 공부를 멀리하게 한 것일 수가 있다. 공부에 대한 즐거움과 흥미를 다시 복원할 필요가 있다.

'학이시습지(學而時習之), 불역열호(不亦說乎)?'라고 하였다. 배우기를 중단하면 늙기 시작한다. 4차 산업혁명 등 경제 및 기술환경의 변화는 삶과 일하는 방식의 변화를 요구하고 있다. 살아있는 동안에는 배움이 지속된다. 평생교육의 시대, 지식이 국력인 시대, 장수의 시대이다. 새로운 기술과 노하우, 창의력과 소통역량 등을 지속적으로 개발하고 학습할 필요가 있다. 배우고 익히는 것이 행복이다.

# 5. 창의력과 실행력

한국은 역사적으로 온돌, 한글, 금속활자, 고려청자, 자연 친화적 건축, 지게, 복식, 고려 및 조선의 관료제도 등 세계적으로 독특한 문물을 창조해 왔다.

〈표 II-9〉 GDP와 무역의 성장

|  | 1961년 | 2018년 | 배수 |
|---|---|---|---|
| GDP 금액($) | 22억 | 1조6,187억 | 736배 |
| 인당 GNI($) | 85 | 31,349 | 369배 |
| 수출액($) | 1.2억 | 6,048.6억 | 5,040.5배 |
| 수입액($) | 3.5억 | 5,352.0억 | 1,529.1배 |

자료 출처: 코시스, 통계청, 세계은행

특히 1960년대 이후 한국 경제는 비약적으로 발전하였다. 세계 최빈국에서 반세기 만에 GDP 규모 세계 10위권의 경제 대국이 되었다. 2018년에는 1인당 국민소득(GNI)이 3만 불을 넘어 30-50클럽[23]에 들었다. 전쟁의 참화와 분단의 고통을 극복하면서 이룩한 것이었다. 1인당 국민소득은 1961년 85불에서 2018년 31,349달러로 369배가 되었다. 수출은 1.2억 불에서 6,048억 불로 5,040배 증가하였다.

---

23) 인구가 5,000만 명 이상이면서 1인당 국민소득 3만 달러를 넘긴 나라로는 한국 이외에 미국, 독일, 영국, 일본, 프랑스, 이탈리아 6개국이 있다.

## ⊙기업가정신과 시행착오

2차 대전 후 원조를 받다가 원조를 하게 된 유일한 나라가 되었다. '무'에서 '유'를 창조한 기적으로 평가된다. 뛰어난 창의력과 실행력의 산물이 아닐 수 없다. 전 국민이 '기업가정신'[24]을 발휘한 결과였다. 전국의 공업단지 공장 등 수많은 곳에서 제품을 개발하고 생산하였다. 품질 좋고 값싼 제품들이었다. 기업들은 새로운 기회를 빠르게 포착하는 데 능하였다. 빠른 제품 생산으로 국내는 물론 해외의 소비자들을 만족시켰다. '잘 살아보자'는 공통의 욕구가 기업가와 근로자의 창의성과 실행력을 자극하였다. 물론 자동차, 반도체, 스마트폰, 선박, 철강, 플라스틱 등을 한국이 처음 발명한 것은 아니었다. 하지만 창의력과 실행력을 바탕으로 품질과 원가, 납기(QCD)에서 경쟁자들을 앞서는 제품들을 개발하고 생산하였다. 싼 가격에, 우수한 품질의 제품을, 빠르게 생산함으로써 신용을 쌓았다. 주문이 늘고 시장은 확대되었다.

QCD[25]는 다수의 조직과 공장의 슬로건이다. 불량률은 최소화하고 원가는 낮추자는 것이다. 납기에 맞추어 제시간에 물건을 만들어 내야 한다. 하지만 QCD는 생산공장에만 적용되는 것이 아니다. 무

---

24) 미국의 경제학자 슘페터(Joseph Alois Schumpeter, 1883~1950)는 혁신을 새로운 생산방법과 새로운 상품개발로 규정하고, 혁신을 통해 창조적 파괴(creative destruction)를 이끄는 기업가를 혁신자로 보았다. 그는 혁신과 창조를 이끄는 요소로 ① 신제품 개발, ② 새로운 생산방법의 도입, ③ 신시장 개척, ④ 새로운 원료나 부품의 공급, ⑤ 새로운 조직의 형성, ⑥ 노동생산성 향상 등을 꼽았다. 이것을 기업가정신의 요체라 할 수 있다.
25) Quality, Cost, Delivery의 앞 문자로 기업이 생산 활동에서 충족시켜야 하는 품질, 원가, 납기의 세 요건을 의미한다.

엇이든 결과를 산출하는 데 관련된 활동을 평가함에 있어 유용한 지표가 될 수 있다. '좋은 품질, 싼 원가, 정확한 납기'는 개인이나 조직의 성과를 평가하는 하나의 유용한 기준이다.

맥도날드 햄버거는 맥도날드 형제가 운영했던 '맥도날드 바비큐'에서 시작되었다. 그 원형은 맥도날드 형제의 것이지만 오늘날의 '맥도날드 햄버거'는 레이 크록에 의한 것이다. 맥도날드 햄버거는 간소한 메뉴, 일회용 용기, 공장 방식의 제조 등을 통해 품질과 가격경쟁력을 확보할 수 있었다. 수십 년간 15센트라는 가격을 변함없이 유지하였다. 노란색 아치, 로날드 캐릭터 등은 맥도날드 햄버거를 상징한다. 햄버거 대학은 맥도날드 점주 등이 서비스의 핵심을 공유하고 체화하는 하나의 지식 학습 공정이었다.

오늘날 이 모든 것들은 대중들에게 맥도날드의 표준화된 이미지로서 소비되고 있다. 햄버거의 내용물과 이미지가 표준화되어 대중에게 전달되기까지는 수많은 실험과 시행착오가 있었다. 예컨대 패티는 그 재료와 첨가물, 조리 과정, 사용하는 기구와 설비 등에 따라 수백, 수천 가지 조합이 가능하다. 그중에 최적의 QCD를 가능하게 하는 햄버거 표준이 있었다. 그 표준적 모델을 위해 햄버거의 각 공정이 개발되고 정렬되어야 한다. 헤아리기 힘든 수많은 창의적 발상과 시행착오의 과정이 있었다. 그 축적의 결과가 오늘날 맥도날드의 품질, 원가, 납기로 된 것이다.

스티브 잡스는 2007년 세계 최초로 새로운 발명품, 아이폰을 출시하였다. 휴대전화에 이메일, 인터넷 검색, 일정 관리, 게임 등 PC의 거의 모든 기능을 결합한 것이다. 컴퓨터에 촬영과 통신 기능을 혁신적으로 더한 제품이 등장하였다. 각 제품과 기술을 융·복합한 결과이다. 하지만 삼성전자는 빠른 기간에 애플의 아이폰에 대적하는 스마트폰을 개발하였다. 곧 업계의 강자가 되었다. 애플이 아이폰 발명에 창의적이었다면 삼성은 갤럭시폰의 생산에서 창의적이었다.[26] QCD 역량을 앞세운 삼성은 아이폰의 애플과 대등한 경쟁을 시작할 수 있었다.

## ⊙ 창조의 기반인 섬세함과 배려

섬세함과 배려는 한국인 특성의 하나일 것이다. 예민한 감수성과 상대를 근심하는 마음인 '측은지심'의 정서가 그 배경에 있다. 상대의 기분을 이해하여 섬세하게 대응하는 데 뛰어나다. 그것이 예술과 문화, 제품과 서비스 등에서 한국인이 창의력을 발휘하는 기반이라 할 수 있다.

조명진 박사는 한국인의 창의성을 편의적 창의성과 세부적 창의성으로 나누어 설명한 바 있다.[28] 편의적 창의성은 소비자의 편의를 생각하면서 제품이나 서비스를 창의적으로 개발하는 역량이다. 기술 발달에 맞추어 필요한 시스템을 일시에 교체하고 이용자 편의성을 높이는 것이다. 인터넷으로 공문서를 발급하는 것, 음식 배달, 택배 서비스 등의 예를 들 수 있다. 공항 이용객을 배려하는 인천국제공항의 서비스도 그중의 하나이다. 세계 최고의 공항이 된 배경에는 편의

---

26) 기업의 혁신은 '제품 혁신'과 '공정 혁신'으로 대별할 수 있다. 애플은 제품에서, 삼성은 생산 공정에서 혁신적이었다고 할 수 있다.

적 창의성의 발휘가 있었던 것이다.

세부적 창의성은 손을 정교하게 사용하는 분야에서 쉽게 발견할 수 있다. 수술 테크닉, 봉제 기술, 반도체 기술, 만화 제작, 신라의 금속공예, 고려청자, 직지심경 등이 그것이다. 젓가락 사용, 음식문화, 언어에서도 세부적 창의성의 발현을 볼 수 있다. 젓가락 사용에는 손가락의 정교한 움직임이 필요하다. 이것이 섬세하고 탁월한 복제(cloning) 기술을 낳았다. 비빔밥, 김치, 불고기 등은 재료의 배합과 숙성 정도에 예민하다. 고려청자는 점토의 배합과 온도 조절에서 정교한 기술이 요구된다. 세밀함과 치밀함을 기반으로 창의성이 꽃핀 분야들이다. 이러한 세밀함은 언어 표현의 다양성과도 연결되어 있다. 영어의 life는 한국어에서 생명, 삶, 인생, 생활 등 다양한 단어들로 세분된다. wear는 입다(옷), 쓰다(모자), 신다(구두), 끼다(콘택트렌즈) 등 상황에 맞추어 보다 다양하고 섬세하게 표현된다.

소비자 편의를 고려하는 세밀함과 치밀함은 경쟁력 있는 제품과 서비스를 공급하는 역량의 원천이다.[27] 수출을 포함한 한국 제품의 경쟁력은 바로 여기에서 나오는 것이다. 경쟁자가 쉽게 모방할 수 없는 경지의 세밀함과 치밀함이 창조적인 역량의 기반이다.

---

27) 국가경쟁력 관련 이론에서는 소비자인 국민의 까다로운 욕구를 경쟁력 원천의 주요 요소로 본다. 어떤 재화나 서비스가 경쟁력을 지니는 배경의 하나는 소비자가 서비스 품질 등에 까다롭기 때문이라는 것이다. 예컨대 한국의 가전제품이나 화장품 등이 경쟁력을 지닌 배경의 하나로 동 제품에 대한 한국 소비자들의 높은 욕구 수준을 거론하는 것이다.

## ⊙ 추상과 실제의 결합

문화심리학자 김정운은 "인간은 날 때부터 흉내 내는 능력을 가지고 태어난다. 창조적 능력이란 자신이 머릿속에 기록해 놓았던 것들을 다시 꺼내 새롭게 연결하는 편집능력"[29]이라고 하였다. 창의력은 진공상태의 무에서 유를 창조하는 것이 아니다. 세상에 이미 존재하는 요소들을 자신의 관점에서 선택하고 융합함으로써 새로운 구성물을 만들어 내는 능력이다. 새로운 생각이나 개념, 이미지나 형상을 기반으로 기존의 것들을 새롭게 조합하고 엮은 것이다. 독창적이면서도 유용성을 겸비한 창조가 높게 평가된다. 사람들의 수요를 새롭게 발견하는 것, 적절한 도구를 활용하는 능력도 창조에 필요한 것들이다.

이에 대하여 실행력은 생각이나 아이디어를 실제로 구현하는 능력이다. 계획한 바를 실제의 행동으로 옮기는 역량이다. 신제품을 개발할 때는 보통 아이디어를 모형으로 만들고 시제품을 생산한다. 소비자 수요에 적합한 시제품이라면 시장에서 성공할 수가 있다. 하지만 현실적으로 하나의 아이디어가 실제로 시장에서 성공할 확률은 높지 않다. 실행력은 아이디어가 실제로 구현될 때 중요한 역할을 한다. 실제로 QCD 기준을 충족하는 결과물을 만들어내는 역량이다. 구성원들과 함께 목표를 향해 가는 리더십이 중요하다. 동의를 모아 협업할 수 있어야 한다. 구성원들의 내적 동기가 움직일 때 높은 성과를 얻을 수가 있다.

심리학자 길퍼드(J.P. Guilford)는 사고 유형을 확산적 사고(divergent thinking)와 수렴적 사고(convergent thinking)로 나눈 바 있다. 확산적 사고는 기존에 알려지지 않은 다양한 대안들을 창출하는 생각의 과정이다. 수렴적 사고는 주어진 범위 내에서 가장 안전하고 확실한 정답을 찾는 과정이다. 확산적 사고가 다양하고 새로운 발상을 하는 것이라면 수렴적 사고는 비교와 분석 등으로 최적의 해법을 찾기 위한 것이다. 확산적 사고에 익숙한 사람은 여러 답을 허용하는 개방적 질문을 좋아하며, 창의적이다. 반면 수렴적 사고를 하는 사람은 하나의 정답을 선호하며 실행에 초점을 둔다.[30] 확산적 사고가 새로운 아이디어와 창조물을 산출한다면 수렴적 사고는 그것들을 분석하고 선택하여 완성물로 만들어 낸다.

또 다른 심리학자 스턴버그(Sternberg)는 지능을 분석적·창의적·실제적 능력으로 나누었다. 분석 능력은 분류, 비교, 대조, 평가하고 판단하는 등의 능력이다. 창의적 능력은 무언가 새로운 것을 고안해 내고 발견하며 상상하고 가정하는 능력이다. 실제적 능력은 이론을 현실로, 추상적인 생각을 실제적인 성과물로 만드는 데 필요한 적용과 활용의 능력이다. 성공적 삶에는 이 세 능력의 개발과 조화가 필요할 것이다.[31]


## ⊙창의를 존중하는 헌법


헌법 119조 1항은 "대한민국의 경제 질서는 개인과 기업의 자유와 창의를 존중함을 기본으로 한다."고 되어 있다. 헌법에 '창의' 개념을 명시했다는 것은 매우 독특한 발상으로 보인다. 창의성, 창조를 그

만큼 중요하게 여겼다는 의미일 것이다. 창의성은 개인 내면에서 솟구치는 지적 호기심과 절실한 간구에 연결되어 있다. 문제를 해결하려는 치열함이 새로운 발상을 낳고 새로운 노하우를 개발하는 기반이다. 사회가 새로운 제안이나 창조에 대하여 '새로움'의 가치를 충분히 수용하고 인정할 필요가 있다. 그때 창의성은 비로소 용기를 내어 세상에 충분히 그 결과를 드러내게 될 것이다.[32]

창의성 논의에서 서양학자들은 한·중·일 같은 집단주의적, 위계적 문화가 창의성의 발목을 잡는 경향이 있다고 본다. 서양 또는 개인주의 문화가 동양 또는 집단주의 문화에 비해 더 창의적이라는 것이다. 동양 집단주의의 개인에 대한 동조 압력, 응집성과 조화의 추구 등이 창의성을 저해한다고 생각한다. 이에 대하여 서양의 독립적 자아 개념, 자율성 중시, 다름을 존중하는 풍토 등은 창의성을 촉진한다고 본다.[33] 하지만 집단주의 문화에서도 자율성과 창의성은 꽃필 수 있다. 공동체 문제 해결을 위한 노력과 협업이 창의성 발휘의 기반이 되는 것이다. 세종 시절 쏟아진 수많은 창조물은 애민정신에 기반하여 집단 지성이 발휘된 결과이다.


## ◉ 획일적 사고와 폐쇄성


창의성을 평가하는 요소에 '관용' 지표가 있다. 나와 다름을 얼마나 인정하고 수용하느냐에 관한 것이다. 2015년 발표된 한국의 관용도는 전체 139개국 중 70위였다. 인종적 소수자에 대한 관용도 58

위, 게이와 레즈비언에 대한 관용도 82위를 평균한 결과이다.[28] 관련하여 동양계 미국인을 대상으로 한 연구에서는 개인 수준에서의 다문화성이 창의성에 긍정적으로 작용한다는 결론을 도출하였다.

케임브리지대 장하석 석좌 교수는 "한국의 획일적 사고방식과 치열한 경쟁의식, 자신의 영역 지키기가 합쳐져 벽만 높인다. GPS(위성항법장치)에는 양자역학, 전통 물리학, 기계공학, 항공우주, 전자공학 등 수많은 기술이 다 들어 있다. 다른 분야 장점을 결합하면서 자신의 분야도 챙길 수 있다."[34]고 하였다. 획일적 기준으로 사물과 사람을 평가하고, 자신의 것을 지키려고 새로운 것에 문 닫는 자세를 지적한 것이다. 다른 것을 인정하고, 개방적으로 교류할 필요가 있다. 융·복합적 창조의 중요성이 증가하고 있다.

## ⊙기업가정신의 쇠퇴

한국은 21세기에 들어와 음악과 드라마, 스포츠와 영화 등에서 세계적인 주목을 받고 있다. 이른바 '한류'이다. 한국인의 독창성이 빛을 발하고 있는 것이다. 하지만 한편에서는 한국의 창의성과 역동성이 약화되고 있다는 우려도 있다. 한 교수는 "미국의 스탠퍼드나 MIT 출신 상위권 학생들은 모두 창업을 한다. 반면 한국은 1등부터 10등까지 먼저 대기업에 간다."고 말한다. '한국인은 일본인과 더불

---

28)  토론토 대학 마틴 번영 재단(Martin Prosperity Institute)은 각국의 창의성 정도를 조사하여 글로벌 창의지수로서 발표한다.

어 사업 기회를 발견하고 사업가가 되는 것에 관하여 OECD 국가 중 가장 부정적이다.'는 평가도 있다. 실패를 두려워하며, 기업가 경력을 선호하지 않는다는 것이다.

2017년 발표된 국제기업가정신지수(Global Entrepreneurship Index)에 따르면 한국의 기업가정신 정도는 OECD 34개국 중 23위로 평가되었다.[35] 국가경쟁력 지표 중 기업 내 권한위임 정도와 창의성 수용도에서 한국은 140개 국가 중 각각 88위와 35위에 머물렀다.[36] 직장에서 창의성을 발휘해 일할 수 있는 여건과 기회가 충분치 못한 것이다. 글로벌 창의지수에 따르면 한국은 창조적 직업 종사자 수 비율에서 78위에 머물러 있다. 서비스사업 비즈니스 모델(BM)[29] 특허 연구에 따르면 한국 서비스 산업 분야의 창의력은 미국이나 영국에 비해 특허의 혁신성, 기술적 수준이 낮은 것으로 나타났다.[37] 관련 법규가 새로운 기술의 사업이나 창업을 규제하는 것이 하나의 원인인 것으로 보인다.

또한 2014년 중소기업청의 조사에 의하면 미국과 중국은 창업에 도전했다가 실패한 횟수가 각각 평균 2.8회인데 비하여 한국은 1.3회에 불과하였다. 실패한 후 재도전하기가 쉽지 않은 환경 때문일 것이다. 실패의 경험으로 창조가 완성되고 성공에 이른다. 그런데 한 번의 실패가 주는 타격과 실패에 대한 두려움이 재도전의 길을 막고 있는 것이다. 또 다른 조사에서 5년 차 기업의 생존율을 보면 실패한 후 재도전한 기업은 73.3%, 일반 창업기업은 30.9%이었다. 실패

---

29) 사업 방식 관련 아이디어와 모형(Business Model)을 의미한다. 예컨대 프라이스라인(PriceLine)은 기존의 호텔 서비스에 IT 기술을 적용하여 역경매방식에 의한 비즈니스 모델을 개발, 우버(Uber)는 차량 운전자와 승객을 연결해주는 비즈니스 모델 아이디어로 신사업을 창출하였다.

를 경험한 기업의 생존 가능성이 훨씬 높다. 실패한 경험의 가치를 평가하고 그것을 자산으로 삼을 수 있는 여건을 마련할 필요가 있다.

## ◉연구개발 성과의 한계

2018년 국제특허출원 건수에서 한국은 17,017건으로 미국, 중국, 일본, 독일에 이어 세계 5위였다. 미국과 일본은 각각 55,981건, 49,703건이었으며 독일은 19,750건이었다. 한국의 특허출원 건수는 GDP 규모나 인구 대비로 보면 세계 최고의 수준이다. 무역 국가적 특성이 특허출원을 독려하는 한 요인인 것으로 보인다. 제품 기술 등을 특허로서 보호받을 필요가 있다. 지식재산권의 무역수지 금액으로 보았을 때 한국은 아직 기술 수입국에 해당한다. 특허출원 등의 노력에 비해 특허 가치 등의 질적 수준은 아직 미흡한 부분이 많은 것이다. 지난 20년간 4차 산업혁명 관련 기술 특허출원 비중은 미국 53%, 일본 20%, 한국 17%, 유럽 10% 순이었다. 한국은 질적 수준과 시장 확보 능력에서 비교 국가들에 뒤지는 것으로 평가되고 있다.

2017년 정부의 R&D 예산은 78조 원이었다. 절대액 기준으로는 세계 6위, GDP 대비 R&D 예산 비율은 4.55%로서 세계 최고이다. 하지만 연구개발 투자 효과에 대해서는 부정적인 의견들도 많다. R&D 투자의 3/4이 대기업 주도의 반도체, 통신 등 응용 분야 연구에 치우쳐 있다. 특허 출원은 많아도 기초과학 발전과는 거리가 멀다는 평가를 받는다. 연구개발 과제의 내용과 방법이 아직도 빠른 추격자

(fast follower) 수준이라는 비판도 있다. 또한 연구자들이 과제를 따고 예산 등 행정 업무를 하는 데 많은 시간을 쓴다. 우수 두뇌의 해외 유출 등 연구원 확보의 어려움도 문제로 지적된다.

특히 연구 결과로 다량의 특허가 출원되고 있으나 실제 사업화는 매우 부진하다는 점이다. 특허의 70%가 이른바 '장롱 특허'로 사업화 성공률이 매우 낮다(한국 20%, 일본 54%, 미국 70%, 영국 71%). 기업이 특허를 사가거나 사업화에 성공한 경우는 거의 없는 것이다. 개발된 기술 기반의 벤처기업 창업도 별로 없다. 국가의 연구개발 투자가 기술 기반의 벤처 창업이나 기술 경쟁력 향상으로 연결되지 못하고 있는 것이다.[38]

## ⊙창의력을 죽이는 교육

"일본 작가 히가시노 게이고의 단편 소설 『유괴천국』엔 '지시 대기족'이란 표현이 나온다. 아이들은 지시가 없으면 놀지도 못한다. 과도한 주입식 교육에 따른 아이들을 풍자하는 말이다. 한국은 여기에서 한 발 더 나간다. 아이들은 '창의성 교육 학원'에서 창의력을 훈련을 받는다. 취업 준비생들은 창업 학원에 가서 '스펙'을 위한 임시 스타트업을 차린다."[39] 창의성을 개발하는 것이 아니라 창의성 스펙을 돈 주고 사려는 것이다. 1개의 정답을 찾아야 하는 수능이 창의력을 죽인다고 한다. 그러나 평가의 객관성, 신뢰성, 공정성 때문에 그러한 수능이 필요하다고 한다.

인터내셔널 바칼로레아(IB) 디플로마의 한국어 문제는 이러한 문제들을 극복하고 있다. 수험생은 논술 문제 2개를 풀어야 한다. 예컨대 "문학이란 인간을 바탕으로 한 예술이다. 동의하는가? 그 이유는? 동의하지 않는다면 그 이유는? 공부했던 작품들을 예로 들어 설명하시오." 같은 문제들이다. IB 시험도 수능처럼 표준화한 시험이지만 문제는 모두 주관식이다. 답을 쓸 때는 가능한 한 지문 내용을 그대로 옮기지 말고, 자기 문장으로 써야 한다. 본문 단어를 그대로 쓰면 감점이 되기 때문이다. 주관식인 IB 시험은 세계적으로 객관성과 공정성을 인정받고 있다. 모두 세 명이 채점을 하는데 이들 간 점수 차가 3점 이상이면 재채점에 들어간다.[40]

한국인의 창의력 발휘에 관련한 몇 가지를 정리하도록 한다.

○ 특허란 창조적인 암묵지를 문서나 도면 등으로 표현한 것이라 할 수 있다. 암묵지를 글로 표현하는 작문은 창조의 중요한 수단이다. 하지만 선다형 시험은 작문 능력을 거의 테스트하지 못한다.

○ 지시하고 복종하는 것에 익숙한 문화에서는 창의성 발휘가 쉽지 않다. 새로운 아이디어가 잘 수용되지 않는 경향이 있다.

○ 창조는 시행착오를 통해 완성된다. 시행착오와 실패는 새로운 시도와 도전의 과정에서 온다. 정답을 찾는 공부는 실수와 실패를 줄이는 훈련이다. 실패를 용인하고 실패로부터 배울 수 있는 교육과 제도가 필요하다.

○ 창의성 발휘에는 도전에서 느끼는 만족과 행복감 등 내적인 동기가 중요할 수 있다. 문제를 해결하려는 열망이 창의성의 원천

이다. 문제 해결 과정에서의 도전과 발견적 긴장을 즐기는 정서가 필요하다. 창의성 발휘에 적합한 교육과 문화, 사회적 여건의 조성이 중요하다.

○ 융·복합과 집단지성의 시대이다. 다양한 것이 모이고 섞여 새로운 지식과 창작을 낳는다. 폐쇄적이고 배타적일수록 융·복합이 어렵다.

○ 시험 점수라는 하나의 잣대가 아이들의 개성과 다양성을 억압한다. 개성과 다양성을 존중하는 새로운 잣대들이 필요하다. 다양한 직업과 진로에 필요한 역량을 평가하는 여러 방법들을 개발할 필요가 있다.

# 6. 소통과 협업역량

유발 하라리는 그의 저작 『사피엔스』에서 다음과 같이 주장한다.

"호모사피엔스는 수많은 이방인들이 무리를 이루어 매우 탄력적인 방법
으로 협력한다. 2, 30명의 무리에서 이제 전 세계 인류로 확대되고 있다. …
인지 혁명이란 약 7만~3만 년 사이에 나타난 새로운 사고방식과 의사소통
방식을 말한다. 전에 없던 방식으로 생각할 수 있게 되었으며 언어로 소통을
할 수 있게 되었다. … 전설, 신화, 신, 종교는 인지 혁명과 함께 등장했다. 허
구를 생각하고 말할 수 있는 능력이야말로 사피엔스가 사용하는 언어의 가
장 독특한 측면이다. 많은 수의 낯선 사람들과 협력하는 우리의 능력은 극적
으로 개선되었다."

오늘의 문명은 수많은 협업의 결과이다. 전설이나 신화 같은 이야
기를 짓는 작업이 중요하였다. 상징과 메시지를 공유함으로써 사람
이 모이고 같은 생각을 하게 되었다. 언어와 문자가 중요한 역할을
하였다.

지식과 정보가 시·공을 뛰어넘어 연결되고 융·복합되고 있다. 예컨
대 집단지성(集團知性, collective intelligence)은 다수가 서로 협력하거
나 경쟁하면서 얻는 집단적 능력이다. 소수의 우수한 개인이나 전문
가보다 다양한 개체로 구성된 집단의 역량이 더 낫다. 독립적인 개체
로 구성된 집단의 통합적 지성이 더 나은 결론을 얻는다. 성별, 나이,
직업, 취미, 가치관 등이 다양할수록, 다른 사람에게 동조만 하는 대
신 자신만의 생각을 가질수록 집단지성의 효과는 클 것이다. 인터넷
사이트처럼 분산된 지식이나 경험을 공유하고 통합할 수 있는 시스

템이 필요하다. 위키피디아, 네이버 지식iN 등이 그것을 보여준다.

개방형 혁신(open innovation)은 기업 등이 신제품이나 신기술을 개발하는 과정에서 다양한 방식으로 외부와 협력하는 것이다. 기업이 내부의 역량뿐만 아니라 외부의 아이디어와 기술 등을 흡수함으로써 빠르게 사업과 기술을 혁신할 수가 있다. 피앤지(P&G) 등의 글로벌 기업이 내부 연구개발(R&D) 부서를 줄이는 대신 개방형 혁신을 확대하고 있다. 연결하여 소통하고, 협업하는 것이 지식 개발과 창조의 필수적인 과정이 된 것이다. 조직 역량의 한계를 인정하고 외부와 개방적으로 협력하는 것이 창조의 원천이 되고 있다.

## ⊙자기 결정력 필요

한 인터넷 사이트의 글이다.[41]

"유럽 아이들은 일주일에 3~4번 훈련하며 축구공과 친해지고 대화하는 법을 익힌다. 반면 한국의 초등부 선수들은 하루 두 차례 훈련은 물론 쉬는 시간에 개인지도까지 받는다. 공은 잘 찬다. 하지만 경기 중에는 좀 다르다. 플레이에는 네 단계가 있다. 선수는 공을 받기 전 '판단'을 한다. 자신에게 오는 공을 드리블할 건지, 원터치로 패스할 건지 등을 판단한다. 판단 후에는 '행동'을 한다. 행동은 '결과'로 나타나고 실패하면 '책임'이 따른다.

안타깝게도 한국 선수들은 '판단'과 '책임' 부분에서 약하다. 그간 유소년 선수들은 경기장 안에서 직접 '판단'하는 훈련을 받지 못했다. 지도자들이 급하다 보니 선수들에게 직접 판단할 수 있는 시간을 허락하지 않는다. 선수들은 상황을 스스로 판단하지 않았기에 결과에 대한 책임 의식도 약하다. 스스로 판단하여 책임질 줄 아는 선수는 기술적인 실수를 하더라도 결코 정신적으로 무너지지 않는다."

협력과 협업은 참여자 각자가 독립적일 것을 전제로 한다. 지시에 의하거나 강제로 하는 것이 아니다. 각 개인이 독립적일 때 자율적이고 능동적인 협력이 가능하다. 자기 결정력이 중요하다. 개인 스스로 결정하는 훈련이 되어 있지 않으면 자율적, 적극적인 협력이 어렵다. 개인의 이익, 흥미, 호기심 등 내적인 동기가 자신의 마음을 결정하도록 할 필요가 있다. 공동체의 위계와 서열구조는 개인들의 자기 결정력을 제약한다. 강제되거나 종속적 입장에서는 자기 결정력이 위축될 수 있다. 독립된 개체로서 일할 때 협업과 융합 등 작업에 능동적으로 참여할 수 있을 것이다. 공동으로 지식과 노하우를 개발하는 작업에 적극적인 일원이 되는 것이다.

국제성인역량조사에서는 각국 성인이 직장에서 타인에 대하여 '영향력(influencing skills)'을 행사하거나 '협동(co-operative skills)'하는 정도[30]에 관하여 조사하였다.[42] 사람들은 다양한 문화 속에서 타인과 관계를 맺으며 일한다. 영향력은 타인에 대한 교육과 설득, 연설이나 조언, 협상 등을 통해 영향을 주는 능력을 의미한다. 상품이나 서비스의 판매, 활동의 계획 등에서 영향력을 행사한다. 협동은 직장 동료와 같은 일을 서로 도와서 하거나, 상호보완적으로 일함으로써 일의 성과를 내는 활동을 뜻한다. 즉 영향력 행사는 넓은 의미의 소통행위이며, 협동은 일의 성과를 위해 서로 협력하는 것이다.

조사 결과 한국인의 직장에서의 영향력 행사 정도는 OECD 평균

---

30)   영향력을 행사하거나 협동하는 시간 정도로 측정했는데, 5점 척도(1: 전혀 없음,
      2: 해당 시간의 1/4 정도, 3: 해당 시간의 절반 정도, 4: 해당 시간의 절반 이상, 5:
      해당 시간 전체)로 답하도록 하였다.

수준이었다. 일본 직장인은 한국인보다 직장에서 영향력을 적게 행사하는 것으로 나타났다. 한국 남성은 연령증가에 따라 영향력 활용 빈도가 증가하다가 35~44세 연령대에서 가장 많았으며, 그 후 감소하였다. 미국에서는 연령증가에 따라 영향력 활용 빈도가 증가하였으며, 55~65세 직장인의 영향력 행사가 가장 많았다. 한편 독일, 미국, 스웨덴에서는 남성에 비해 여성의 영향력 활용이 많았다. 연령증가에 따른 영향력 활용의 감소가 크지 않았다. 반면 한국 남성은 40대 후반 이후 영향력 활용 빈도가 급격히 감소하였다. 또한 한국은 다른 나라에 비해 영향력 활용에서의 성별 차이가 컸다. 여성은 남자보다 일찍 30대 후반 이후에 영향력 활용도가 낮아지는 현상을 보였다.

## ◉ 일하는 방식과 협업

한편 한국은 협동 정도에서 조사대상국 중 최하위를 기록하였다. 연령, 성별에 무관하게 비교 국가 중 가장 낮은 협동 수준을 보였다. 그러나 이러한 평가 결과는 신중하게 해석할 필요가 있다. 즉 '한국인들은 협동하지 않는다'라고 이해하는 것은 적절치 않다. 어울러 일하는 방식에 따라 '협동' 개념에 대한 이해와 응답이 달라질 수 있기 때문이다.

개인주의와 공동체주의 중 어느 요소를 많이 지녔는가? 그에 따라 '협동'을 이해하고 활용 양상이 달라질 수가 있다. 예컨대 한국인들은 보통 지시와 복종에 익숙한 수직적 서열구조 속에서 일한다. 타인과 군이 별도로 소통하고, 협업하지 않아도 정해진 일을 함으로써 전체적으로 통합이 된다. 각자가 개별적으로 일하는 것이 아니라 전체적인 일을 나누어서 일하는 것이다. 개별적인 소통과 협업 대신 계급과 서열이 전체를 통합하고 조정한다.

일하는 구조와 형식이 서로 다른 것이다. 서구의 수평적 직무 중심체계에서는 소통과 협업을 통해 각자의 일을 전체로서 통합한다. 직무 전문성을 기반으로 각자가 독립적으로 일하는 것이다. 따라서 각 직무 담당자 간 소통과 협업은 매우 중요하다. 그러나 한국에서는 처음부터 각자가 전체의 부분으로서 일하는 형식이다. 한국 직장인들의 협동이 매우 적은 것처럼 평가되는 이유일 것이다. 일을 나의 일로 볼 것인지, 우리의 일로 볼 것인지의 인식 차이가 서로 다른 응답을 하게 된 배경이라 할 수 있다.

## ⊙일에 우선하는 관계

여럿이 참여하는 대학 프로젝트에서의 일이다. 미국 학생들은 서로를 소개한 후 협의하여 역할을 분담하고 일을 시작한다. 한국 학생들은 한국인들로 팀을 짠 다음 서로 소개하고 선후배 따지는 데 먼저 시간을 보낸다. 서열이 정해지면 일은 막내가 거의 다 하고, 선배는 밥을 산다. 위계적 질서는 토론과 공동 연구 등에서 전문적인 토론과 협의를 어렵게 한다.

히딩크 감독은 선배가 먼저 자리잡은 후 후배가 다른 자리에서 식사하던 관행을 고쳤다. 같이 겸상을 하여 식사하도록 했다. 그라운

드에 들어서면 '형' 자를 못 붙이게 했다. 선후배 간 서열문화의 문제를 간파한 것이다. 아무리 열심히 해도 창의력 발휘가 어렵다. 팀플레이도 잘되지 않는다. 축구에서만의 문제가 아니다. 다양한 조직의 운영과 활동에서도 쉽게 발견되는 문제이다.

문제를 해결하려면 방법지, 즉 노하우(know-how)가 중요하다. 이에 대하여 노우후(know-who)는 누군가를 아는 것이다. 노우후에는 두 가지 의미가 있다. 하나는 관계 또는 인맥으로 활용한다는 관점에서 어떤 사람을 안다는 의미이다. 풀기 어려운 어떤 문제를 인맥 또는 관계를 통해 해결할 수가 있다. 정상적이고 투명하지 못한 경우가 많다. 때로는 은밀하거나 규칙을 어겨가면서 문제를 해결하는 방식이다.

또 다른 노우후는 어떤 문제를 해결하는 역량이나 노하우를 지닌 자를 안다는 뜻이다. 특정 분야에서 QCD 역량을 지닌 기업, 최고 수준 기술의 소유자, 매력적인 아이디어의 소유자 등을 아는 것이다. 그자가 어디의 누구인지 아는 것이다. 지식기반 경제에서 최고의 노하우와 기술의 소유자를 안다는 것은 중요하다. 특히 '나만이 그를 안다'면 경쟁력의 핵심 원천이 될 수도 있다. 해당 전문가나 기술자와 연결하거나 과제를 위탁하여 중요한 문제를 해결한다. 매출 등의 규모는 작아도 기술과 노하우가 있는 기업은 고가의 M&A 대상이 된다. 가치가 충분하기 때문이다. 누가 어떠한 기업이 나에게 필요한 역량을 지녔는지 아는 것은 매우 중요하다. 소통과 협업을 통해 같이 문제를 해결할 상대이기 때문이다.

## ⊙압축 성장과 융·복합

압축적 성장은 한국인들의 전반적인 자부심과 자신감의 배경이다. 압축적 성장의 결과 한국에는 조선의 문화, 일제의 제도, 경제성장기의 정책, 4차 산업혁명[31] 시대의 지식이 공존한다고 볼 수 있다. 세대와 성, 부의 정도에 따라 경험과 생각의 차이가 크다. 서로 다른 문화와 가치관, 관행과 경험, 제도와 정책, 기술과 지식 간의 차이가 소통과 조화를 방해할 수도 있다. 전쟁의 참상과 빈곤의 비참함을 직접 겪은 세대가 생존해 있다. 동시에 경제적 번영과 민주화된 사회를 당연한 것으로 여기는 세대들도 있다. 삶과 소통의 기반이 너무 다르다. 사회적 갈등의 주요 원인이라 할 수 있다.

하지만 다양한 생각과 경험을 융·복합할 수 있다면 새로운 창조의 원동력이 될 수도 있다. 소통하고 융·복합하는 것이 중요하다. 세대 간 삶의 격차, 경험과 문화의 차이를 극복해야 할 과제가 놓여 있다. 소통과 협업을 통해 새로움을 만들고 사회적 여러 과제를 풀어갈 필요가 있다.

---

31) 제4차 산업혁명은 "정보통신 기술(ICT)의 융합으로 이루어낸 산업혁명으로 18세기 산업 혁명 이후 네 번째의 산업혁명이다. 혁명의 핵심은 빅 데이터 분석, 인공지능, 로봇공학, 사물인터넷, 무인 운송 수단(무인 항공기, 무인 자동차), 3차원 인쇄, 나노 기술과 같은 6대 분야에서의 새로운 기술 혁신이다."라고 설명한다. ("제4차 산업혁명", 『한국어 위키백과』, 작성일: 2020년 8월 3일.)

# 7. 지식과 역량의 불균형

## ⊙지식과 역량의 괴리

한국인의 학력은 세계 최고 수준이다. 젊은이들의 대학 진학률은 특히 높다. OECD 조사 결과 언어, 수리, 과학, 컴퓨터 역량 등에서 한국의 10대는 세계 상위 수준이었다. 하지만 30대에는 OECD 평균으로 되고, 40대 이후에는 OECD 하위 수준으로 추락한다. 청소년은 학교에서 명제지 중심으로 상당한 수준의 지식을 획득한다. 하지만 외국 청소년에 비해 높은 수준의 방법지나 직업적 역량을 지니지는 못한다. 인성, 창의력, 실용적 역량 등의 개발도 충분치 못한 것으로 평가된다. 아는 것은 많은데 스스로 할 수 있는 것은 별로 없는 상황이라고 할 수 있다.

교육에 많은 투자를 하지만 학습한 역량을 직장과 직업 생활에서 충분히 활용하지 못하고 있다. 학교 교육과 일자리가 요구하는 역량 간의 괴리가 크다. 창조와 혁신을 이끌 방법지와 암묵지를 학습하고 개발할 필요가 있다. 청소년이 인성과 창의력을 개발하고 실용적인 지식을 획득할 수 있어야 한다. 시험 점수라는 획일적 기준의 줄 세우기로는 다양한 역량과 창의성을 기를 수가 없다. 각종 조직의 폐쇄적이고 계급적인 문화와 제도가 인적자원의 역량 발휘를 제약하고 있다. 고학력의 효과는 일찍 사라진다. 일을 통해 배우고 역량을 개발할 수 있어야 한다.

지금까지 논의된 한국인의 지식역량을 간단히 정리하면 다음과 같다.

○ 한국인은 필기시험 준비 위주의 학교 교육을 오래 받는다. 방법지보다 명제지 학습의 기간이 길다. 명제지 중에서도 사실적 지식보다는 논리적, 규범적 지식 중심의 학습이 많다. 사례교육이나 현장 실습 등으로 사실을 학습할 기회보다는 강의나 책을 통해 공부한다.

○ 한국인의 명제지 역량은 만 15세에서 세계 최고 또는 상위 수준에 이르며, 20대에도 상위 수준을 유지한다. 하지만 30대에 OECD 평균 수준으로 되며 이후 연령대에서는 하위 수준으로 평가된다.

○ 방법지를 획득하는 최고의 수단은 일을 통한 학습(Learning by Doing)이다. 그런데 한국의 15~29세 연령대의 경제활동참가율은 낮다. 취업 후에도 문제 해결 활동의 기회 자체가 많지 않으며 직장 내 학습 수준도 낮다. 청년들의 방법지 역량 수준이 높다고 보기 어려운 배경이다.

○ 직장 또는 일을 통한 노하우, 방법지 축적이 충분치 못한 상태에서 조기 퇴직한다. 50대 이후 성인의 대부분은 기술이나 방법지가 필요하지 않은 단순 생계형 일자리에 종사한다. 성인들의 평생학습 기회와 그 질적 수준도 미흡하다.

○ 반상 의식 등 조선 시대의 사고와 학력 우대 현실은 산업적 기술과 방법지 등의 가치를 충분히 존중하지 않고 있다. 이는 관련 역량의 개발과 새로운 지식창조를 저해하는 결과가 되고 있다.

○ 방법지 없는 명제지 과잉은 공리공론으로 나타날 가능성이 있다. 문제 해결은 뒷전이고 언쟁만 하는 것이다.

○ 많은 발명과 새로운 기술은 시행착오를 거치면서 탄생한다. 하지만 선다형이나 OX식 시험에서는 정답만을 찾아야 한다. 시행착오를 경험하고 방법지를 찾는 훈련 기회를 충분히 마련할 필요가 있다.

## ◉ 조선 시대의 신분별 역량

독일인 오페르트는 구한 말 조선을 세 차례 방문하였다. 그는 조선을 방문하여 사람들을 접촉하면서 얻은 인식과 느낌을 그의 저서[43]에 기술하였다.

> "양 강국의 틈새에서 조선이 성공적으로 생존해 왔다는 점은 매우 주목할 만한 일이다. … 조선 사람의 보편적인 기질은 일본이나 중국인에 비교하면 훨씬 우수하다. … 다만 그들의 산업 기술과 기량은 아시아의 다른 민족들에 훨씬 못 미친다. 그 이유는 억압적인 정치체제에 기인한다. 정부는 정치적인 목적과 동기로 인해 산업발전에 무관심하며, 직접 억누르기까지 한다. 산업발전을 이룰 수 있는 토대가 취약하다. … 조선 왕조는 이미 시대에 뒤진 관행과 연계 속에 정치 파벌 싸움과 내란을 거듭하고 있으며, 이러한 상황은 앞으로 계속될 것이 분명하다."

그의 인식을 명시지와 암묵지 역량의 관점에서 다음과 같이 다시 서술할 수가 있다. '한국인의 인성과 지적 역량 등 기본적 자질은 우수해 보인다. 하지만 성리학 중심의 명시지 역량을 기반으로 하는 정치 세력과 정부가 문제이다. 백성들의 잠재력과 역량을 억압하고 있다. 정치 파벌 간의 주도권 다툼과 쇄국정책이 문제인 것이다. 생계를 담당하고 나라 경제를 움직이는 것은 중인과 농민, 수공업자의 역량이다. 하지만 그 역량은 충분히 개발되지 못하고 있으며 산업 수준을 낙후시키고 있다. 명시지 기반의 지배 계층이 산업과 통상을 담당하는 암묵지 기반의 백성들을 억압하고 있다. 나라 전체가 어렵다.'

결과적으로 조선은 일본에 병합되는 비운을 맞았었다. 백성이 지닌 자질과 역량을 제대로 개발하고 활용하지 못한 결과였다. 암묵지를 존중하고 보상하는 면에서의 소홀함이 그러한 결과를 초래하였다.

조선 시대에는 양반, 중인, 상민, 천민 등 4개의 신분이 있었다. 양반은 과거시험을 보아 관리가 되거나 글공부를 주로 하였다. 이들은 주로 지주계급이었다. 중인은 관청의 향리 등 양반 밑에서 통역, 의학, 기술, 법률 등의 분야에 종사하였다. 상민은 대다수가 농민이었으며 상업, 수공업에 종사하기도 하였다. 세금을 내고 군대에 가는 것은 주로 이들의 몫이었다. 천민은 노비 신분으로 백정, 광대, 기생, 악공 등을 포함하였다.

4개의 신분이 각각 담당했던 일을 명제지와 방법지 역량으로 나누어 살펴볼 수 있다. 양반은 '사서삼경'과 '삼강오륜'을 공부하고 인간의 도리를 논하였다. 주로 논리적, 규범적 지식을 공부하였다. 과거시험에 합격하면 관리가 되었다. 성리학[32]을 중심으로 공부하고 백성들을 다스리는 역할을 담당하였다. 성리학은 덕을 높이고 수양을 구하는 학문이었지만, 예를 지나치게 숭상하고 명분론에 치우치는 현상도 생겨났다. 명분론적인 합리주의 사고가 강화되면서 경험적, 사실주의적 요소는 소홀히 하는 결과를 낳았다.

이에 대하여 다수의 중인과 상인 계층은 기술과 산업 분야를 담당하면서 실제로 국가의 경제와 살림을 책임졌다. 양반이 삼강오륜 등의 규범적 지식을 수단으로 국가를 통치하고 백성을 다스렸다면, 중인과 상민은 방법적 지식을 기반으로 국가에 기여하였다. 기술을 개발하여 활용하는 등 생산 활동을 하는 것은 중인과 상민의 역할이었다. 양반은 명제지, 중인과 상민 등은 방법지 역량에 의존했다고 볼 수 있다. 조선은 신분적 계급사회였다. 중인이나 상인의 사회적 기여가 컸음에도 정치적 권리와 경제적 보상은 주로 양반에게 돌아갔다.

이러한 전통은 현대에도 부분적으로 이어지고 있다. 예컨대 양반들이 과거시험을 보았던 것처럼 지금도 대학 입시와 고시 합격이 중요한 목표가 되기도 한다. 문제를 해결하는 기술이나 방법지 역량보다 필기시험 점수를 우대한다. 과거 합격이 중요했던 것처럼 졸업장이나 자격증으로 사람을 평가한다. 사실적 지식보다 규범적, 논리적

---

32)  유학(儒學)은 중국 사상의 주류를 이루는 것으로 그 대표적 인물에 공자(孔子)와 맹자(孟子)가 있다. 송·명 시대에 이르러 유학은 정치적 또는 종교적 사회체제의 변화에 따라 노불(老佛) 사상을 가미하면서 이론적으로 심화되고 철학적인 체제를 갖추게 되었다. 특히 송대의 정호, 주돈이 등의 여러 학설을 남송(南宋)의 주희(朱熹: 朱子)가 집성(集成)·정리하여 철학의 체계를 세운 것을 성리학 또는 주자학(朱子學)이라고 한다. 육상산(陸象山)의 주장을 왕양명(王陽明)이 계승한 육왕학(陸王學)도 성리학이라고 하나 성리학이라 하면 대개는 주자학을 가리킨다. ("성리학(性理學)", 두산백과, 『네이버 지식백과』.)

지식 중심으로 가르치고 교육을 받는다.

## ⊙기록문화, 한글, 명시지 역량

우리나라는 인쇄술과 기록문화에서 세계 최고의 역사를 지니고 있다. 1234년 금속활자를 만들었다.[33] 1377년 만들어진『직지심체요절』은 현존하는 세계 최고의 금속활자본이다. 서양에서 가장 빠르다는 구텐베르크의『42행 성서』(1455년)보다 78년 앞섰다. 유네스코의 세계기록문화유산을 보면 한국 11종, 중국 9종, 일본 3종, 독일 17종이 등재되어 있다. 독일은 '수도원 일기', '베토벤 악보' 등 개인 또는 지역 기록 등이 대부분이다. 이에 비해 한국은 대부분 국가 차원에서 만든 것으로 분량도 매우 많다. '고려대장경', '직지심체요절', '조선왕조실록', '승정원일기', '일성록', '훈민정음 해례', 허준의 '동의보감', '조선왕조 의궤', 이순신의 '난중일기', '5·18 민주화운동 기록물', '새마을운동 자료' 등이다.[44]

한글은 배우기 쉽고 쓰기 쉽다. 한국인이 쉽게 문자로 된 지식에 접근하는 데 결정적인 역할을 하였다. 거기에다 한국인들은 세계 최고 수준의 학력을 지녔다. 졸업장과 자격증의 대부분은 학교 공부와 필기시험에 의해 획득된다. 암묵지보다는 명시지로 사람의 지식역량을 평가하고 보상하는 제도와 문화를 지녔다. 한국인은 명시지 역량에 강할 것으로 추론할 수가 있다.

---

33)  이때 찍어낸 책자가『상정고금례』이다.

하지만 앞에서 보았듯 OECD 평가에서 한국인의 평균적인 언어, 수리, 컴퓨터 활용 등의 명시지 역량은 높지 않았다. 물론 젊은이들의 해당 역량은 세계 상위 수준이었다. 하지만 연령증가에 따라 해당 역량들은 급격하게 저하되는 모습을 보였다. 학교 졸업 후 성인들의 명시지 역량 개발이 충분치 못한 것이다.

## ⦿ 공리공론과 도덕 국가

정답을 선택해야 하는 선다형 시험, 정치 세력 간의 대립적 분열, 성리학적 유산 등은 지식역량 개발에 부정적 영향을 미칠 수 있다. 이분법적 사고와 공리공론의 배경이 되는 것이다. 이분법적 사고는 생각의 다양성과 창의성을 저해한다. 소통과 융·복합적 창조에도 부정적인 영향을 준다. 한국인은 명시지 중에서도 논리적 지식, 규범적 지식에는 강하고 사실적 지식에는 약한 면이 있다. 사실을 접하고 배울 기회가 적기 때문이다.

공부 방식과 교육제도, 필기시험에 의한 평가 등이 문제이다. 현상에 대한 사실적 지식이 빈약하면 그 원인과 대책에 대한 깊이 있는 논의도 어렵다. 한국적 현상에 무지한 채 외국의 학설이나 논리로 현상을 진단하고 평가할 수 있다. 관련된 사실과 그 배경에 대한 이해가 부족하다. 정확하게 문제를 진단하고 원인을 파악하는 데 실패한다. 현실성 있는 대안과 정책을 마련하지 못한 채 공리공론에 흐르게 된다.

어느 한 편을 옹호하거나 반대하는 관점에서의 논쟁도 많다. 실리보다 명분이 앞서고 공리공론에 익숙하다. 선다형, OX식 시험의 습관도 영향을 미치는 것으로 보인다. 현상을 관찰하고 사실을 인식하는 훈련의 기회는 많지 않다. 인과관계를 파악하여 문제를 해결하는 역량 연마에는 소홀하다. 누가 옳은가를 따지는 명분 싸움으로 시간을 보낸다. 일본 학자 오구라 기조는 "한국은 도덕 지향적 국가이다. 한국의 지식인은 강하다. 말의 논리는 용감한 도구가 된다. 반면 일본인은 현실주의적이다. '남자라면 말로 싸우지 말아라, 싸우려면 칼로 싸우라.'고 한다."고 설명한다.[45]

정당 이름이나 행정 부서 명칭 등이 자주 바뀐다. 입시도 예비고사, 학력고사, 수능시험 등으로 이름이 바뀌었다. 대학의 학과 이름이나 강의 제목도 새로운 추세에 맞추어 바뀐다. 이름이 바뀐 만큼 내용물도 실제로 달라졌다면 문제가 없다. 하지만 알맹이와 내용을 만드는 사람이 바뀌지 않으면 내용물이 새로워지기는 어렵다. 명칭과 내용이 괴리되면 거짓이고 눈속임이다. 성실하지 못한 것이 된다. 성실의 '성(誠)'은 언(言)과 성(成)이 합쳐진 것이다. 언(言)은 말을 뜻하며 성(成)은 이룬다는 뜻이다. 말한 대로 이루는 것이 성(誠)이다. 말이 실제와 같아야 한다. 본질보다 명칭이 앞서고 형식이 내용을 압도하면 거짓이 된다. 체면과 거짓이 진실을 가리고 행세하는 것은 바람직하지 않다. 명시지를 암묵지로 보강하면 보다 충실한 지식이 될 것이다. 명시지뿐만 아니라 암묵지도 충분히 존중할 필요가 있다.

## ⊙ 문제 해결 경험과 암묵지, 방법지 역량

한국은 세계 10위권의 경제 규모를 지녔으며 세계 5~7위권의 수출 대국이다. 이는 한국 기업이 지닌 기술이나 노하우 등 암묵지가 상당한 수준에 있음을 의미한다. 다양한 산업에 종사하는 경영자와 근로자가 그 기술과 역량을 발휘한 결과이다. 21세기 들어 한국의 음악, 영화, 드라마, 음식 등의 문화가 새로운 관심의 대상이 되고 있다. 또한 유교나 가족주의 등에 뿌리를 둔 국민의식, 공중도덕이나 사회질서, 사상 등도 주목할 만하다. 이러한 기술, 노하우, 문화에는 암묵지 요소가 다분하다. 어머니의 손맛, 사람들의 말씨, 장인의 솜씨는 대부분 암묵지로 구성되어 있다. 전체적인 한국인의 암묵지 수준은 상당한 수준에 있는 것으로 평가할 수 있다.

하지만 '국제성인역량조사'에서 한국인의 복잡한 문제 해결 활동 수준은 OECD 평균에 미치지 못하는 것으로 나타났다. 직장에서 고도의 노하우나 방법지가 필요한 업무나 역할을 할 기회가 적은 것이다. 한국은 복잡한 문제 해결 활동의 빈도에서 미국, 스웨덴, 독일에 뒤처졌다. 일본과 더불어 하위 수준에 머물렀다. 이러한 현상에 대해서는 두 가지 해석이 가능하다.[46] 하나는 다른 나라에 비해 우리나라 직장인의 업무 숙련도가 높은 경우이다. 숙련 수준이 높다 보니 문제 해결을 위해 노력하지 않아도 업무 수행에 문제가 없다. 다른 하나는 우리나라 직장인에게 문제 해결의 기회나 권한이 충분히 주어지지 않기 때문이다. 동일한 업무의 반복으로 문제 해결의 기회 자체가 많지 않은 것이다.

숙련도와 업무 난이도는 상대적인 것으로 볼 수 있다. 숙련도가 높으면 난이도 높은 일도 쉬울 수가 있다. 숙련 수준이 낮으면 난이도 낮은 일도 어려울 수 있다. 중요한 것은 숙련 수준에 무관하게 어려운 문제 해결의 기회가 필요하다는 점이다. 문제 해결의 과정에서 역량이 개발되고 지식의 축적이 가능하다. 어려운 문제 해결의 기회 자체가 적다는 것은 역량 개발의 기회 자체가 많지 않음을 의미한다. 지시와 복종의 형태가 많은 한국 조직의 업무처리 구조는 이러한 점에서 문제의 여지가 있다. 담당자에게 업무 재량권이 없으면 주요 의사결정을 고민할 기회가 없다. 스스로 문제를 인식하고 해결 방안을 찾는 훈련을 할 수 없는 것이다.

## ⦿ 학교와 직장에서의 학습

사람들은 사회에서 상호작용을 통해 삶에 필요한 역량을 습득한다. 지식과 역량은 주로 학교 교육과 일을 통해 획득할 수 있다. 학교는 주로 인류가 축적한 명제지와 명시지를 학생들에게 전수한다. 보통 다수에게 공통적인 내용의 것을 가르친다. 직업 현장에서는 일을 통해 방법지와 암묵지를 습득한다. 개인별로 일을 통해 배우고 경험하면서 역량을 획득한다.

바람직한 것은 학교와 직업 현장이 밀접히 연계되어 상호보완적으로 학습하는 것이다. 학교에서는 문제 해결의 공통적 도구인 언어와 수리 등을 학습한다면 직업 현장에서는 실제 문제를 해결하는 노하우를 배울 수 있다. 하지만 우리의 경우 이 두 방식의 학습이 너무 분리되어 있다. 특히 한국 청년들의 지식역량은 학교에서 배운 지식에 편중되어 있다는 점이 문제이다.

'학교는 가르치는 곳이고 직장은 일하는 곳이다.'라고 생각한다. 하지만 이는 합리적이거나 현명한 것이라 하기 어렵다. 사람은 어디에서든 배우고 깨우칠 수가 있다. 특히 지금은 문서 자료에서 동영상까지 언제, 어디서든 누구나 다양한 정보와 지식에 쉽게 접근할 수 있는 시대이다. 획일적인 강의에 의한 지식전달의 효용성이 갈수록 줄어들고 있다. 학교가 현장 지식 등 삶에 필요한 역량 학습의 기회를 빼앗고 있는 것인지도 모른다.

이미 알려진 명시지를 암기하고 학습하는 것만으로 인적자원을 충분히 개발할 수는 없다. 현재의 문제를 해결하고 미래에 대처할 역량이 필요하다. 문제 해결력과 협업역량 등이 중요한 것이다. 직장은 일하는 곳이지만 동시에 지식을 학습하고 역량을 개발하는 장소이다. 성인들이 직장에서 충분히 역량을 개발하고 발휘할 기회를 갖는 것이 중요하다.


## ◉ 한국의 전통과 지식역량 개발


유교 문화권의 자본주의를 '유교 자본주의'라는 용어로 설명하기도 한다. 유교적 가치관이 경제 발전에 긍정적인 요소로 작용한 부분에 관심을 갖는다. 가족적인 유대, 성실 근면한 자세, 높은 교육열, 도덕과 예의 중시 등의 유교 문화적 기반이 자본주의 경제에 긍정적으로 작용했을 것이다. 유교 문화는 한국의 빠른 경제성장에도 긍정적인 역할을 했다고 볼 수 있다. 하지만 실용보다 형식을 중시하는 사고는 국가 발전에 걸림돌로 작용한다. 반상 차별적 사고는 아직도 한국인의 지식역량 개발에 부정적 영향을 미치고 있다. 학력을 우대하는 대신 경험이나 노하우를 경시하는 쪽으로 작용하는 것이다.

현장 기술과 새로운 지식은 주로 시행착오와 실패를 통해 개발된다. 학력과 사회적 지위를 강조하는 문화에서는 새로운 시도와 도전이 장려되지 않는다. 새로운 아이디어 개발과 기업가정신을 위축시킬 수 있다. 한국인은 창의력과 실행력 등에 필요한 기본적 자질은 충분한 것으로 평가받는다. 하지만 관련 제도와 문화가 문제이다. 교육과 보상의 체계, 불공정한 경쟁이 그 역량의 충분한 발휘를 저해하고 있다.

한반도는 대륙의 한 자락에 있다. 비교적 긴 시간에 걸쳐 독창적인 역사와 삶을 일구었다. 20세기 후반에 전쟁의 폐허를 딛고 압축적인 발전을 하였다. 인간의 존엄을 최고의 가치로 여기는 민주주의를 시행하고 있다. 반도체와 전자제품, 자동차와 조선, 음악과 영화 등으로 세계인의 생활과 문화에 기여하고 있다. 어머니의 손맛 같은 암묵지와 한글에 기반을 둔 명시지 등의 역량이 그 배경에 있다.

명시지는 정치에서, 암묵지는 경제에서 그 역량을 발휘하였다. 암묵지로 뒷받침되지 않는 명시지는 뿌리가 얕다. 소리만 요란한 빈 수레가 된다. 명시지 중심의 보상체계가 국가 전반의 역량을 위축시키고 개인의 삶을 피폐하게 해서는 안 될 것이다. 기술과 노하우 등의 암묵지가 존중될 때 경제와 일자리 등의 문제는 풀릴 수 있다. 명시지와 암묵지를 조화롭게 개발하고 활용하는 제도적 기반이 필요하다.

외국인들은 한국인을 "책임 의식이 강하고, 열심히 하려는 욕심도 있다. 깊이 있게 배워 자기 것으로 소화하는 데 뛰어나다."고 평가한다. 그간의 한반도 역사와 현대의 여러 성과가 어느 정도 이를 입증하고 있다. 하지만 그것만으로 한국인과 국가의 미래가 희망적이고 긍정적인 것으로 되지는 않는다. 지나간 성과는 그때 발휘된 역량의 결과이다. 지금은 또 다른 성격과 수준의 역량이 요구되고 있다.

기존 지식을 전달하고 학습하는 것만으로는 충분치 못하다. 새로운 기술과 지식역량이 필요하다. 새롭게 도전하고 독창적인 시도를 할 때이다. 자유롭게 타인의 지식을 모방하고 교류, 적용, 종합할 수 있어야 한다. 남과 다른 관점에서 명시지와 암묵지를 융·복합할 필요가 있다. 각자의 초점을 가지고 몰입하는 것이 중요하다.

# 제3장
# 지식역량 개발의 구조적 여건

| 1 | **지식기반의 역량** |
|---|---|
| 2 | 한국인의 지식역량 평가 |
| 3 | **지식역량 개발의 구조적 여건** |
| 4 | 역량의 활용 |
| 5 | 지식 국가의 새로운 기반 |
| 6 | 생애역량의 개발과 창조 |
| 7 | 교육개혁 |

지식역량 개발을 저해하는 구조가 존재한다. 그것은 어떤 것이며 배경은 무엇인가?

# 1. 삼각의 틀

## ◉ 한국인 지식역량의 기반

인간은 사회적 동물이다. 사회를 규율하는 법과 제도에 의한 틀과 구조 속에서 산다. 제도와 구조가 만드는 틀이 삶을 규정하는 경우가 많다. 한국인의 지식역량도 이러한 틀에 구속된다고 할 수 있다. 본서는 이 틀이 크게 세 요소로 구성되어 있다고 본다. 삼각의 틀이 그것이다. 세 요소는 각각 학생, 노동자, 사업자 등 세 주체에 관련된다. 한 번의 승부가 되어 버린 입시, 역량이나 성과보다 연공서열을 중요하게 여기는 보상체계, 진입 규제 등에 의한 불공정한 시장경쟁이 그것이다.

〈그림 III-1〉 지식역량 개발 억압의 틀

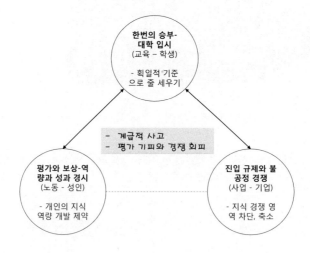

한국은 세계 최고 수준의 학력을 지녔다. 국내총생산(GDP) 대비 연구개발(R&D)비 비율도 세계 최고이다. 대학 입시와 교육비, R&D 투자에 막대한 비용을 투입하고 있다. 이러한 노력과 투자는 경제와 사회의 여러 성과로 나타나고 있다. 하지만 이러한 투자가 개인의 지식역량 개발과 국가의 경쟁력 향상에 충분히 효율적이라고 보기는 어렵다. 산업 분야의 신기술, 신사업 개발 등의 경제적 성과도 충분치 못하다. 새로운 지식, 새로운 사업의 부족은 경제 침체와 역동성 저하, 일자리 창출의 미흡 등으로 연결되고 있다.

지식역량 개발을 위한 노력과 투자는 왜 충분한 성과를 낳지 못하는가? 투입이 충분한 성과로 나타나는 데 적합지 않은 구조적인 요인 때문이다. 삶에 별 도움이 되지 않는 지식을 교육하거나 불필요한 역량을 개발한다. 역량이나 성과와 괴리된 보상체계 속에서 일한다. 시장 경쟁에 기술과 노하우 역량이 아닌 외적 요인들이 개입하여 경쟁의 양상을 왜곡한다. 새로운 기술과 지식 개발을 억압하는 구조가 되는 것이다.


## ⊙자유로운 지식경쟁을 제약


틀의 첫 번째 요소는 학생들의 학업과 교육 전반에 지대한 영향을 미치는 존재이다. 대학 입시가 평생에 중요한 한 번의 승부가 되고 있는 것이다. 다수의 청소년과 그 가족이 이 승부에 몰입한다. 2030 세대에게 취업 영향요인을 질문한 결과 응답자의 절반가량이 '학벌·학력 등 스펙'을 1순위로 꼽았다. 삶에 필요한 역량을 학습하는 것이 아니라 오로지 고득점을 위한 암기 공부에 몰두한다. 시험성적이라는 하나의 기준이 승부를 결정한다. 오로지 상위권 대학에 입학하는 것이 목표이다. 창조적 사고나 삶에 필요한 역량 개발을 위한 공부는 뒤로 밀린다. 한 번의 승부가 평생을 결정할 정도로 중요하기 때문이다. 개인 간의 경쟁을 넘어 가족 간의 승부가 되고 있다. 본인은 물론 가족의 시간과 재력 등 모든 자원이 여기에 동원된다.

두 번째 요소는 성인의 역량 개발과 활용에 관련되는 것이다. 일자리 현장에서 개인의 역량을 평가하고 보상하는 체계의 문제이다. 급여는 일의 성과에, 승진은 그 자리에 필요한 역량에 따라 결정하는 것이 합리적이다. 하지만 한국의 기업과 공공기관에는 수직적 위계와 연공서열에 따른 보상체계가 일반화되어 있다. 인력 운영의 합리적 원칙에서 벗어난 체계라 할 수 있다. 공무원과 근로자 등 성인의 업무와 직책이 계급과 서열에 따라 결정된다. 창의적으로 일하고 높은 성과를 산출하기에 앞서 조직 내 서열에 충실하여야 한다. 정해진 일, 시키는 일이 우선이고 자율성이 부족하다. 급여는 근속기간에 따라 자동으로 결정된다. 계급과 서열이 성과와 역량에 우선한다. 시간이 지나면 자동으로 급여가 인상된다.

세 번째는 사업과 기업 영역에서의 문제이다. 사업할 자유를 제한하는 진입 규제와 불공정한 경쟁구조는 해당 부문의 기술 등 지식역량 개발을 제약할 수 있다. 경쟁을 통해 기술 등 지식을 개발할 영역 자체가 사라지거나 축소되는 결과가 되는 것이다. 새로운 기술이나 신사업 등장에도 불구하고 기존 사업자만을 보호한다는 비판을 받기도 한다. 기술이나 아이디어가 있어도 면허가 없으면 사업을 할 수가 없다. 기술과 지식으로 경쟁하는 것을 억압하고 차단하는 것이다.

변호사, 의사, 약사, 변리사, 법무사, 세무사, 건축사 등이 종사하는 사업은 해당 면허를 가진 자에게만 업을 허용한다. 어업, 광업, 주류, 의료, 법률, 관광, 통신, 전력, 운송, 금융, 방송, 교육 서비스, 건설, 보건복지, 공유경제 등도 일정한 자격을 갖추거나 허가를 받아야 사업을 할 수 있다. 이러한 영역이나 사업에 일정한 지식이나 자격이 필요할 수는 있다. 문제는 과도하게 진입을 규제하는 것이다. 또한 다양한 수단과 방법으로 담합[1]하는 경우들이 있다. 기술과 역량이 있어도 이들 사업에서 경쟁할 기회조차 없다.

서열적 위계가 근로자의 창의성을 억압한다면 진입 규제와 담합 등은 창의력을 발휘할 영역 자체를 차단할 수가 있다. 누구나 자유롭게 도전하고 공정하게 경쟁할 수 있어야(Level playing field)[2] 한다. 기술과 지식을 개발하고 창조하는 경쟁이 꽃 필 수가 있다. 하지만 소수가 폐쇄적으로 담합하여 그들만의 렌트(rent)[3]를 추구하는 곳들이 있다. 경쟁을 회피하고 새로운 지식의 진입을 차단함으로써 자기들만의 이익을 챙긴다. 면허발급이 과도하게 제한된 분야, 내부거래로 부당 이익을 추구하는 기업, 소수의 이익을 위해 담합하는 사업자 단체들과 공공부문 등이 그들이다. 혁신적 아이디어와 기술이 담합의 장벽에 막혀 사라져 간다. 시장은 위축되고 경제는 정체된다.

---

1) 담합(collusion)은 기업과 개인 등이 서로 비밀스럽게 불법적으로 협력하고 공모하는 행위이다. 개방적인 경쟁을 회피하고 담합 참여자들만의 부당한 이득 또는 렌트를 추구한다.
2) 상거래에서 '공평한 경쟁의 장(Level playing field)'이란 공정성을 의미하는 것으로서 시장 참여자가 균등한 기회를 지니며 동일한 규칙하에 경쟁하는 상황을 뜻한다.
3) 공급량이 한정된 토지나 천연자연 소유자, 면허나 담합 등으로 독과점적 지위에 있는 자 등이 얻게 되는 '지대(地代)' 또는 그와 유사한 수익을 말한다.

삼각의 틀을 구성하는 세 요소는 독립적으로 또는 연결되어서 한국인의 지식역량 개발을 저해한다. 입시나 자격시험이 한 번의 승부가 되는 것은 승자에게 돌아가는 혜택 때문이다. 렌트 획득이 보장되거나 평생 보장되는 신분을 획득할 수가 있다. 특정 자격을 획득하면 그들만의 담합과 렌트를 추구하는 집단에 참여할 기회가 열린다. 다른 사람들은 사업에 필요한 역량을 지녔어도 이 영역에 진입할 수가 없다. 해당 영역 진입을 규제함으로써 부당한 이득을 보장하는 것이다. 불공정한 게임이 된다.

서열로 승진과 급여가 결정되는 조직에서는 빠른 입사와 첫 직급이 중요하다. 과정과 결과보다 출발선이 중요한 것이다. 학력과 한 번의 시험이 중요하다. 학교 때 인연은 학벌이 되어 평생에 영향을 줄 수 있다. 좋은 학벌은 법관, 의사, 고위공무원, 대기업 임원 등에 상대적으로 많이 분포되어 있다. 한 번의 입시로 학연이 형성된다. 사적인 관계를 넘어 공적인 영역에서의 연줄이 될 때가 있다.

한 번의 승부는 시험이 끝나면 잊어버릴 지식으로 겨루는 경우가 많다. 삶에 필요한 실력으로서 경쟁하는 것이 아니다. 치열한 승부가 끝나면 공부와 담을 쌓기도 한다. 연공서열 보상체계에서는 전문역량의 개발이 어렵다. 성과보다는 계급과 서열 등 내부관계에 충실할 것을 요구받기도 한다. 진입 규제와 불공정한 경쟁은 기술 및 노하우 개발을 억제하고 차단한다. 기술과 지식역량을 기반으로 자유롭게 경쟁하여야 할 영역을 사라지게 한다.

## ⊙계급적, 서열 중심의 사고

한 번의 승부는 '아이들만 공부하는 사회'를 만들 수가 있다. 아이들의 공부 경쟁이 치열하다. 하지만 성인 사회의 경쟁도 치열하다. 어른들의 경쟁은 기술과 지식 등 실력 기반의 경쟁이 아닐 수도 있다. 권력과 담합 등을 이용하여 우월적 혜택을 누리려는 경쟁일 수가 있다. 문제를 해결하는 기술이나 역량이 아닌 서열이나 권력에 따라 급여나 이익이 결정되기도 한다.

삼각의 틀 배경에는 한국의 전통적인 계급적, 서열 중심의 사고가 있다고 볼 수 있다. 공정하게 경쟁하는 것에 익숙지 않은 사고와 문화이다. 그래서 청소년 시절부터 줄을 세운다. 대등한 입장에서 상호 관계를 맺는 것에 익숙하지 않다. 사람을 만나면 먼저 위, 아래를 정하려고 한다. 상하 관계로 정해진 질서를 선호한다. 사람의 역량과 일의 성과를 공정하게 평가하고 보상하는 것에 익숙지 않다.

사람의 역량과 일에 대한 평가를 껄끄러워하는 경향도 있다. '좋은 게 좋다'고 한다. 불공정한 담합을 위해 '의리'가 내세워지기도 한다. 결과적으로 이러한 현상들은 '기여한 만큼 보상하는 원리'를 훼손한다. 지식기반의 역량은 문제를 해결하는 역량이다. 지식역량은 역량과 성과가 중요하게 평가되는 환경에서 쉽게 개발되고 창조될 수가 있다.

## ⊙틀의 변화 필요

삼각의 틀은 한국인에게 익숙한 삶의 기반이다. 그래서 큰 문제가 있다는 사실을 인식하지 못할 수도 있다. 이 틀은 한국인의 지식역량을 충분히 개발하고 활용하는 데 부정적 영향을 미치는 요소들을 포함하고 있다. 특히 새로운 기술 등의 역량 개발과 지식창조를 억압한다는 점에서 문제가 된다. 과감하면서도 근본적인 변화가 필요한 틀이다. 물론, 이미 고착된 틀의 변화는 쉽지 않다. 여러 요소가 구조적으로 맞물려 있기 때문이다. 다수가 그것에 익숙하여 편하게 느낄 수도 있다. 변화는 그것에 익숙한 사람들에게 충격을 줄 것이다. 그렇더라도 때로는 익숙한 것과 결별할 필요가 있다. 개인과 국가에 미치는 영향이 크고 부정적이기 때문이다. 개인의 행복과 국가의 번영에 지속적인 장애가 될 수도 있다. 가능한 한 빨리 이러한 구조에서 벗어나는 것이 바람직할 것이다.

이 틀의 근저에는 한국 사회의 계급적 사고, 평가 기피와 경쟁 회피의 현상이 있다. 삼각의 틀을 형성하는 전통적, 문화적 배경이다. 조선과 일제를 지나며 형성된 전통과 제도의 산물이다. 민주주의와 시장경제의 시대에도 삶과 경제를 규율하는 틀에는 옛것의 자취가 남아있다. 이제 그 요소의 문제들을 살펴보면서 변화와 혁신의 방향을 생각해 볼 것이다.

이하에서 한국인 지식역량 개발의 구조적 기반이 되는 다음 요소들을 살펴본다. 한 번의 승부, 평가와 보상의 문제, 계급적 위계와 연공서열, 불공정한 경쟁, 경제의 이중구조와 지식역량 개발이 그것이다.

## 2. 한 번의 승부

수능 시험일에는 신문과 방송에 관련 뉴스가 넘치고 왁자지껄하다. 격려와 축원이 쇄도한다. 수험생들은 기대와 긴장 속에서 전쟁 같은 시험을 치른다. 10대 후반 한 번의 시험이 백 년의 삶을 결정하기 때문이다. 하지만 대학에 가지 않거나 고졸 출신의 청년 직장인들은 외롭다. 변방에 사는 것이다. 이른 나이에 청소년들을 하나의 잣대로 줄 세운다. 어느 대학에 입학하는가를 놓고 치열하게 경쟁한다. 서열화된 학벌은 평생에 영향을 미친다. 사람들은 좋은 직장에 가고 성공적인 삶을 위해 상위권 대학에 갈 필요가 있다고 생각한다. 하지만 그러한 대학에 입학하는 청년은 전체의 10%가 안 된다.

한국인에게 입시는 평생에 걸친 한판의 승부이다. 온 가족과 사회가 그 경쟁에 휩쓸려 있다. 마음껏 놀 어린 나이 때부터 입시를 위한 교육을 시작한다. 바람직하지 않다고 여기는 사람들이 많지만 한판의 승부는 계속된다. 한판의 승부에 다수 부모의 기대가 모인다. 하지만 다수의 패자를 낳는 게임이 될 수가 있다. 자식의 출세와 가문의 영광을 바라는 어른들의 욕구가 그 뒤에 있다.

그 승부에는 교육과 출세의 욕구가 버무려져 있다. 과다한 비용과 시간이 그것에 투입된다. 아이들은 일찍부터 입시를 위한 공부에 내몰린다. 삶에 필요한 인성과 역량 교육은 뒷전이다. 온 가족이 힘을 쏟는 입시이지만 정작 대학에서의 공부에 대해서는 별 관심이 없다. 대학에서 무엇을 배우는가보다 어느 대학을 나왔느냐를 훨씬 중요하게 여긴다. '어느 대학을 나왔는가?'로 사람을 평가한다. 고등학교 성적, 수능점수 순으로 서열화된 대학에 가는 것이 한국 교육의 기반이다. 고등학교는 인성이나 삶에 필요한 지식을 가르치기보다는 명문대 진학 경쟁에 몰두한다. 대학 서열은 그 학문 수준이나 교육 내용에서 오는 것이 아니다. 사회가 만든 것이다. 젊은이들을 줄 세우려고 기성세대가 만든 것일 뿐이다.

한 보고서는 취업에 미치는 학력의 효과를 연구하였다.[47] 260개 공공기관에서 학력 등을 가린 채 직무능력 중심으로 인재를 선발하였다. 그 결과, 이른바 SKY 대학 출신 신입사원의 비중이 15.3%에서 10.5%로 감소하였다. 또한 비수도권 대학 출신이 38.5%에서 43.2%로 증가하였다. 대학 서열과 졸업생의 능력이 비례하지 않는다는 사실은 여러 연구를 통해 증명되고 있다. 한국직업능력개발원은 2017년 명문대 출신의 업무 성과에 관한 연구 보고서를 냈다. 그에 따르면 명문대 출신이라도 업무 성과가 좋은 직원부터 나쁜 직원까지 다양한 분포를 보였다. 명문대 출신이 아니지만 높은 업무 성과를 보이는 많은 직원들이 있었다.

한 변호사는 "좋은 대학을 나왔다는 건 학창 시절 특정 교과목 성적이 우수하다는 것이지, 그 사람의 의사소통 능력과 성실성, 창의성 등을 설명해주지는 못한다."며 "출신학교를 근거로 다른 이유 없이 차별하는 일은 없어져야 한다."고 강조했다.[48] 사실 삶에서 고등학교만 졸업했는지, 대학 졸업장이 있는지가 그렇게 중요하지는 않다. 명문대 출신인지, 아닌지도 마찬가지이다. 하지만 많은 이들이 "학벌을 극복하기 쉽지 않다."고 말한다. 대학에 입학하고 졸업하는 것은 마치 한 고속도로에 진입하여 그 톨게이트를 나오는 것과 같다. 어느 고속도로로 진입했는지가 중요하다. 고속도로에서 어떻게 운전하고 무엇을 했는지는 중요하지 않다. 입시가 한 번의 승부가 되는 이유이다.

## ⊙피해자를 양산하는 입시

교육열은 한국을 상징한다. 맹목적으로 '대학에 가야 한다'고 여기는 경향이 있다. 한국인들은 자녀들의 부귀영화를 위해 고된 노동도 마다하지 않는다. 자녀교육은 '계급을 위한 전쟁'이다. 교육열이 그 전쟁의 동인이다. 문제는 이 전쟁이 승자보다 훨씬 많은 피해자를 양산한다는 점이다. 한 부모는 "아이가 영어와 수학을 잘하지 못하면 다른 것을 아무리 잘해도 걱정이 된다. 아이가 '학교에 왜 가는지 모르겠다.'고 말할 때마다 안타깝기만 하다."고 하였다.

학자금 대출 등으로 졸업과 동시에 부채 인생을 시작하는 많은 청년이 있다. 대학 교육열에서 가장 심각한 피해를 보는 유형이다. 고학력이 필요 없는 일에 종사하는 고학력 소유자, 자녀교육에 삶을 희생하는 부모, 막대한 교육 예산을 지출하면서 충분한 효과를 거두지 못하는 국가와 국민 모두가 피해자이다.

입시는 학벌로 가는 관문이다. 거의 모든 젊은이가 이 승부에 휘둘린다. 인간의 삶을 서열적인 것으로 보고, 삶의 경로를 단선적인 것으로 여긴다. 그러한 인식이 다수를 희생자가 되게 한다. 일과 직업에 귀천이 있다고 여긴다. 사실 삶의 귀천은 직업의 외형에 의해 재단될 성질의 것은 아니다. 각 개인이 주관적으로 느끼고 평가할 문제이다. 주관적인 느낌의 행복감, 존재의 의미, 세상에 기여한 정도 등이 훨씬 더 중요하다. 문제는 학력과 학벌이 그러한 것들을 압도하고 있다는 것이다. 관련 제도와 의식을 되돌아볼 필요가 있다.

## ⊙ 획일적 평가의 문제

입시는 젊은이들의 다양한 역량 개발을 억압하면서 그들을 획일적인 잣대로 평가한다. 수능과 학교생활기록부 성적이 중요하다. 주로 선다형 시험을 통해 읽기 중심의 명시지, 명제지 역량을 평가한다. 수리를 포함한 문자의 읽기와 해석 등 제한된 역량 평가에 그치고 있다. 문자 지식 중심의 시험성적을 기준으로 모든 청소년을 줄 세운다. 개성과 역량, 소질과 다양성을 무시한 채 하나의 잣대만으로 승패를 결정짓는다. 글을 잘 읽는 사람이 있다면 타인의 심리를 잘 파악하는 사람도 있다. 여럿과 어울려 일을 잘하는 사람이 있고 혼자 조용히 창작하는 일을 잘하는 사람도 있다. 머리를 잘 쓰는 사람이 있으면 몸을 잘 쓰는 사람도 있다.

말과 대화, 글쓰기, 방법지와 암묵지, 소통과 협업, 창의력과 실행력, 리더십과 인성 등의 역량은 거의 평가하지 못한다. 개인의 삶과 직업 생활에는 이러한 다양한 역량이 골고루 필요하다. 개인별 소질과 성향에 따라 한두 역량에서 특히 뛰어날 수도 있다. 어떤 훈련을 받고 경험하는가에 따라 해당 역량이 크게 개발될 것이다.

# ⊙입시 공정성과 비리

입시 방식에 대한 논의가 무성하다. 어떤 평가 방식이 더 공정한 것인가에 관한 관심도 많다. 그런데 공정성 논의로 '한 번의 승부'가 되어 버린 입시의 근본 문제를 풀기는 어렵다. 어떤 방식이든 시험 점수라는 획일적 기준으로 수험생을 줄 세우는 문제를 해결할 수는 없다. 수능이나 학교생활기록부나 모두 수험생을 서열화된 대학 앞에 줄 세운다는 점에서는 차이가 없다.

물론 공정한 입시 제도는 중요하다. 더불어 한 번의 승부가 된 입시의 근본적인 문제를 해결하여야 한다. 공정한 기준으로 평가한다는 형식적 공정성에만 매달려서는 안 될 것이다. 입시를 통해 특권과 서열을 점유하는 현실 자체가 이미 불공정한 현상이다. 청소년의 대부분은 재정적, 심리적으로 부모에게 크게 의존한다. 가정 상황에 따라 공부 여건에 차이가 날 수밖에 없다. 생계 문제가 여의치 않다면 시험공부에 전념하기 어려울 것이다. 이러한 점을 간과한 채 시험 점수에 과도한 혜택이 따르는 것은 문제이다.

부모의 영향으로 출발선이 달라진다면 기회 균등한 사회가 아니다. 상위권 대학에 중·상류층의 자녀가 많다고 한다. 이미 기울어진 운동장에서의 입시이다. 입시의 결과는 평생에 영향을 준다. 민주주의를 가장한 계급사회의 모습일 뿐이다. 입시가 한 번의 승부가 되어서는 안 되는 가장 중요한 이유이다.

삶이 마라톤이라면 입시는 백 미터 달리기이다. 백 세의 마라톤에서는 수백 번 백 미터 달리기를 할 수도 있으며 쉬어갈 때도 있을 것이다. 이른 나이 한 번의 달리기로 삶의 긴 마라톤을 미리 재단해서는 안 된다. 제도의 모순 때문에 삶이 왜곡되어서는 안 될 것이다.

『조선왕조실록』「숙종 편」에 나오는 이야기이다.

> 성균관 앞 반촌의 한 아낙이 나물을 캐다가 땅에 묻힌 노끈을 발견하였
> 다. 줄을 잡아당겼더니 대나무 통이 나왔다. 그것은 땅속을 통해 과거시험이
> 열리는 성균관 반수당으로 연결되어 있었다. 누군가 대나무 통을 매설하고,
> 통 속에 노끈을 넣은 것이다. 이를 이용해 시험 문제를 과장 밖으로 유출하
> 여 대신 작성한 후 다시 보내는 것이었다. 왕은 대로했지만 결국은 잡지 못하
> 였다.

개화기에는 신식학교에서의 부정행위가 심하였고 시험망국론까지
나왔다. 지금도 다양한 시험에서 부정 파문은 계속되고 있다. 한
번 시험으로 모든 것이 결정되는 시스템이 있는 한 계속될 가능성
이 있다.

어릴 때부터 사교육과 줄 세우기 시험공부로 아이들은 바쁘다. 쉬
고 놀 시간이 없다. 자기소개서도 허위로 작성하며 대필도 시킨다.
아이와 부모가 같이 거짓을 만들고 범죄에도 동참하는 격이다. 한
번의 시험으로 보상 등 너무 많은 것을 결정하는 제도가 문제이다.

사회에 얼마만큼 기여하였는지를 기준으로 보상할 필요가 있다.
학벌, 자격증 등으로 직업과 신분, 보상이 결정되는 것은 바람직하지
않다. 마라톤의 삶에서 백 미터 달리기 한 번으로 승부가 결정되는
것은 곤란한 일이다. 세상에 기여한 만큼 보상이 주어지는 제도를
개발하고 운영하여야 한다. 어린 나이에 자리를 선점하려는 경쟁은
최소화되어야 한다. 자격이나 자리 자체가 사람 평가와 보상의 기준
이 되는 현상은 바람직하지 않다. 평생 일하면서 성과를 산출하고

사회에 기여한다. 공정하면서도 국가경쟁력을 증진하는 방향의 평가와 보상체계가 필요하다. '한 번의 승부' 현상을 사라지게 할 수 있어야 한다.

# 3. 평가와 보상의 문제

## ◉제조업과 일자리의 위기

몇 년 전까지 금상을 휩쓸던 기능올림픽에서 한국은 세계 3위를 했다. 우리 사회가 기능인을 제대로 대접하지 않은 결과이다.[49] 경기도 안산에서 사업을 하는 배명직 명장은 "기능인을 존중하고 대우해 주는 문화가 필요하다. 한국의 도금 산업은 대가 끊어질 위기에 처해 있다. 30~40년 전에도 도금과 같은 3D업종[4]은 기피 대상이었다. 하지만 열심히 일하면 성공할 수 있다고 믿었기 때문에 사람들은 도전할 수 있었다. 지금 기능인을 천대하는 문화는 여전하고, 이에 실망한 젊은 인재들은 더 이상 도전하지 않는다."고 말한다.

숙련공의 고령화가 심한 한국의 뿌리산업[5]은 위기에 처해 있다. 인력난으로 새로운 인력을 충원하기 어렵다. 그는 "기능올림픽에 참가해도 국내 언론에선 잘 보도하지 않는다. 젊은 세대는 아예 이런 대회를 잘 모르고 있다. 기술은 갈고 닦을수록 숙련도가 높아져 평생 자산이 될 수 있다. 실업계 고교 학생들과 학부모, 교사들에게 기술

---

4) 더럽고(Dirty), 힘들고(Difficult), 위험한(Dangerous) 직업의 머리글자로 한국에서는 1980년대 이후 소득 수준 및 생활 수준이 향상됨에 따라 근로자들이 일하기를 꺼리는 업종을 지칭한다.

5) 주조, 금형, 소성가공, 용접, 표면처리, 열처리 등의 공정기술을 이용하여 사업을 영위하는 업종을 말하며 모든 제조업의 근간이라고 불린다. 뿌리산업 기술들은 소재를 이용해 완제품으로 생산하는 과정에서 두루 쓰여 제품 경쟁력을 좌우하는 주요 요인의 하나로 인식되고 있다. ("뿌리산업(Ppuri Industry)", 두산백과, 『네이버 지식백과』.)

현장의 모습과 가치에 대한 인식을 개선하는 교육이 필요하다. 산업 현장에 청년들이 오지 않아 인력난이 심각하다. 하지만 도금 분야에 열정이 있고 창업을 꿈꾸는 인재에게는 반대로 '블루오션'이 될 수도 있다."고 했다. 무엇에 가치를 두는지가 중요하다. 모두에게 중요한 가치를 산출하는 일을 인정하고 충분히 보상할 필요가 있다.

공장과 현장에는 힘들지만 중요한 일들이 많다. 그 일의 가치를 존중하고 충분히 보상함으로써 관련 기술과 산업을 발전시킬 필요가 있다. 하지만 학력, 필기시험 성적을 우대하고 사무직이 선호되면서 제조업 현장의 기술인력은 줄어들고 있다. 제조업과 건설업 현장에는 사람이 부족하다. 고학력 실업자는 많다. 학력 중심으로 사람을 평가하고 보상했기 때문이다. 이러한 여건이 지속되는 한 학교와 일자리 현장 간 역량의 미스매치 현상도 여전할 것이다.


## ⊙ 평가와 보상의 중요성


사람들의 사고와 행동은 어떻게 평가되고 보상받느냐에 따라 크게 달라진다. 금전적 이익이나 사회적 지위가 중요하다면 그 획득을 위해 노력할 것이다. 일의 성과에 따라 보상이 결정된다면 높은 성과를 얻는 데 집중할 것이다. 문제 해결 역량이 중요하다면 사람들은 그 역량 획득에 노력을 기울일 것이다. 한 번의 달리기가 많은 것을 결정한다면 그 승부에 많은 준비를 한다. 기업과 공공기관, 사회가 무엇으로 사람을 평가하느냐에 따라 사람들은 그에 맞는 역량을 개발하게 될 것이다. 인성과 역량을 중요하게 평가한다면 그에 적합한 인재들이 길러질 것이다.

시장경제에서는 시장에서의 경쟁이 중요하다. 좋은 품질의 제품이나 값싸게 서비스를 제공하는 자가 승리한다. 그러한 성과에 필요한 기술과 노하우 등의 역량을 갖추는 것이 중요하다. 권력이나 돈보다 기술과 지식, 실력과 성과로 평가받는 경제일 필요가 있다. '공정한 경쟁이 보장되는 시장'의 존재가 중요하다. 반칙과 불법, 부당하게 시장진입을 막는 행위가 없어야 한다. 불공정한 경쟁이 지식역량 개발과 경제의 발전을 저해할 것이기 때문이다.

아이들을 일찌감치 줄 세우는 교육은 평생에 걸친 공정한 경쟁을 제한하는 면이 있다. 공정한 경쟁은 같은 선에서 출발하는 것으로 시작한다. 그런데 입시나 면허시험에서의 합격 여부는 출발선을 달리하는 수단이 되기도 한다. 국가라는 공동체의 중요한 자리를 선점하는 경쟁이기도 하다. 의사, 변호사, 법관, 고급 공무원, 주요 공공기관 임직원 등의 자리가 그 대상이다. 학교 교육이 삶의 초반에 좋은 자리를 선점하는 구조와 연결되어 있다.

이는 성과보다 자리로 사람을 평가하는 정서와도 관계가 있다. 자격증이나 자리 자체로 사람을 평가하고 보상하는 것이다. 사실 '어떠한 자리에 있느냐'보다 '어떠한 성과를 내었는지'가 훨씬 중요하다. 하지만 자격이나 자리 등 형식이 행세를 하는 문화에서는 성과 정도는 덜 중요하게 될 수가 있다. 특히 시험을 통해 아이들을 줄 세우려면 그 결과에 매력적인 보상이 뒤따를 필요가 있다. 금전적 보상이나 사회적 지위를 보장하는 자격을 부여하는 것이다.

신분 사회에서는 신분의 획득이 중요하다. 마찬가지로 어느 직장,

어느 자리에 있느냐가 역량이나 성과보다 보상의 중요한 기준이 되는 경우들이 있다. 사람들은 어느 기관, 어떤 자리에 있을 것인가에 관심을 가질 것이다. 하지만 민주주의, 시장경제에서는 역량과 성과가 중요하다. 시장에서 경쟁하면서 역량과 성과에 따르는 삶이 보편적이면서도 공정한 모습이다. '자리'에 기반한 삶과 '시장 성과'에 기반하는 삶이 혼재되어 있다. 신분적 요소가 강한 사회일수록 경제와 사회의 발전은 더딜 것이다. 모든 분야에서 보다 공정하게 실력으로 경쟁할 수 있어야 한다. 창의적인 도전과 다양성이 증가하고 경제와 사회는 더 발전하게 될 것이다.

## ⊙ 역량과 성과에 따른 보상

어떻게 사람을 평가하고 보상할 것인가의 문제는 인류사회가 직면해온 주요 과제였다. 평가와 보상 방식에 따라 사람들의 삶과 사회의 정치·경제적 구조가 결정되었다. 무사, 양반 등의 계급이 세습되던 시대에는 사회적 신분이 지위와 보상을 결정하였다. 민주주의 사회에서는 개인의 역량과 성과에 따라 보상이 결정되기를 기대한다. 하지만 그것은 꿈일 때가 많다. 현실에서 구현되려면 여러 가지가 필요하다. 법, 제도와 더불어 적절한 사회문화적 기반이 준비되어야 하는 것이다.

여럿이 모여 일하는 조직에서 구성원 각자에게 분배할 몫은 어떻게 정할까? 각자가 전체 성과에 어느 정도 공헌하였는지 판단하는 일은 간단치 않다. 물론 성과 자체를 측정하는 것도 쉽지 않을 수 있다. 평등하게 나눌 것인지, 기여한 정도에 따라 차등할 것인지 등의 논쟁이 있다.

연공서열제가 있다. 담당하는 일을 평가하여 보상하는 방식도 있다. 직무급은 직무에 필요한 역량을 정의하고 그 가치를 평가하여 급여를 결정한다. 일하는 데 어떤 학습과 경력이 필요한지, 얼마나 어려운 일인지, 일에 대한 책임은 어느 정도인지 등을 평가하여 직무의 가치를 정한다. 성과와 역량에 따라 보상하는 것은 매우 중요하고 바람직하다. 하지만 그것이 간단한 일은 아니다. 그러한 노력을 하는 것 자체가 중요하다. '일한 만큼 보상한다'는 원칙 실현을 위해 노력하는 것 자체가 훌륭한 일이다.

## ⊙ 역량 평가와 자격증

어떤 일에는 특정한 자격과 역량이 필요하다. 이때 해당 자격증은 특정 역량의 소유를 증명하는 것이 될 수가 있다. 많은 자격증이 교육 수강이나 시험 합격에 따라 발급되고 있다. 업무에 필요한 실질적인 역량을 검증하여 자격증을 부여하는 경우는 많지 않다. 오히려 자격 획득 후 현장에서 일을 통해 비로소 필요한 역량을 획득하는 경우가 많다.

졸업장이나 자격 획득에 적지 않은 비용과 시간이 소요될 수가 있다. 그럴수록 자격 자체에 과도한 보상이나 특권 등을 부여하는 데 신중하여야 한다. 그러한 제도가 부의 격차를 유지하거나 확대하는 결과가 될 수 있기 때문이다. 비용과 시간의 부족으로 자격 획득 기회 자체를 갖지 못할 수가 있다. 그들에게 너무 불리한 제도가 되어서는 안 되는 것이다. 기회균등의 원리를 위배할 가능성이 있다.

교육과 학력, 각종 자격증, R&D 등을 위한 지출은 일종의 투자이다. 필요한 역량 획득이나 새로운 기술 확보 등의 결과로 나타날 필요가 있다. 일과 삶에 필요한 실제적 지식과 역량을 획득할 수 있어야 한다. 하지만 실제적 지식과 역량은 현장 경험에서 오는 경우가 많다. 즉 자격 획득과정의 공부에는 현장에서의 실습 등을 최대한 포함할 필요가 있다. 도전과 시행착오를 통해 실제적인 지식과 역량을 연마할 수 있다면 좋을 것이다.

가장 경계할 일은 단순히 비용을 지출한 것으로 자격을 부여하는 일이다. 이때의 자격증은 단순히 영수증일 수가 있다. 그러한 자격증을 요구하는 것은 실제로 해당 지출을 했는지 검증하는 것이 될 것이다. 자격증이나 면허는 무엇을 할 수 있는 역량을 지녔음을 의미할 필요가 있다. 졸업증, 자격증, 면허증, 생활기록부 등은 비용 투입(input)의 증명이 아니라 무언가를 할(output) 수 있는 역량을 의미하여야 한다. 비용을 투입하면 '증'이 나오는 경우는 최소화되어야 한다. 지식이나 역량을 개발하는 과정이 될 필요가 있다. 자격에 대한 신뢰는 낮아지고 비용은 낭비되는 결과가 되어서는 안 될 것이다.

무엇으로 사업 면허를 부여하는가? 실제로 필요한 자격이나 역량을 지녔는지 어떻게 평가하는가? 관청은 보통 사업자가 필요한 역량을 실제로 지녔는지 직접 평가하지 않는다. 필요한 자격증이나 증명서 등의 보유를 확인하는 것으로 가름할 때가 많다. 이러한 관행이 문제를 만든다. 건설업 등 여러 분야에 자격증 대여의 관행이 있다. 그 보유자는 자격증 대여로 불법적 이익을 얻는다. 사업자는 빌린 자격증으로 허가를 받고 사업을 한다.

자격증 시험 왕국이 되는 배경이다. 시험을 위한 각종 비즈니스가 발달하였다. 수출할 수 없는, 국가경쟁력 없는 사업[6]들이다. 19세기 중반 미국은 금을 좇아 떠나는 골드러시의 시대였다. 샌프란시스코 등 도시에 사람들이 몰렸다. 사람들은 금으로 부자가 되기를 꿈꿨다. 하지만 금으로 부자가 된 사람은 소수에 불과하였다. 와중에 리바이스 스트라우스는 청바지 작업복을 팔아 부자가 되었다. 한국에도 각종의 학교와 대학, 각종 학원, 사교육 등의 비즈니스가 성행한다.

## ⊙자격 중심 역량 평가의 문제

자격증이나 생활기록부 등 서면만으로 사람을 평가하는 것으로부터 여러 문제가 시작된다. 사람 역량을 너무 형식적이고 편의적으로 평가한다. 방법지, 암묵지, 창의력, 리더십, 협업과 소통역량, 사회성과 도덕성 등의 역량을 제대로 평가하지 않는다. 자격증은 과거의 역량을 평가한 기록이다. 앞으로 필요한 역량을 보증하는 것이 아니다. 과도하게 서면에 의존하는 사람 평가 방식의 부작용은 크다. 성적 조작과 저자 끼워 넣기, 시험지 유출 등의 시험 부정, 문서 위조,

---

6)  해외에는 해당 사업이 없다. 또한 국가 자원을 낭비한다는 의미에서 경쟁력 없는 사업이라 할 수 있다.

자격증 대여 등의 범죄가 범람한다. 정부와 각종 기관이 미필적 고의로서 거짓을 용인하고 있다.

공장은 작은 기계 하나를 살 때도 여러 곳에서 견적을 받고, 시운전도 해본다. 성능과 품질, 가격을 비교하여 검토하고 평가한다. 몇 년을 가르칠 학생, 몇십 년을 같이 일할 사람을 단순히 학력이나 자격증에 근거하여 평가하고 선택한다. 편의적이고 무책임한 결과가 될 수 있다. 자격증 등은 역량을 평가할 수 있는 하나의 증거일 뿐이다. 평가에 필요한 모든 역량을 보여주는 것은 아니다.

역량 평가에 있어 자격증 등은 유용한 참고 자료이지만 직무역량의 모든 것을 보여주지는 못한다. 해당 분야에 필요한 지식 등의 일부를 판정한 것일 뿐이다. 필요역량의 전반을 평가한 것이 아니다. 그럼에도 졸업증, 자격증을 확인하는 것으로 평가에 갈음할 때가 많다. 사람 평가를 문서에 미루는 것이다. 평가해야 할 의무를 기피하고 평가 책임을 서면에 전가하는 것이 될 수 있다. 자격증 등을 발행한 자에게 그 책임을 전가하려고 한다. 해당 문서의 내용을 허위로 기재했다면 그것은 문서 발행자의 책임이다. 하지만 그 문서를 참고로 사람을 평가하는 자도 그 내용의 진위를 확인할 책임이 있다. 평가자의 책임을 다하여야 한다.


## ⊙ 평가 공정성과 평가 기피


사람 역량에 대한 평가가 형식화되어 있다. 특히 입시나 공공기관 입사 시험에서 그러한 현상을 볼 수 있다. 사람 역량을 주체적인 관점보다 형식적 객관성 중심으로 평가하는 것이다. 외부에서 '공정하다'는 평가를 받는 것에 중점을 둔다. 그러다 보니 적합한 인재를 선발하려는 본래의 목적은 뒤로 밀린다. 자율적으로 사람을 평가하고 결정할 이들의 고유 권한이 위축되어 있다. 관련 기준을 만들고 시행하는 권한이 과도하게 중앙 정부에 집중된 경우가 많다. 권한을 위임했을 때의 문제 때문일 것이다. 그렇다고 현재의 방식이 충분히 공정하다고 보기는 어렵다. 입시와 입사 등에서의 부정과 비리가 계속 발견되고 있는 것이다. 일선 기관의 권한과 책임만을 왜소하게 한 것이 아닌지 검토가 필요하다.

평가 공정성과 더불어 평가자의 평가 책임을 다시 생각해 볼 필요가 있다. 현대사회에서 일에 필요한 사람의 역량과 일의 성과를 평가하는 일은 중요하다. 일의 사이클은 대개 계획(plan)-실행(do)-평가와 점검(check)-개선과 조정(act)의 단계를 밟으면서 순환한다. 일을 계획하고 실행한 후 결과를 평가하고 점검한다. 그것을 토대로 부족한 부분을 개선하고 조정하여 다음 일을 계획한다. 즉 일에 필요한 역량을 평가하고 점검하는 것은 일상적인 일이다. 평가와 점검을 통해 일의 개선이 가능하고 더 나은 성과로 연결될 것이다. 역량을 평가하고 점검하는 것도 같은 맥락이다. 사람의 역량도 평가와 점검을 통해 더 향상될 수가 있다.

사람 역량을 평가하는 일에 소홀한 것은 문제이다. 평가의 공정성 확보를 위해 시험점수 등의 지표에 과도하게 의존한다. 일에 필요한 실질적인 역량보다 자격증이나 근속기간 등의 기준으로 사람을 평가한다. 인사 평가의 의무나 권리를 기피하고 포기하고 있다. 사람을 평가하는 것은 필요한 역량을 갖춘 적합한 인물을 선정하기 위함이다. 대학이나 기업 등은 기관의 목적 실현에 필요한 인재를 구한다. 해당 기관은 목적에 따라 주체적으로 입학생 또는 입사자를 선정하는 것이 마땅하다. 그에 필요한 충분한 권한을 행사하고 책임질 필요가 있다. 평가자가 더 주체적으로 사람을 평가하고 책임질 때 사회도 더 발전할 수 있을 것이다.

## ◉보상 격차의 문제

한국의 평균적인 노동생산성은 OECD 국가 평균에 못 미치는 것으로 측정되고 있다. 특히 내부적으로는 수출과 내수, 제조업과 서비스업 부문 간의 격차가 크다. 특히 중소기업이 몰려있는 서비스 부문의 생산성은 제조업의 절반 수준이다. 대기업이나 공공부문과 비교할 때 서비스 부문 가격이 낮은 것이다. 반면 OECD 국가들의 서비스 부문 생산성은 제조업의 92% 수준에 이른다.

또한 한국은 주요 국가에 비해 대-중소기업 간, 공공-민간 간, 정규직과 비정규직 근로자 간 소득 격차가 상대적으로 크다. 정규직 급여를 100으로 할 때 비정규직은 65.5 수준이었다. 직장 유형별 급여 수준은 공공기관을 100이라 할 때 대기업 93, 공무원 80, 중소기업 48이었다.[50] 대기업이나 공공부문 근로자는 대부분 자동화되고 양호한 작업 여건에서 일한다. 이에 비하여 중소기업이나 하청 기업 근로자는 훨씬 열악한 여건에서 고되게 일하는 경우가 많다.

공공부문일수록, 규모가 큰 기업일수록 연공서열형 보상체계가 유지되고 있다. 면허와 담합에 따른 렌트 획득, 시장에서의 독과점적 지위 등은 고소득의 배경이다. 대기업집단 계열사 중에는 내부거래 혜택으로 시장에서 우월적인 지위에 있는 경우가 많다. 또한 대기업이나 공공부문 노조들은 임금협상에서 강한 교섭력을 발휘한다. 한국의 임금 격차는 이러한 배경에 의한 것이다.

흔히 '임금은 생산성[7]에 비례한다'고 한다. 대기업과 중소기업 간에는 자본력, 기술의 차이 등이 존재한다. 하지만 생산성을 결정하는 인당 매출이나 이익에는 독점적 지위 여부가 큰 영향을 미칠 것이다. 보통 대기업은 기계, 로봇 등 자동화 설비 투자로 중소기업에 비해 근로자 1인당 생산액도 높다. 근로자 1인당 수익은 기업이 매출을 얼마나 올리느냐에 달려 있다. 매출 단가가 높을수록 생산성도 높다. 독과점과 담합 등에 의한 매출 단가는 경쟁 시장의 경우에 비해 더 높다. 비싸게 팔 수 있는 것이다. 그들은 높은 이익이 발생하는 시장을 먼저 가져간다. 1인당 매출이나 1인당 이익, 즉 생산성이 높다.

하지만 이러한 기업에 부품이나 중간재를 납품하는 기업들은 높은 가격을 받기 어렵다. 종속적 입장에서 거래하는 경우가 많기 때문이다. 규모가 작은 시장에서 다수가 가격경쟁을 한다. 넉넉하게 임금을 지급할 여력이 없다. 독과점, 담합, 내부거래 등의 혜택을 누리지 못하는 기업들은 충분한 이익 획득이 쉽지 않다. 종사자들의 임금은 그 한계 내에서 지급된다. 노동조합 조직률도 낮다. OECD 국

---

7) 보통 투입 대비 산출의 비율로 측정한다. 노동생산성은 인당 매출액, 인당 이익 등으로 측정한다.

가와 비교할 때 한국의 대·중소기업 간 임금 격차가 유독 큰 것은 이 같은 배경 때문이다. 겉으로 드러나는 생산성 차이에 따른 임금 격차가 항상 정당하고 공정하다고 볼 수는 없다.

　공공부문과 대기업 등 담합구조에 속한 집단이 기타 집단의 희생 위에 렌트를 가져간다. 같은 일을 해도 비정규직 근로자의 임금은 적다. 일의 난이도나 가치보다 어느 곳에 속하는지에 따라 급여 수준이 결정되기도 한다. 공공부문은 국가 재정으로 운영되며 치열한 시장경쟁을 겪지 않는다. 대기업은 대개 독과점적 위치에서 높은 수준의 급여를 지급할 재정적 여력을 지닌다.

　이에 비해 중소기업이나 자영업은 시장에서 가격으로 경쟁하는 경우가 많다. 낮은 이익률에서는 높은 임금을 지급할 여력을 창출하고 축적하기가 쉽지 않다. 또한 대기업이나 공공부문에는 노조가 있다. 임금 투쟁 등에서 강한 교섭력을 행사한다. 보상 격차는 청년 실업 주요 원인의 하나이다. 기술이나 노하우 등 역량과 무관한 보상 격차는 지식역량 개발을 위축시킬 수 있다는 점에서 중요한 문제이다.

　필요한 역량을 개발하고 유지하는 것은 일단 개인의 영역이다. 하지만 국가는 바람직한 보상체계 등의 여건 조성으로 그것을 지원할 필요가 있다. 국가가 담당해야 할 가장 중요한 과업의 하나일 것이다. 공공부문의 역할이 중요하다. 공공부문의 평가 및 보상체계는 하나의 모델로서 다른 영역에 영향을 미칠 것이다. 역량과 성과에 따른 합리적 보상체계를 만들고 운영함으로써 선도적인 역할을 할 수가 있다.

# 4. 계급적 위계와 연공서열

2017년 전문무용수 실태에 관한 조사가 있었다. 민간단체 소속 무용수와 독립 무용수들은 30대 후반의 은퇴가 가장 많았다. 이에 비하여 국공립 무용 단체에서는 60대가 32.5%로 가장 많았다. 서울시 무용단은 전체 34명 중 50대가 6명, 40대가 12명으로 평균 연령은 41세였다. 국립무용단은 50명 중 50대 3명, 40대 23명에 평균 연령은 39세였다. 서울예술단도 무용단원 17명 중 50대 2명, 40대 8명에 평균 연령은 40.7세였다. 상식적으로 춤을 가장 잘 출 법한 20대는 1~3명밖에 되지 않았다.[51]

국내 국공립 예술단체는 대부분 공무원 조직에 준하는 인사 규정에 따라 전속 단원제를 운영한다. 이러한 현상에 대해 조남규 한국무용협회 이사장은 "매년 엄격한 오디션을 실시해 기량이 최고일 때 높은 연봉을 받게 해야 한다. 나이 들수록 돈을 많이 받는 연공서열 구조에선 고령화될 수밖에 없다. 평가를 거부하고 철밥통만 유지하겠다는 건 예술이 아니다."라고 하였다. 한정호 공연평론가는 "공연이 망해도 국공립이기에 별다른 불이익은 없다. 공공성을 이유로 시장경쟁을 벗어난 특권을 누리고 있다."고 말했다. 안호상 홍익대 공연예술대학원장은 "국공립단체의 단원은 국가를 대표할 만한 기량으로 혁신해야 한다."며 "예술가의 정년 법제화는 운동선수가 국가대표를 평생 하는 것과 같다. 정부가 직업의 특수성을 무시하고 획일화한 것"이라고 지적하였다.

해외의 유명 무용단은 대부분 전속 단원제가 아닌 시즌 계약제로 운영하는 것으로 알려져 있다. 무용수들은 대부분 40세에 전후에 직업 전환을 한다. 직업별 노조가 발달해 있고 필요한 지원을 한다. 국가도 다양한 경력개발 프로그램 등으로 이들을 지원하려고 노력한다.

한국 조직의 급여체계는 대부분 호봉제라 불리는 연공서열제 중심이다. 정부와 공공기관 대부분은 연공서열적 인사체계를 운영하고 있다. 산업계에는 성과급, 능력급 등의 보상체계가 보다 폭넓게 확산되어 있다. 하지만 종업원 수가 많을수록 아직 연공서열형 급여체계가 강하게 유지되는 것으로 보인다. 한 조사에서는 호봉제 채택 비율이 100인 미만 기업에서 15.8%, 100~299인의 경우 58.2%, 300인 이상의 경우엔 60.9%로 나타났다.[52] 연공서열제는 급여에만 적용되는 것이 아니다. 승진과 직무배치도 서열을 기준으로 하는 것이 보통이다. 사원-대리-과장-부장-이사 등으로 불리는 직급체계를 운영한다.

급여산정 방식에는 시간급과 성과급, 직무급, 능력급, 연공서열제 등이 있다. 연공서열제는 연공을 기준으로, 직무급제는 직무 가치에 의해 급여를 결정한다. 직무급에서는 해당 직무의 난이도, 필요한 역량 등을 정의하여 직무 가치를 평가한 후 그에 따라 보상 수준을 정한다.

서구 조직들은 주로 직무급을 활용하는 것으로 알려져 있다. 능력급은 업무역량의 폭과 깊이, 리더십 등 개인 역량을 평가하여 직무를 배당하고 급여 수준을 정하는 방식이다. 일본은 대부분 능력급을 반영한 연공급을 운영하는 것으로 알려져 있다. 연공서열제에서는 근속연수가 늘어남에 따라 급여가 증가한다. 승진도 직급과 입사

순서에 의해 결정된다. 기술과 역량보다는 근속기간과 충성도 등이
더 중요하다.

## ⊙ 세계적인 한국의 연공서열제

한국은 연공서열에 따른 급여의 격차가 가장 큰 나라이다. 한국은
근로자 초임을 100으로 하였을 때 30년 근속자의 급여 수준이
328.8이었다. 30년을 근속하면 초임자에 비해 약 3.3배의 급여를 받
는다.

〈그림 III-2〉 국가별 연공성 비교(10인 이상 사업체 기준)

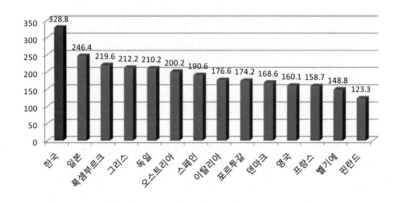

자료 출처: 한국노동연구원, 2015, 「임금 및 생산성 국제비교 연구」에서 인용

※ 초과 급여를 제외한 월 임금 총액 기준이며, 연공성은 1년 미만 대비 30년 이상 근속자의 임금수준
을 의미, 각국 자료는 EUROSTAT, Structure of Earnings Survey(2010), 「한국과 일본 임금구조 기
본통계조사」(2010)에서 인용

동 비율이 독일은 210.2, 영국 160.1, 프랑스 158.7이었다. 벨기에는 148.8, 핀란드는 123.3으로 연공에 따른 급여 차이가 가장 작은 것으로 나타났다. 한국은 세계적으로 근속연수에 따른 급여 격차가 매우 큰 나라에 속한다. 연공서열제는 장점도 있겠지만 단점도 많다. 일본은 연공서열제의 나라로 알려졌지만 30년 근속자의 급여가 246.4 수준이다. 근속연수에 따른 급여 상승의 정도가 우리만큼 크지 않다. 일본은 근속연수와 더불어 능력도 중요하게 고려하는 것으로 알려져 있다. 이에 비해 한국의 제도에서는 능력보다 연공이 더 중요한 역할을 한다.

교육부에 따르면 2017년 우리나라 국·공립 초등학교 초임 교사의 법정 급여는 연봉 기준으로 $32,485이고, 15년 차 교사는 $57,179였다.[53] 이에 대하여 OECD는 평균적으로 초임 교사 $33,058이며, 15년 차는 $45,947이었다. 우리 교사의 초임 급여는 OECD 평균에 비해 $573 적었지만, 15년이 지난 뒤에는 오히려 $11,232이 많았다. 근속 연수가 증가할수록 한국 교사의 급여는 타 국가에 비해 더 많이 증가하고 있다.

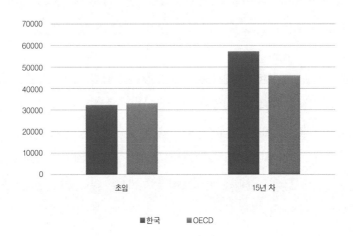

〈그림 III-3〉 초등학교 교사 급여 비교(단위: $)

서구권 국가들은 한국이나 일본과 달리 대부분 직무 가치에 기반한 직무급 체계를 운영한다. 직무급은 일의 성격에 따라 급여를 결정하는 방식이다. 같은 일에 대해서는 같은 임금을 지급한다는 '동일노동 동일임금'의 원칙에 충실한 제도라 할 수 있다. 일의 난이도와 필요한 역량에 따라 급여를 결정한다는 점에서 합리적이다. 서구에서 이 제도가 일반화된 것은 노사가 함께 임금 결정의 합리성을 수용한 결과라고 한다. 한국에서도 노사와 정부가 오랫동안 급여체계에 대한 논의와 협의를 해 왔다. 하지만 아직 노사가 같이 동의하는 방안을 도출하지 못하고 있다. 연공서열제에서는 승진과 업무배치에도 연공을 우선한다. 업무에 대한 역량과 지식보다 계급과 서열이 먼저이다. 역량 개발에 대한 유인이 상대적으로 적은 제도라 할 수 있다.

## ⊙능력과 성과에 따른 차별 반대

헌재는 지방공무원 A 씨 등 940명이 '지방공무원 수당 등에 관한 규정 제6조의2, 7항이 재산권을 침해한다.'며 낸 헌법소원 사건(2016 헌마231)에서 재판관 전원일치로 합헌 결정을 내린 바 있다.[548] 헌재는 공무원들이 지급받은 성과급을 다시 재배분하는 행위를 부당한 것으로 본 것이다. 그런데 A 씨 등은 "성과급 지급 후 개별적 동의를 거쳐 이를 반납한 후 균등하게 재분배한 것은 개인이 자신의 재산을 스스로 출연·재분배한 것이다. 정부가 이 행위를 강제로 통제하는 것은 국민의 재산권을 침해하는 명백한 위헌"이라며 헌법소원을 냈다. 이에 헌재는 "성과상여금 제도가 그 취지대로 정착되고 운영되기 위해서는 재분배 행위를 금지하는 외에 다른 방법을 찾기 어렵다. 업무 성과에 따른 공정한 보상을 통해 효율적이고 경쟁력 있는 공무원 조직을 만드는 공익도 중대하다. 따라서 동 조항을 유지하는 것이 합당하다."고 밝혔다.

철판 절삭, 가공, 용접, 조립 등의 작업을 하는 공장에서 있었던 일이다. 사장은 작업 중에 용접 공정이 제일 어렵고 위험성도 크다고 느꼈다. 냉방도 충분치 않은 공간에서 땀 흘리며 작업하는 직원들에게 미안한 감정이 들었다. 또한 제품 품질에 지대한 영향을 미치는 공정이기도 하였다. 사장은 용접수당을 신설하여 지급하기로 하고 노조에 이를 설명하였다. 그러나 노조는 환영 대신 '다 같이 고생하

---

8) 신지민, "'공무원 성과급 재분배 금지' 규정, 합헌", 『법률신문』, 2016년 12월 2일.

는데 종업원 간에 위화감을 조성한다.'는 이유로 반대하였다. 사장은 노조와 종업원들을 몇 차례 설득하고 협의를 한 끝에 겨우 해당 수당을 지급할 수 있었다. 해당 수당 규정을 만들고 지급하는 데만 6개월이 걸렸다.

위 사례들은 우리 사회에 보상 차별에 반대하는 의식이 널리 퍼져 있음을 보여준다. 연공서열에 따른 차별은 당연하게 수용하면서, 직무 특성이나 능력, 성과에 따른 차별은 잘 수용하지 않는 것이다. 평가 기준과 평가자에 대한 불신도 있다. 직무 지식, 업무 노하우, 성과에 기여한 정도 등을 차별적으로 평가하고 보상하는 것에 부정적이다.

## ◉역량 저하와 비효율

연공서열제가 강한 공공부문의 종사자 역량이 민간에 비해 떨어진다는 연구 결과가 있다.[55] 공공부문 인력을 민간 부분의 동일 직종 인력으로 가정하고 비교하였다. 그 결과 45~54세 연령대의 한국 공공인력은 수리력과 언어능력 모두에서 민간에 비해 크게 떨어지는 것으로 조사되었다. 공공부문의 강한 수직적 위계질서와 연공서열제가 한 원인인 것으로 보인다. 일하는 방식과 제도가 각 직원의 역량 발휘를 제약하는 것이다. 계급적 서열과 조직의 관료화가 개인의 창의성 발휘를 어렵게 한다. 공공부문은 학습 의지와 학습의 수준도 민간에 비해 낮은 것으로 평가되고 있다.

또 다른 연구[56]에서는 34세 이하 대비 55세 이상의 임금은 3배 이상이었지만, 생산성은 오히려 60~80% 수준에 불과한 것으로 나타났다. 생산성 대비 임금을 계산하면 55세 이상 근로자는 34세 이하에 비하여 무려 4배 이상의 급여를 받는 셈이다. 물론 이러한 결과는 일하는 분야와 직무 특성에 따라 차이가 있을 것이다. 3년 만에 최고의 숙련도에 이르는 직무가 있다면 10년 넘게 일해도 최고 경지에 이르지 못하는 직무도 있을 것이다. 업무에 따라 숙련에 필요한 기간이 다른 것이다. 어쨌든 한국의 체계가 '생산성에 연동되는 임금'이라는 일반 원칙에서 크게 벗어나 있다는 점이 문제이다.

장기 근속자가 많을수록 급여 상승으로 인한 조직의 인건비 부담은 증가한다. 기업은 연공급에 의한 높은 급여를 감내하기 어렵다. 공공부문이나 대기업이 특별 수당까지 지급하면서 명예퇴직을 독려하는 이유이다. 근속기간이 늘어날수록 인건비가 그의 산출 성과를 초과할 수가 있다. 다수 인력이 50세 전후에 주된 일자리에서 밀려나는 배경이다. 그런가 하면 능력껏 일하고 성과로서 보상받기를 원하는 인력은 연공서열제 조직에서 이탈하는 경향이 있다. 우수한 인재들은 젊을 때 조직을 떠나는 것이다. 이러한 면에서 연공서열제는 인적자원을 효율적으로 관리하는 데 여러 한계가 있다.


## ⊙ 공동체주의와 연공서열제


집단주의 경향은 한국적 주요 특성의 하나이다. 한국은 역사적으로 두레, 향약, 이웃사촌 등의 생활 공동체적 전통을 지켜 왔다. 수많은 전쟁에서의 의병 등 국가 공동체, 가족을 확대한 친족 공동체 등의 전통이 있었다. 이러한 배경에서 조직 내부의 관계가 중요하였고 서열 중심의 문화가 형성된 것으로 볼 수 있다. 가부장적 공동체주의는 유교적 가족주의가 가족 바깥의 집단으로 확대된 것이다. 유교적 공동체주의에서는 집단 구성원 상호 간의 조화를 중시한다. 갈등 상황을 바람직하지 않게 여긴다. 경쟁보다는 조화로운 인간관계를 미덕으로 여기는 경향이 있다.

각 개인보다 공동체를 중시하고, 가족적 인간관계를 조직 내 사회관계에 확대 적용한다. '개인'을 인정하고 존중하게 된 것은 대한민국 건국 이후라 할 수 있다. 과거에 개인은 항상 어떤 집단에 속한 구성원으로서 존재할 따름이었다. 가부장적 권위주의와 공동체의 서열적 위계가 집단을 지배한다. 공동체에서는 혈연, 지연, 학연, 사업적 관계 등을 연대의 기준으로 한다. 내부적으로 결속하고 외부는 배제하는 경향이 있다. 공동체 내부에서 장자, 나이를 우선하는 질서는 현대의 서열적 위계구조로 전승되었다.

개인주의 문화의 집단에서는 업무 자체를 중시하는 반면 공동체주의 문화권에서는 구성원 간의 조화를 강조한다. 한국인들이 다른 사람과 보조를 맞추는 것을 중요하게 여기는 것은 이와 같은 영향일 것이다. 자상, 배려, 관대, 우호, 친절 등이 미덕이며 정, 조화, 관계유지 등을 중요하게 생각한다. 매우 중요한 가치들이라 할 수 있다. 훌륭한 리더십의 요소로 보통 부하들에 대한 온정적 태도가 포함되기도 한다. 가능한 한 사람을 관대하게 평가하는 현상이 발생한다. 때로는 공정한 평가의 원칙을 훼손하기도 한다. 사사로운 감정이 공정성을 훼손하면 조직 전반의 통합은 어려워질 수 있다. 자유로운 경쟁과 공정한 평가의 체제를 유지하는 것이 중요하다.

최근 1인 가구가 증가하고 있다. 개인과 개성을 중시하는 경향이 생기면서 가부장적 가족주의도 변화할 것이다. 하지만 아직 공공기관이나 기업에서는 가부장적 지배구조가 여전하다. 또한 정치와 정부, 경제 등 사회 전반에 권한의 1인 집중 현상이 심한 편이다. 1인 리더에게 권한이 집중되면 관리의 범위가 적절한 폭(span of control)[9]을 넘어설 수 있다. 너무 많은 수의 부하를 두게 되는 것이다. 조직 전체 통솔을 위해 최고 의사결정자 밑에 다단계의 위계 구조가 형성된다. 군대식 조직이다. 1인에게 권한이 집중된 구조는 단기에 힘을 모으고 발휘하는 데 적절하다. 한국 경제의 압축성장 과정에서 힘을 발휘했던 구조이다. 정부가 소수 대기업을 육성하면서 재벌은 여러 영역으로 사업을 확장하였다. 총수 1인이 다양한 사업 영역을 지휘해 왔다. 신속하고 과감한 의사결정을 할 수 있다는 장점이 있다. 하지만 각 부문의 자율성이 떨어진다는 것은 단점이다.

계급적 위계는 학력과 시험성적을 기준으로 형성되기도 하였다. 학력이 계급이었던 시대가 있었다. 직무의 중요성이나 역량에 무관하게 고졸과 대졸, 남성과 여성, 사무직과 생산직, 고시와 비고시 등이 조직 내 구성원을 차별하는 기준이 되었다. 직무에 필요한 경험과 지식보다는 필기시험에 합격했다는 이유로 중요한 직무에 임용하였다. 특히 공공부문의 경우 필기시험에 합격했다는 사실만으로 높은 직위에 임용되었다. 복잡한 현실 정책을 입안하는 자리에 배치되었다. 담당하는 문제의 본질과 원인을 알지 못한다. 관련 경험도 없

---

9)  한 사람의 장(長)이 유효하게 직접 지휘 감독할 수 있는 부하의 수, 대체로 상위층(정책·기획 담당자)의 경우 효과적으로 통솔할 수 있는 범위는 5~6명, 하위층은 20명 정도로 본다. 이와 같은 관리 범위는 논리상 직무와 관련하여 인간이 가지고 있는 주의력의 한계에 근거한 것이다.

이 사회와 경제에 중대한 영향을 미치는 자리에 앉는다.

위계 중심 조직은 '돌격 앞으로!'에는 적합할 수 있다. 기술적 수준이 높지 않거나, 복잡하지 않은 환경 여건에서 효과적이다. 조직이 상사의 결정에 따라 빠르게 움직일 수 있다는 장점이 있다. 하지만 위계 중심 조직은 환경 변화에 약하다. 구성원의 창의성 발휘를 제약하기도 한다. 사회가 다양화되고 산업의 기술도 복잡해진 환경이다. 창의성과 유연성이 중요해졌다.

복잡한 기술을 사용하거나 이질적 요소가 많은 집단은 1인이 관리할 수 있는 범위가 제한적이다. 리더가 적정 관리 범위를 넘는 분야를 직접 통제하려고 할 때 여러 문제가 발생한다. 방대한 조직관리를 위해 긴 계층이 생기고 계급적 위계가 형성된다. 부문 간, 계층 간 소통에 장애가 발생한다. 현장의 상황과 문제가 정확하게 소통되지 않는다. 역량을 지닌 현장에 권한을 위임하고 자율적으로 움직이는 방향의 개선이 필요하다.

## ⊙ 위계 중심 조직과 역할 중심의 조직

위계 중심 조직에 대하여 역할 중심의 조직[57]이 있다. 전통적인 미국의 기업과 한국의 조직은 위계 중심이다. 이에 대하여 애플, 구글, 페이스북, 트위터, 에어비앤비 등의 실리콘밸리 기업들은 역할 중심의 조직이라 할 수 있다. 위계 중심 조직에서는 높은 지위의 사람이 모든 것을 결정하고 아랫사람은 그 명령을 빠르게 수행한다. 이러한 조직에는 최고 의사결정자를 돕는 별도의 기능이 있는 경우가 많다.

기획 기능이다. 반면 역할 중심 조직에서는 각 부문에서 기획하고 역할에 따라 결정권을 갖는다.

역할 중심의 조직에서는 각 부문과 개인이 자신의 역할에 따라 의사 결정을 하고, 업무를 수행한다. 최고경영자는 회사의 비전을 제시하고 전체를 경영한다. 생산과 판매, 기술 등 각 부문은 자신의 시스템을 설계하고 업무를 계획한다. 제품 매니저는 자신의 제품이 사용자에게 어떻게 평가되는지, 개선하려면 무엇을 해야 하는지를 스스로 결정한다. 이러한 조직은 모두에게 의사 결정권이 있다는 점에서 민주적이다. 개인의 능력을 최대한 발휘할 수 있으며, 혁신하고 변화하는 데 용이할 것이다. 단점은 권한과 책임이 분산된 만큼 갈등의 소지가 있다는 점이다. 서로의 생각이 맞지 않으면 부문 간, 개인 간 분쟁이 발생할 수 있다. 그래서 이러한 조직에는 갈등을 조정하고 통합할 도구가 필요하다. 업무분장과 더불어 구성원이 공유할 핵심적 가치와 행동 기준을 명확히 하는 것이 하나의 방법이다.

실제로는 위계와 역할 어느 하나만으로 조직을 형성하는 경우는 많지 않다. 어느 요소가 조직 설계와 운영의 중심이 되는지의 차이가 있을 뿐이다. 한국에는 대체로 역할 중심 조직에 비해 위계 중심의 조직이 많다. 공공부문일수록, 규모가 클수록 위계 중심이다. 검찰 등 공공부문에서는 아직도 입사 동기가 승진하면 같은 기수와 그 앞 기수들은 퇴직한다. 명령과 복종의 엄격한 위계구조와 서열문화 때문이다.

위계 중심 조직은 흔히 상명하복식 의사소통, 군대식 위계질서, 조직과 부서 우선주의, 단기 성과주의 등이 문제로 지적된다. 위계적이고 타율적인 분위기에서는 자유로운 발상과 창의성 발휘가 어렵다. 강한 내적 동기를 가지고 창의적으로 일하는 것이 쉽지 않다. 신입사원 채용 시 보통 직무에 필요한 경험이나 전문성보다 학력이나 시험 점수를 중시한다. 5급, 7급, 9급 어느 시험으로 공무원을 시작하느냐에 따라 그 후의 승진과 보상의 틀이 결정된다. 시험 중시의 경향을 심화시키는 요인이다. 능력이나 성과보다 연공이 급여를 결정한다는 점에서 능력 향상을 위해 노력할 유인이 크지 않다. 역량 개발에 효과적이지 않다. 연공서열제에 익숙한 근무자들은 자신의 역량 개발에 소홀할 수가 있다.

## ⊙ 연공서열제 혁신의 방향

연공서열제는 또한 조직을 외부에 대하여 폐쇄적으로 만드는 경향이 있다. 과업 환경이 변하거나 시간이 흘러도 조직의 구성원이 잘 바뀌지 않는다. 동일 직장에서 근속할 때 연공이 쌓이기 때문이다. 외부 기관의 경력을 인정하지 않으려고 한다. 마찬가지로 장기 근속자가 다른 조직에 갈 때 그 경력을 인정받기 어렵다. 직업선택의 자유를 훼손하고 경직적인 고용 관계를 형성하는 결과가 된다.

연공서열제는 해고 규제와 더불어 노동시장을 경직화하는 주요 요인이다. 사용자는 해고의 어려움을 생각하여 고용을 기피한다. 근로자는 경력자 채용의 문이 좁아 쉽게 전직하지 못한다. 연공서열제는 성과에 따른 보상을 어렵게 하고 조기 퇴직을 유발한다. 경력자들의 전직이 어려워 조직의 순혈주의가 강화된다. 조직의 변화가 쉽지 않고 역동성은 저하된다. 기업은 필요한 인력을 쉽게 구하지 못한다. 일자리에서의 수급 불균형이 지속되는 것이다. 지식 융·복합과 집단 지성의 시대에 이질적 경력의 인력이 쉽게 모이지 못한다. 지식창조와 조직의 혁신이 지체되기 쉽다.

과업의 성격과 기술이 복잡함에도 '위계적 질서'로 조직을 관리하는 경우가 많다. 업무의 자율성과 창의성이 중요함에도 지시하고 복종하는 방식으로 일한다. 이에 대하여 산업계 등 여러 조직에서 직급과 호칭을 파괴하는 시도가 지속되고 있다. 수평적 소통과 창의성 발현을 위해 조직 및 급여체계의 변화가 필요한 것이다. 대졸 신입사원 채용을 그룹별 '정기 공채'에서 직무별 '상시 채용' 방식으로 전환하고 있다. 인사체계와 일하는 방식을 혁신하려는 노력의 하나이다. 수직적 구조하에서의 일반적 능력보다 수평적 관계에서의 전문적 능력이 중요한 시대이다.

능력과 성과를 평가하고 보상하는 방식에서 완벽한 체계는 없을 것이다. 개선을 통해 조금씩 더 개선된 방향으로 가는 것이 중요하다. 분명한 것은 역량이나 성과와 무관한 계급이나 서열에 따른 보상은 공정하지 않다는 점이다. 조직 리더가 평가와 보상의 불공정성을 개선하려고 노력하는 것 자체에 의미가 있다. 물론 변화가 쉽지 않을 수 있다. 구성원이나 노동조합의 반대 등이 있을 수 있기 때문이다.

하지만 구성원들을 공정하게 평가하고 보상하는 것은 리더의 가장 주요한 책무의 하나이다. 리더는 사람을 모아 일하고 성과를 내야 한다. 그래서 각 부문이나 개인의 기여를 평가하여 공정하게 보상하는 것이 중요하다. 인사의 기본 원리로서 중요한 것은 '직책은 역량에 의하고, 금전 보상은 성과에 의한다'는 원칙이다. 일은 해당 역량을 지닌 자에게 맡기는 것이다. 금전적 보상은 일의 성과에 대한 보답이다.

# 5. 불공정한 경쟁


## ◉시장경쟁과 지식 개발


　사람들은 공정하게 경쟁하는 것을 즐긴다. 스포츠나 게임을 좋아하는 것도 그러한 이유일 것이다. 같은 조건에서 동일한 규칙으로 경쟁하는 것을 좋아한다. 역설적으로 일상에서 공정한 경쟁의 경험이 많지 않은 것이 이러한 현상의 배경일 수가 있다.

　애덤 스미스는 시장 참여자들의 경쟁 관계가 전체적인 조화를 이룰 것으로 보았다. 혼란은 질서로, 상충되는 이해관계는 모든 거래 당사자들의 이익이 될 것으로 믿었다. 이로부터 경제를 시장경쟁에 맡기는 자유방임의 원리가 나왔다. 정치적으로는 '민주주의', 사회적으로 '시민사회', 경제적으로는 '자유기업 제도'가 성립되었다. 세계 경제가 인류역사상 최고의 생산력을 발휘하는 사회적 틀이 탄생한 것이다.


　시장경쟁 중에 '차별적 경쟁'이 있다. 창조적이고 독특한 능력을 기반으로 차별적인 제품을 생산하고 서비스하는 것이다. 높은 수준의 이익은 차별적인 역량에서 온다. 다른 경쟁자에 비하여 성능이나 품질에서 차별적이거나 보다 저렴하게 생산할 수 있는 역량이다. 그렇지 못하면 평균 이상의 이익을 얻기 어렵다. 시장에는 고객에게 품질과 성능, 가격과 납기 등에서 차별적 효익을 제공하려는 경쟁이 치열하다. 고객에게 차별적인 만족을 제공함으로써 시장에서 우월한 지위와 초과 이윤을 누릴 수가 있다. 새로운 기술은 특허 등으로 그 권리가 보장되기도 한다. 상당 기간 독점적 이윤을 얻는 원천이 될 수 있다. 이러한 지식경쟁으로 해당 산업 전반의 기술은 향상될 것이다.

국가는 개인의 지식역량 개발에 적합한 정책을 펴고 필요한 제도를 운영할 필요가 있다. 교육뿐만 아니라 바람직한 시장에 관한 정책과 제도가 그것이다. 지식기반 경제에서는 권력이나 돈보다 지식역량이 경제를 주도할 수 있는 여건이 필요하다. 즉 다수의 시장에서 지식역량 중심으로 공정하게 경쟁할 수 있어야 한다. 개인이나 기업은 기술 등 새로운 지식을 지속적으로 개발하고 높은 수준의 지식역량을 지니려고 할 것이다. 새로운 기술이나 지식역량을 지닌 자가 승리하는 질서가 필요하다.

한편 기술과 지식역량 기반의 자유로운 경쟁은 창조적 파괴를 촉진할 수가 있다. 새로운 기술과 지식이 기존의 것을 대체하는 것이다. 권력이나 재력으로 새로운 변화를 거부하고 기존의 것을 지키려고 할 수도 있다. 파괴가 두려워 창조를 거부하는 것이다. 그렇더라도 권력이나 재력이 아닌 기술과 지식으로 경쟁하는 사회일 필요가 있다. 지속적으로 기술과 노하우 등 지식을 개발하고 고용을 창출하기 위해서이다.


생명체에게 생존을 위한 경쟁은 일상이며 자연스러운 일이다. 경쟁은 종을 건강하게 한다. 경제도 시장에서 자유롭게 경쟁할 때 건강해질 수 있을 것이다. 물론 '공존'과 '협력', '상생'과 '배려'는 '경쟁'과 더불어 사회에 소중한 가치들이다. '정'이 소중한 곳에서는 '경쟁'보다 배려가 더 중요할 수 있다. 하지만 제한된 자원의 세계에서 생존을 위한 경쟁은 피하기 어렵다. '경쟁'을 수용하면서 '공존'과 '협력', '상생'과 '배려'의 가치를 존중하는 사회일 필요가 있다.

겉으로는 경쟁보다 의리, 협동, 단결 등을 앞세울 때가 있다. 하지만 속으로는 불리한 경쟁을 회피하고 자신의 이익을 지키기 위한 것이라면 비겁한 일이다. 그래서 투명하고 공정한 경쟁이 중요하다. 정정당당한 것이 오히려 상대를 위한 배려가 된다. 경쟁을 배제한 채 특정 집단의 이익만을 옹호하는 것은 지속 가능하지 않다. 비효율의 지속으로 사회적 비용이 누적되기 때문이다. 오히려 배신감이 갈등을 유발하고 공존과 협력을 위축시킬 수가 있다. 상생과 협력은 필요하고 소중한 것이다. 하지만 그것은 공정한 경쟁의 기반 위에서 의미 있는 것일 수가 있다. 이하에서 공정한 경쟁을 차단하거나 위축시키는 주요 현상들을 살펴볼 것이다.


## ⊙ 광범위한 진입 규제


시장경제에서는 원칙적으로 누구나 자유롭게 사업할 수가 있다. 하지만 어떤 사업은 법령에 따라 일정한 조건이나 자격을 가진 자에게만 허용되기도 한다. 사전에 사업에 필요한 일정한 역량이나 장비, 자본 등의 자격을 요구하는 것이다. 국가는 필요할 경우 공익을 위해 국민의 사업할 자유를 제한한다. 국방, 국민의 안전과 건강, 제품과 서비스의 품질 확보, 수출과 산업 진흥 등이 공익의 예들이다. 공익을 위해 일정한 자격을 갖춘 자에게만 해당 사업을 허용하는 것이 규제의 명분이다.

한국은 전 산업의 절반 정도 영역에서 사업 진입을 규제하고 있다.[58] 어업, 광업, 주류, 의료, 법률, 관광, 통신, 전력, 운송, 금융, 방송, 교육 서비스, 건설, 보건복지, 공유경제, 드론 등의 사업은 특정 자격이 없으면 아예 시작할 수가 없다. 각종 제조업은 특정 설비나 장치, 기술 인력 등을 갖추었을 때만 공장설립을 허가한다. 변호사, 의사, 약사, 변리사, 법무사, 세무사 등의 영역은 해당 자격을 획득한 개인에게만 업을 허용한다.

하지만 대한민국 헌법은 국민의 경제활동과 직업선택의 자유를 선언하고 있다. 그러한 점에서 광범위한 영역에서 과도하게 사업 진입을 규제하는 것은 헌법정신에 위배되는 것일 수 있다. 공익을 핑계로 개인의 자유와 창의를 과도하게 억압하는 것이다. 기존 사업자의 이익 보호를 위해 새로운 사업자의 진입을 막는다면 더 큰 문제이다.

## ⊙ 후진적인 규제

경제가 발전함에 따라 사업 진입을 규제하는 정책에도 변화가 필요하다.[59] 저개발 경제는 기술이나 자본이 부족하다. 그러므로 제품을 안정적으로 생산하고 품질을 확보하는 기반 시설이 중요하다. 품질을 준수하면서 재화나 용역을 생산하고 공급하는 시설을 확보하여야 한다. 기술이나 시설을 갖춘 자에게만 사업을 허용할 필요가 있는 것이다. 사전적 인허가 제도를 통해 제품의 안정적인 생산과 품질을 확보할 수가 있다.

하지만 경제 발전에 따라 사업에 대한 진입 규제의 필요성은 점차 감소한다. 사전에 일정한 자격이나 시설을 요구하는 것이 오히려 경제 전반의 효율성을 떨어뜨릴 수 있는 것이다. 또한 기술이 빠르게 발전하는 경제에서는 사업에 필요한 지식과 장비도 빠르게 변한다. 사업에 필요한 기술적, 물적 요건을 세부적으로 규제하는 것이 불필요하고 비효율적일 수가 있다. 법령을 통한 규제가 시장의 변화를 따라가지 못한다. 즉, 인허가 등 사업에 대한 사전적 진입 규제를 최소화할 필요가 있는 것이다. 누구에게나 사업을 허용하되 문제 발생시 사후적인 처리를 하는 방안이 더 효과적이다.

물론 합리적인 토지 이용, 환경을 위한 규제, 국민 안전과 건강의 확보 등의 공익을 위한 규제는 지속될 필요가 있다. 중요한 것은 사업의 자유를 과도하게 제약하거나 경제의 역동성을 떨어뜨려서는 안 된다는 것이다. 개인의 자유를 제약하고 경제 등 국가의 역량을 저하시키게 된다. '규제를 혁신하여야 한다'는 주장의 배경이다. 사업 면허 소지자의 기득권을 과보호하는 경우들이 있다. 그보다는 새로운 아이디어와 신기술을 지닌 자의 사업할 자유를 충분히 보호하는 것이 중요하다. 사업할 자유를 보장함으로써 시장에 새로운 기술이 들어오고 경제의 역동성이 되살아난다. 진부한 기술은 퇴출되고 새로운 기술과 지식이 경제를 이끌 수가 있다. 진입 규제는 최소화하고 시장 자율성은 신장시키는 방향으로 변화할 필요가 있다.

많은 진입 규제가 후진성을 지닌다. 사전적으로 불필요한 자격 등을 요구하는 경우가 너무 많은 것이다. 한국 경제는 보통 제품이나 서비스에서 품질이나 자본 부족이 문제가 되는 단계는 지났다. 사업자가 알아서 필요한 설비와 기술을 준비해도 별문제가 없다. 필요한 역량을 갖추어야 한다는 것을 사업자 스스로가 잘 안다. 그렇지만 다수 법령은 아직도 특정 자격증, 시설, 자본금 등을 사업 인가 조건으로 요구한다. 개도국 수준의 법령을 유지하거나 제정하고 있는 것이다. 필요 이상으로 국민의 자유를 제약하고 있다. 특히 창의성과 지식역량 등의 개발과 발전을 제약하게 된다는 점에서 문제이다.

## ◉기술 발전과 고용 창출 저해

과도한 진입 규제는 해당 산업의 기술진보와 혁신을 저해한다. 새로운 기술의 진입을 막는다. 진부화한 기술을 지닌 기존 사업자만을 보호한다. 기존 사업자들은 새로운 기술 개발과 관련 투자에 소홀하다. 대신 새로운 사업자의 진입을 막거나 면허발급을 줄이는 데 힘을 모은다. 새로운 경쟁자로부터 자신의 영역을 보호할 구실을 찾고 필요한 로비를 한다. 기술과 지식경쟁은 사라지고 해당 산업은 경쟁력을 잃는다. 신기술을 채용한 국내외 기업과의 경쟁에서 밀리고, 해당 산업은 축소되며, 종사자는 감소하게 된다.

주요 서비스 산업에서 이러한 현상들이 보인다. OECD 보고서에서 관련 내용을 확인할 수 있다.[60] "한국은 제조업에 비해 서비스 산업이 낙후되어 있다. 원인의 하나는 OECD 국가 중에서도 매우 엄격한 수준의 규제 때문이다. 특히 해운과 항공, 화물 운송과 법률 서비스를 비롯한 서비스 산업 전반에 대한 규제가 심하다. 한국의 전체

수출 중 서비스 부문의 기여는 전체의 40.1%로서 OECD 평균보다 훨씬 낮다. 서비스 산업에서의 진입 규제를 완화하고 경쟁을 촉진할 필요가 있다." 한 조사에서 한국의 산업에 대한 진입 규제 환경은 54개국 중 38위였다. 선진국은 보통 서비스 산업이 경제를 주도한다. 하지만 한국은 아직 제조업 중심이며 서비스 산업의 발전은 더디다. 그 이유의 하나가 서비스 산업에 대한 과도한 진입 규제 때문이다. 경쟁을 통해 새로운 서비스가 제공되고 시장이 확대되는 효과를 누리지 못하고 있다. 운송, 금융, IT 기반 의료 서비스, 교육, 법률 서비스, 공유경제 등의 산업이 그 예들이다. 해당 산업에 대한 진입 규제를 완화하여 경쟁을 활성화하여야 한다.

## ⊙ 불필요한 자격을 요구

진입을 규제하는 방식의 하나는 특정 자격을 갖춘 자에게만 사업을 허용하는 것이다. 예컨대 건설산업기본법 제40조 제1항은 '건설공사의 현장에 건설기술자를 1인 이상 배치하여야 한다.'고 규정하고 있다. 본래 의도는 '기술을 가진 자가 건설 현장에 있어야 한다.'는 것이었다. 하지만 이러한 조항은 건설업계에 수많은 페이퍼컴퍼니[10]들이 존재하는 한 원인이 되고 있다. 공공연히 건설기술 자격증을 대여하고 거래한다. 1인의 건설업자가 친인척 등의 이름과 자격증을 빌

---

10)  서류상으로만 존재하는 회사, 실제로는 존재하지 않는다는 뜻에서 '유령회사'라고도 한다.

어 5~10개의 소형 건설업체를 소유하기도 한다. 업체 간 건설기술자의 중복 등록, 서류로만 현장에 기술자를 배치하는 현상도 빈번하다. 자격증을 빌어 공사를 수주한 후 다른 업체에 공사를 일괄 하도급하거나 2중, 3중으로 재하도급을 준다. 잘못된 규제에 따른 부작용들이다.

한편 의약품 도매상은 '약사를 두고 업무를 관리'하여야 한다. 약사법 제45조 5항의 규정이다. 해당 사업을 하려면 의무적으로 약사를 채용하여야 한다. 이러한 규정을 지키려고 자격증의 명의만 빌려 도매상 허가를 받는 경우들이 발생한다. 이외에도 의사, 회계사, 건축사 등의 분야에서 면허를 대여하거나 무면허 사업자들이 사업을 하는 분야들은 많다. 면허 대여는 불법이며 불로소득, 탈세 등 여러 문제를 유발한다.

자격이나 면허를 빌어서 별다른 문제없이 사업을 한다. 형식적 자격 없이 제품이나 서비스를 생산하고 공급해도 별 탈이 없는 것이다. 이때에는 그 자격이나 면허가 실제로 필요한 것인지 의문스럽다. 제품을 만들고 서비스할 충분한 실력이 있는데 자격증만 없기 때문이다. 실질적 역량은 있는데 제도에 의한 자격만 없다. 이러한 자격증은 불필요한 것이다. 면허 획득에는 시간과 비용 등이 소요된다. 실제 필요한 기술이나 지식을 개발할 시기에 자격시험 준비에 많은 시간이 소요된다. 사업할 자유를 과도하게 제한하는 것일 수 있다. 불필요한 자원을 투입하는 것이 되어서도 안 될 것이다.

어떤 사업에 필요한 자격과 역량을 정해 놓았다면 담당 기관은 사업허가 심사 시에 실제로 해당 자격을 지녔는지 확인하여야 한다. 하지만 자격증 등 서면을 구비하면 자격을 지닌 것으로 간주한다. 사업자의 경험과 경력, 지식과 기술, 태도 등을 직접 조사하고 적절성 여부를 평가할 필요가 있다. 자격증 대여 관행은 자격증 서면만을 확인하는 방식에서 파생되는 부작용이다. 실제 역량의 소유 여부를 점검하거나 확인하지 않는다. 실제 역량의 소유 여부, 사업장에 자격 소지자가 실제로 근무하는지 등을 확인할 필요가 있다.

꼭 필요하지도 않은 자격증을 요구한다. 자격증 서면을 형식적으로 확인하는 방식도 문제이다. 자격 소지자는 불법으로 자격증을 대여하고 수입을 얻는다. 사업자는 자격증을 빌려 불법으로 사업을 한다. 관련 불법행위에 대한 처벌도 가볍다. 불법 면허, 면허대여 등의 현상이 만연하고 있다. 잘못된 제도가 불법행위와 비효율을 낳는다. 자격 면허 제도의 문제를 전면적으로 재검토하고 혁신해야 할 것이다.


자격 규제를 하지 않으면 제품이나 서비스의 안전 등에 문제가 발생할 수 있다. 이때 규제하지 않는 정부에 대한 비판의 소리가 나올 수 있다. 정부가 '규제의 당위성'을 주장할 때의 논리이다. 물론 정부나 공공기관은 문제의 발생을 예상하여 사업 자격을 정하고 진입을 규제할 수가 있다. 문제는 과도한 규제를 하는 경우이다. 진입 규제가 없을 때의 문제와 규제를 했을 때 예상되는 효과를 비교하여 적절한 규제 수준을 찾아야 한다.

자격 및 허가를 요구하는 것이 필요한 것인지에 대하여 신중하여야 한다. 자격증 보유를 조건으로 어떤 사업을 허가할 때가 있다. 꼭 필요하지 않은 자격증을 사업허가의 조건으로 하기도 한다. 규제를 통한 공익이 사업할 자유를 제한하는 문제보다 더 중요한 것인지 검토할 필요가 있다. 자격증 제도가 필요하더라도 그 취득에 투입되는 시간이나 비용은 최소화되도록 할 필요가 있다. 실무에 큰 도움이 되지 않는 자격이나 지식을 요구해서는 안 될 것이다.

불필요한 자격증 획득에 자원은 낭비된다. 지식과 기술로 자유롭게 경쟁할 영역이 축소될 수가 있다. 가능한 한 사전적 진입 규제를 하지 않는 것이 바람직하다. 개방적으로 사업을 허용하되 품질이나 안전사고 등의 문제를 예방하는 데 행정의 초점을 두는 것이다. 사후적인 불법이나 사고를 확실하게 처벌하는 방법이 사전적 허가제에 비해 더 좋을 수가 있다. 사전적인 자격 면허 제도의 비효율과 부작용의 문제 때문이다.


## ⊙면허의 과소 발급


일부 자격증은 과소한 수량만을 발급한다. 해당 서비스의 수요에 미치지 못하는 것이다. 희소한 자격증은 그 소유만으로 렌트를 누릴 수가 있다. 가격은 비싸고 서비스는 부실할 가능성이 크다. 서비스 공급을 제한함으로써 공급자가 우월한 시장이 되는 것이다. 사업의 자유를 제한함으로써 경쟁은 차단되고 기술과 역량의 개발은 위축될 수가 있다.

과도한 진입 규제에 따른 피해는 일반 시민과 국가의 부담이다. 수요에 미치지 못하는 소수 사업자에게만 면허를 부여한다. 과도하게 면허발급을 제한하면 기존의 면허 사업자가 이익을 얻는 결과가 될 수 있다. 필요한 서비스가 충분히 공급되지 못한다. 시민은 불편과 불이익을 감수하여야 한다. 기존 사업자들은 고가의 서비스 수수료 등의 이익을 얻는다. 렌트가 있는 곳에 우수한 인력이 몰려서 배출된다. 국가의 인적자원이 균형적으로 양성되지 못하게 된다.

한국의 의사 수는 2017년 기준 인구 1천 명당 2.3명(한의사 포함)으로 OECD 국가 중 가장 적은 것으로 나타났다. OECD 평균은 3.4명이다. 이에 대하여 국민 1인당 외래진료를 받는 횟수는 연간 16.6회로 OECD 1위다. 진료 수요는 많은데 의사 인력은 부족한 상황이다. 시골 오지나 외딴 섬에는 의사가 부족하다. 의사의 절대 수를 늘려 공공의료 인력을 충분히 확보할 필요가 있다.

의료나 법률 서비스 등의 분야에 제한된 수의 면허만을 발급하는 현상이 있다. 입시와 교육을 왜곡하는 근본적인 원인의 하나가 되고 있다. 고교 성적 상위자들이 이 부문에 편중된다. 면허 수를 제한함으로써 해당 영역 진입자들에게 높은 수준의 보상을 보장한다. 서비스 품질은 낮고 요금은 비싸다. 소수의 이익을 위해 다수가 피해를 감수한다. 인적자원 개발과 국가 역량의 균형적인 발전에 문제가 발생한다. 과학기술, 엔지니어, 산업 현장 등 고도의 전문 역량이 필요한 분야에 인재가 부족하다.

렌트의 수준이 높고 안정적일수록 사람들은 기꺼이 그곳에 투자하려고 할 것이다. 하지만 누구나 그렇게 할 수는 없다. 투자 여력이 있어야 하기 때문이다. 균등한 기회가 보장되지 않는다. 자격증이나 면허가 일종의 재산권이 되고 있다. 시장에서 면허가 유상으로 거래된다. 사업에 필요한 기술이나 역량 대신 자본 투자로 면허의 성격이 변질된다. 면허 소지 자체가 일정한 소득을 보장하는 것은 바람직한 현상이 아니다. 본래 사업 면허는 필요한 기술이나 역량을 지닌 자가 사업할 권리를 얻는 것이다. 면허가 시장에서 유상으로 거래되는 현상은 제도의 정당성에 문제가 있음을 보여주는 것이다.

## ⊙ 새로운 기술과 지식을 차단

의료법 제17조는 '의료업에 종사하는 의사가 직접 진찰하고 검안하지 않으면 진단서 또는 처방전을 작성해 환자에게 교부하거나 발송하지 못한다.'고 규정한다. 환자는 의사를 직접 만나 진찰받아야만 진단서나 처방전을 받을 수 있다. 한 벤처기업은 스마트폰 앱으로 부정맥을 측정해 의사에게 전달하는 진단기기를 개발하였다. 하지만 국내 시장에서는 출시하지 못한 채 유럽 시장을 공략하고 있다. 생체 정보를 의사에게 전달하는 원격의료행위는 불법이기 때문이다.[61] 의사에게만 허용하는 업무 영역의 범위가 너무 넓은 것이다. 시대적 요구인 원격의료 산업을 시작할 수가 없다.

한 인사노무 기업은 IT 기반 인사노무 업체로 벤처 인증을 신청했다. 하지만 대표가 이공계 전공이 아니라는 이유로 탈락했다. 인문계, 이공계 편 가르기가 낳는 기현상이다. 마차 세상에서 자동차의 세상이 되었다면 제도와 정책은 그에 맞게 바뀌는 것이 정상이다. 마차 중심의 제도 때문에 자동차를 연구하고 개발할 수가 없다. 기술이 바뀌면 그에 맞추어 교육하고 새로운 지식을 습득할 수 있어야한다. 새로운 기술과 지식이 새로운 일자리를 만든다.

과도한 진입 규제는 직업 선택과 경제활동의 자유를 부당하게 제약한다. 기술과 창의력 등 역량을 개발할 영역이 부당하게 차단하고 축소되는 것이다. 새로운 일자리도 창출되지 않는다. '여기는 삼촌 땅이고, 저기는 형님 어장'이라 내가 일하고 활동할 곳은 별로 없다. 자유롭게 도전하고 사업할 수 있는 영역이 여기저기에서 통제되고 있다. 새로운 기술을 거부하는 곳에서 지식과 역량은 창조되지 않는다. 해당 영역은 진부화되고 쇠퇴할 것이다.

구한말에는 쇄국으로 나라가 망했다. 기득권을 지키려고 새로운 기술과 지식의 유입을 차단한 결과이다. 새로운 사업자의 진입을 규제하는 것은 쇄국과 유사하다. 새로운 의욕과 기술 개발을 막아 해당 영역은 물론 경제 전반의 활력이 저하된다. 해당 산업은 침체하고 일자리는 감소할 것이다. 2019년 세계 경제포럼(WEF)은 '정부규제가 기업 활동에 부담을 주는 정도'를 측정하였다. 그 결과 한국 정부는 141개 국가 중 87위로 평가되었다.[11] 국가가 개인과 기업의 활동에 부담이 되고 있는 것이다. 사업할 자유를 억압하고 역량 개발의 기회를 차단하고 있다. 사업할 자유와 창의를 촉진하는 정부와 국회가 될 필요가 있다.


## ◉ 불공정 경쟁과 담합


높은 수준의 이익은 새로운 도전과 시행착오, 연구개발과 자본 투

---

11)  동 평가에서 한국의 국가경쟁력 종합 순위는 13위였다.

자로부터 올 수 있다. 하지만 창의적인 노하우와 새로운 기술 개발이 쉽지만은 않다. 많은 자원과 열정을 투입하여도 성공이 보장되지 않는다. 투자한 모든 것을 잃을 수도 있다. 고통스러운 경쟁의 과정이다. 그래서 경쟁하지 않고 이익을 얻는 것에 끌린다. 경쟁 대신 담합하고 렌트를 획득하자는 유혹에 빠지는 것이다.

경쟁하는 대신 서로 짠다. 담합하는 것이다. 보통 동종 기업들이 높은 이윤을 위해 서로 경쟁을 멈추고 가격이나 생산량 등에 합의한다. 기술과 노하우 기반의 경쟁을 포기하는 대신 서로 짜서 부당한 이익을 챙기는 것이다. 당장은 경쟁 제한으로 이익을 얻겠지만 해당 산업 전반의 기술은 정체된다. 새로운 기술과 지식은 개발되지 않을 것이기 때문이다. 새로운 기술 경쟁에 의한 역동성은 사라지고 시장은 활기를 잃는다.

불공정 경쟁의 문제로 사업자 단체 등에 의한 담합, 대기업 집단 등의 내부거래, 공공부문 사업에서의 불공정 등을 들 수 있다. 담합은 보통 은밀하고 폐쇄적이다. 개방적인 시장의 참여자들이 공개적으로 자유롭게 경쟁하는 것에 대비된다. 공정하게 경쟁하는 대신 담합 참여자만이 모여 은밀하게 서로 짠다. 새로운 경쟁자의 진입을 막고 개방적인 경쟁을 회피한다. 정부를 앞세워 시장경쟁을 차단할 구실을 찾기도 한다.

은행업, 건설업, 운송업, 석유업, 각종 제조업 등 거의 모든 산업에서 담합 현상을 볼 수 있다. 동종 사업자들이 입찰가격 등을 담합하여 부당한 이익을 얻으려고 한다. 다음은 40여 년 전 한 신문에 게재되었던 글이다.

"협회나 조합 등 각종 사업자 단체는 본래의 설립 취지와 달리 회원사 간의 생산조절, 시장분할, 가격 카르텔 등으로 담합한다. 시장을 독점하고 제품가격을 조정함으로써 자유경쟁에 따른 물가 안정을 위협한다. 그들은 기존 회원사들에 많은 혜택을 주는 반면 문호를 폐쇄하고, 신규가입을 억제하고 있다. 기존회사들은 경쟁 없는 무풍지대에 있다. 기술혁신이나 경영합리화에 소홀하다.

또 다른 신문의 보도이다.[62]

"그 시장의 농산물 가격이 대형 마트보다 비싼 이유는 6개 도매법인의 독점권 때문이다. 그들은 독점권을 행사하여 5%의 수수료를 챙기고 경매를 통해 가격을 올리기도 한다. … 전국 37개 도매법인이 모인 단체이다. 상근 부회장은 해당 부처 국·과장급 관피아[12]의 낙하산 자리였다."

농민과 소비자의 이익이 희생되고 있다. 도매법인들이 담합함으로써 새로운 사업자의 진입은 막고 농산물 가격은 상승하는 것이다.

담합의 역사는 오래되었다. 담합하는 근본적인 방법의 하나는 담합에 참여할 자를 제한하는 것이다. 소수의 영향력 있는 자가 뭉치면 담합도 쉽고, 나눠 먹는 몫도 커진다. 대기업만 담합에 참여하는 것은 아니다. 대기업을 배제한 영역에서도 중소기업 간 담합을 볼 수가 있다. 새로운 경쟁자와 새로운 기술의 진입을 막는 것이다. 각종 협회나 조합은 그들 자신의 이익 보호를 위해 존재한다. 하지만 신규 사업자의 시장진입을 막으면 장기적으로 해당 산업 전체가 쇠퇴하는 결과가 될 것이다. 담합이 많은 경제는 발전하기 어렵다. 기술을 개

---

12) 관료와 마피아의 합성어로서, 정부 부처에서 일하다 관계기관이나 민간기업, 협회 등에 재취업한 퇴직공무원을 부정적으로 이르는 말이다.

발하고 사업을 혁신하는 것에는 소홀하기 때문이다.

## ◉정부의 책임

정부의 시장 간섭이 담합의 계기가 되기도 한다. 크게 두 유형으로 나누어진다. 하나는 정부가 자격 면허 제도로 사업 진입을 규제할 때이다. 면허를 획득하여 사업을 하는 동종 사업자들이 단체를 만들고 담합을 하는 것이다. 농업, 어업, 광업, 주류, 의료, 법률, 관광, 통신, 전력, 화물 운송, 택시, 금융, 방송, 교육, 건설, 보건복지 등의 분야에서 이러한 현상을 볼 수 있다. 엄격한 진입 규제가 담합을 유발하는 배경이 되는 것이다.

대표적인 담합행위는 해당 영역의 신규면허 발급을 최소화하려는 활동들이다. 이미 면허를 지닌 자신들의 이익을 최대화하려고 한다. 소수가 해당 사업을 독점함으로써 최대한의 렌트를 확보하려는 것이다. 담합의 이익은 대부분 나머지 사람들의 손실에 기반한다. 담합에서 배제된 동종 사업자, 소비자가 대표적인 피해자이다. 특히 해당 영역의 기술 발전을 막거나 제한하는 담합행위는 산업 전체 몰락을 촉진한다. 기술 변화에 대응하지 못하면 사업자 모두가 경쟁력을 상실할 것이다. 개별 사업자는 물론 해당 산업 전체가 시장에서 사라질 수 있다.

또 하나는 국가가 특정 산업이나 기업군을 의도적으로 보호 또는 육성하려고 할 때이다. 예컨대 농·축·수산업, 친환경 에너지 산업, 중소기업 등의 경우이다. 정부는 이들을 보호하거나 적극적으로 육성하려고 한다. 의미 있는 취지나 목적이더라도 방법이 잘못될 수 있다. 예컨대 정부는 특정 품목을 구매할 때 대기업, 중견기업은 배제하고 중소기업에만 납품 기회를 준다. 군 피복, 가로등, 소규모 공사 등의 경우 연 매출 일정액 이하 기업에만 입찰 기회를 준다고 하자. 해당 업종의 중소기업들이 참여하여 협회를 만들고 납품 관련 업무를 대행한다. 이때 협회 참여자들은 다른 신규사업자의 협회 참여를 꺼릴 가능성이 있다. 정부구매 물량 전체를 기존 회원사들이 독점하여 납품하려는 것이다. 품질이나 서비스를 위한 기술 경쟁에는 소홀한 대신 당장 자기의 몫에 관심이 크다. 기술 발전이나 혁신은 사라지고 산업 경쟁력은 쇠퇴한다. 정부가 오히려 담합을 조장하고 해당 산업의 쇠퇴를 초래하는 정책을 펴는 결과가 된다.

## ◉내부거래의 문제

한편 내부거래란 시장을 통한 거래 또는 외부거래에 대응하는 말이다. 시장에서 개방적으로 거래하지 않고 끼리끼리 폐쇄적으로 거래한다. 공공부문, 시민단체 등도 폐쇄적인 거래로 서비스 등을 구매하여 문제가 된다. 특히 재벌그룹 내 계열사 간 물품이나 용역 거래는 공정위의 감독과 규제의 대상이다. 거래 규모가 커 국민 경제에 미치는 영향이 크다. 계열 관계가 아닌 외부 기업에는 거래 참여의 기회가 주어지지 않는다. 소규모 기업 간의 내부거래는 문제 될 것이 없다. 예컨대 어부가 고기를 잡고 아내가 횟집을 한다. 일종의 내부거래이지만 경제에 미치는 영향은 미미하다. 하지만 재벌그룹의 경우는 외부 거래자를 차별하는 등 불공정한 경우가 많다. 경제에 미치는 영향이 크다는 점에서 문제가 된다.

2017년 기준 총자산 5조 원 이상의 기업 집단 60개의 매출 중 내부거래 비중은 11.9%, 내부거래 금액은 191.4조 원이었다.[13] 계열사 1,779개 중 내부거래가 있는 회사는 전체의 79.8%인 1,420개 사였다. 매출액 중 내부거래 비중이 30% 이상인 회사는 640개였다. 특히 계열사가 비상장이거나 총수 일가 지분 비중이 높을수록 내부거래 비중은 높았다. 상장된 계열사의 내부거래 비중은 8.1%이지만 비상장 계열사는 19.7%로 11.6%나 높게 나타났다. 총수 또는 2세의 지분율이 20% 미만인 계열사의 내부거래 비중은 11~12%이었지만 지분율 50% 이상의 경우에는 그 비중이 19.8%에서 30.5%로 높아졌다.

이러한 내부거래는 특히 대주주 일가의 사익편취[14] 도구로 활용된다는 점에서 문제이다. 기업집단을 주도하는 기업은 대부분 상장사이며 대주주 일가의 지분율은 높지 않다. 반면 내부거래가 많은 계열사일수록 비상장사가 많고 대주주 가족의 지분율은 높다. 내부거래를 통해 자신의 지분이 상대적으로 적은 기업에서 많은 기업으로 부가 이전되는 것이다. 계열사 내부 구매로 인하여 해당 기업 여타 주주의 이익이 침해되기도 한다. 또한 동일 업종에 종사하는 외부의 독립 기업은 해당 거래에 참여할 기회 자체가 없다. 그들은 처음부터 보장된 거래처를 지닌 내부거래 기업과 기울어진 운동장(unlevel

---

13) 본란에서 서술되는 내부거래 관련 통계나 관련 자료는 공정거래위원회 기업집단국이 2018년 10월 발표한 '2018년 공시대상기업집단 내부거래 현황 공개'에서 인용한 것이다.
14) 남을 속여 재물이나 이익 따위를 빼앗는 행위를 가리킨다.

playing field)에서 경쟁해야 한다.

    내부거래 금액은 제조업, 건설업 등에서 크지만 거래 건수는 비주력 서비스업 분야에서 많다. 석유화학, 자동차 제조, 건설, 유통, 전자부품 등의 산업에서 큰 금액의 내부거래를 한다. 관련 원료와 부품, 서비스 등을 계열사로부터 구매하는 것이다. 자신에게 최적화된 부품을 구매하거나 그룹 내 기술을 보호한다는 면에서 내부거래가 합리적일 수 있다. 문제는 주력 제품과 관계없는 분야에서의 거래들이다. 예컨대 시설유지관리, 청소, 방제업, 보안서비스업, 컴퓨터 프로그래밍, SI, 소프트웨어 개발 및 공급업, 출판업, 건축 설계업, 엔지니어링 서비스업, 경영컨설팅, 광고업, 미장공사업, 목공사업, 식자재 공급업 등의 서비스업 분야이다.

    이러한 분야는 대개 종사자의 직접 노동이 중요하다. 부가가치를 창출하는 원천이 된다. 특히 컴퓨터 프로그래밍, SI, 소프트웨어 개발, 건축 설계, 엔지니어링 서비스, 경영컨설팅, 광고 등은 대표적인 지식산업이다. 인적자원의 지식역량이 중요한 분야이다. 고부가가치를 창출하는 유망업종일 수 있다. 해당 기업의 성장에 따라 적지 않은 고용 창출을 기대할 수 있다. 하지만 이들 대부분은 그룹의 주력업종이 아니며 기술 개발 등에 적극적으로 투자하지 않는다. 대신 안정적인 내부거래로 생존하고 이익을 거둔다. 반면 이들과 경쟁하는 외부의 중소기업들은 다르다. 자본, 브랜드, 계열사 지원 등의 면에서 내부거래 기업과의 경쟁이 쉽지 않다. 내부거래로 줄어든 작은 시장에서 치열하게 경쟁하고 생존해야 한다. 내부거래 기업에서 하도급 일감을 받아 연명하기도 한다.

이러한 독립 기업들이 대기업 또는 세계적인 기업으로 성장하기는 쉽지 않다. 축소된 시장에서 낮은 이익률을 감수해야 한다. 공정하게 경쟁할 수 있는 질서가 필요하다. 젊은이와 벤처기업 등이 이러한 영역에 새롭게 도전할 수 있어야 한다. 관련하여 앞의 OECD 보고서[63]는 다음과 같이 언급한다. "한국 기업들은 서비스를 외부에서 구매하지 않고 내부에서 많은 것을 수행한다. 수출을 많이 하는 재벌들은 수직적으로 통합되어 있다. 한국의 서비스 수출이 다른 OECD 국가에 비해 적은 것은 이러한 요인들 때문이다."

## ⊙ 공공기관의 불공정 경쟁

한편 공공기관이 민간 영역에 진출하여 민간기업과 같은 사업을 할 때가 있다. 이때 공공기관은 직접 사업할 필연성이 있는 것인지 심사숙고할 필요가 있다. 민간-공공 간 공정한 경쟁이 쉽지 않고 민간 활력을 저해할 수 있기 때문이다. 하지만 실제로는 다수 공공기관이 여러 영역에서 민간기업과 경쟁하고 있다. 유통, 레저, 금융, 전문 서비스업 등 서비스업 분야에 많다. 공공기관이 소비자에게 직접 서비스를 공급하는 사업을 하는 것이다.[64]

- 유통업: 주유소, 택배, 홈쇼핑, 백화점, 편의점, 자판기, 사이버 거래소 등
- 레저업: 골프장, 테마파크, 숙박업
- 금융업: 주택연금, 주택분양 보증, 우체국 예금과 보험, 실손보험,

부실자산 인수 및 관리 등

- 전문 서비스업: 가스안전 검사, 기업교육, 정부광고 대행, 예선,
공공측량, 도로유지 관리, 임대주택 운영, 의료 서비스, 건널목
경비 등

이들 분야에서는 민간기업들이 동일한 사업을 한다. 하지만 민간
기업은 공공기관과 대등한 위치에서 경쟁하기 어렵다. 공공기관은
민간기업에 비하여 국유자산 활용, 정부의 보조금, 법령상의 특혜,
정부 조달시장, 암묵적 지원 등 여러 면에서 유리하다. 세금을 내는
자가 세금 지원을 받는 자보다 불리한 입장에서 경쟁한다. 민간의 발
전이 위축되고 공공부문의 자원이 낭비될 수도 있다. 무엇보다 민간
기업과 공공기관 간 불공정한 경쟁이 가장 큰 문제이다.

이에 대해 OECD는 공공과 민간이 공정하게 경쟁하도록 각 정부
가 경쟁 중립적 위치에서 충분한 역할을 할 것을 권고하고 있다.[65]
민간기업이 공공기관에 불리하지 않도록 필요한 조치를 해야 한다는
것이다. 공공기관에 예산을 지원하거나 특혜를 주는 일은 최소화하
여야 한다. 공정한 경쟁의 여건이 민간의 창의를 살리고 해당 영역의
발전을 자극한다고 본다. 정부는 가능한 한 민간이 할 수 있는 사업에
직접 참여하지 않는 것이 좋다. 참여한다면 민간기업이 공공기관과 공
정하게 경쟁하는 데 필요한 기반과 여건을 먼저 조성하여야 한다.

담합, 내부거래, 공공기관의 시장 사업 등은 불공정한 경쟁의 주요
원천이다. 시장은 자유롭고 공정해야 한다. 누구나 자유롭게 사업하
고 공정하게 경쟁할 수 있을 때 지식의 창조와 개발이 왕성할 것이

다. 불공정한 경쟁은 경제를 위축시키고 국가경쟁력 저하를 초래한
다. 시장은 축소되고 일자리는 줄어들 것이다. 싸고 좋은 품질의 제
품이나 서비스를 공급할 수 있어야 한다. 높은 품질과 고급스러운
서비스를 공급하기 위해 기술과 노하우를 개발한다. 해당 시장은 확
대되고 발전할 것이다. 자유롭고 공정하게 경쟁하는 시장 질서를 만
들고 유지할 일이다.

# 6. 경제의 이중구조와 지식역량 개발

## ◉ 경제의 이중구조와 격차

한국의 대기업과 중소기업, 정규직과 비정규직, 공공과 민간 부문 간 급여 격차는 세계적이다. 이러한 격차는 어디에서 오는 것일까? 단순히 경쟁력이나 성과의 차이에 기인하는 것으로 보기는 어렵다. 대-중소기업, 남-여, 공공-민간 부문 등 집단 간 임금 등의 격차는 각 집단의 외형적, 형식적 특성에 따른 차이로 보인다. 하지만 중요한 것은 격차의 대부분이 면허나 담합에 의한 이익을 누리는 쪽이냐, 아니냐에 의한 것이라는 점이다. 경쟁의 불공정성과 비합리적 보상 방식이 격차 발생의 원천이다.

공공부문, 특정 면허 사업자, 독과점 사업자나 그 종업원, 담합의 주체인 남자의 급여나 소득은 여타 부문에 비해 높다. 독과점적 면허, 시장에서의 우월적 지위, 기타 불공정한 경쟁 등에 의한 것이다. 담합이나 경쟁 제한의 수혜 집단에 속하는 사람은 상대적으로 소수이다. 그러한 집단에 속하지 않는 사람이 다수이며 상대적 소득 수준은 낮다.

담합이나 우월적 지위에 의한 렌트는 보통 그 나머지 구성원들의 희생 위에서 발생한다. 담합 참여자들은 고가로 낮은 품질의 제품이나 서비스를 공급한다. 소비자들은 비싼 가격에 낮은 품질의 서비스를 구매해야 한다. 그로부터 부당이득이나 렌트가 발생한다. 정치, 법률 서비스, 금융, 대학교육, 부당 내부거래 등의 분야에서 이러한 현상을 발견할 수 있다. 이들과 경쟁 관계에 있는 사업자들은 불공정한 경쟁의 직접적 피해자이다. 부당하게 시장을 뺏기거나 낮은 이익률로 생존을 이어간다. 렌트는 이 모든 피해자들의 희생과 비용 위에서 발생한다.

2015년 현재, 우리나라 최상위 1%에게 집중된 부는 전체 부의 34.1%였다. 상위 1%에게 부가 집중된 정도가 우리보다 높은 나라는 터키 54.3%, 칠레 43.2%, 체코 39.0%, 이스라엘 38.7%, 미국 37.3%, 스위스 34.8% 등 여섯 나라에 불과[66]하였다. 상위층에 부가 집중되고 소득 격차가 확대되는 것은 담합과 같은 불공정한 구조가 상당 기간 지속되었기 때문이다. 우리의 경우 1997년 외환위기 이후 불공정한 구조가 확대되고 심화된 것으로 나타나고 있다.

또한 한 연구에서는 저소득층이 저소득층에, 고소득층이 고소득층에 잔류할 확률은 각각 80% 이상이라고 한다. 저소득층이 중산층으로 될 확률은 20%가 되지 않는다. 경제적 계층이동이 거의 봉쇄된 상황에 있는 것이다. 부의 상속과 더불어 요즘에는 고용 세습의 문제도 제기된다. 시장경제의 가장 큰 장점인 혁신성과 역동성을 스스로 반납하고 있는 모습이다.

2000년 이후 10대 기업 명단에 별 변화가 없다. 쌍용과 대우, 금호가 사라지고 포스코가 새롭게 포함된 정도이다. 물론 최근에 셀트리온, 네이버, 카카오 등 바이오와 디지털 분야의 새로운 주자들이 부상하고 있기는 하다. 미국과 중국 등에서는 플랫폼 기업 등이 주력이 되어 경제를 이끌고 있다. 새로운 산업이 새로운 일자리를 만든다. 기술 변화로 새로운 기업이 등장하고 사업의 방식도 변화한다. 새로운 기술로 기존 일자리는 사라지고 일자리의 재배치가 일어난다. 하지만 한국은 이러한 일자리의 역동성도 부족한 것으로 분석되고 있다. 새로운 산업과 기업의 등장이 부진한 것이다. 창업기업이나 중소기업이 대기업으로 성장하는 경우도 많지 않다. 산업 전반에 존재하는 불공정의 벽과 기업 성장을 저해하는 제도들 때문이다.

## ⊙ 담합과 경쟁의 이중구조

한국 경제는 담합과 경쟁 영역의 이중구조로 되어 있다. 우월적 지위의 수혜를 누리는 부문과 그렇지 못한 부문으로 나누어져 있다. 진입 규제 수혜자인 면허 사업자, 부당 내부거래와 불공정 경쟁의 수혜자인 사업자와 종사자, 부당한 지원을 받는 공공부문 등은 담합 영역에 속한다. 담합 영역이 권력이나 관계에 따른 힘을 발휘한다면 경쟁 영역은 기술이나 지식 등의 실력으로 살아간다. 급여나 소득 등의 격차는 이러한 영역 간의 격차에서 비롯되는 것이다.

한편 한국은 '치열하게 경쟁하는 사회'라고 한다. 국경을 넘는 '무한경쟁, 승자 독식'의 경쟁 환경에서 무역 비중도 크다. 게다가 한국인은 부와 출세를 향한 욕구도 강하고 타인과의 비교에도 민감하다. 성실하고 근면하다. 입시는 물론 자영업자들의 생존경쟁은 치열하다. 아침 일찍 진행되는 조찬 특강, 기업들의 혁신 노력에서 경쟁의 열기를 느낄 수 있다. 변화에 신속히 적응하고 빨리빨리 성과를 내려고 노력한다. 그래서 '한국은 치열한 경쟁의 나라'일까?

'치열하게 경쟁하는 사회'라고 느끼는 또 다른 중요한 이유가 있다. '제한되고 좁은 영역'에서 다수가 경쟁하기 때문이다. 한국의 자영업자 비율은 세계 최고이다. 하지만 자유롭게 진입하여 활동할 많은 영역엔 진입할 수가 없다. 제한된 수의 면허나 계열사 내부 거래, 공공부문의 시장 사업자만의 영역이 많다. 이러한 영역을 제외한 나머지 영역에서 자영업자 등 다수가 생존하는 구조이다.

자영업자, 소상공인, 내부거래가 없는 기업들의 생존을 위한 경쟁은 치열하다. 뛰어난 기술이 있어도 고수익은 쉽지 않다. 독과점이나 담합 상태의 기업과 거래할 때는 '을'의 입장이 된다. 싸게 팔거나 비싸게 사야 한다. 한국 대기업이나 공공부문의 급여는 높은 수준이다. 대기업이나 공공부문에 취업을 하거나 그들과 거래하기 위한 경쟁은 치열할 수밖에 없다.

우월적 지위의 영역 내부에도 경쟁은 존재한다. 다만 개방된 시장에서의 실력 경쟁과 내용이 다르다. 영역 전체의 몫을 내부적으로 나누기 위해 경쟁한다. 시장에서는 품질, 성능, 가격, 납기 등으로 경쟁하지만 담합 영역에서는 집단 내 권력이나 서열, 자본 등으로 경쟁한다. 기술이나 노하우 등 실력보다 집단 내의 서열이나 권력 관계 등을 기준으로 몫을 나눈다. 이 또한 치열한 경쟁이다. 단 이러한 경쟁은 내부용이다. 글로벌 차원에서 경쟁력을 지니는 분야가 되지 못한다.

# ⊙ 위험의 전가

또 하나의 중요한 이슈가 있다. 독과점이나 우월적 지위의 기업이나 기관이 외부에 작업위험을 전가하는 행위이다. 안전사고 등의 위험이 있는 작업이다. 하도급 계약 등으로 작업위험을 중소기업 등에 떠넘긴다. 이렇게 위험이 전가된 작업 현장에서 근로자들의 인명 사고가 빈발한다. 건설이나 공장, 화물 운송 등의 현장에는 항상 안전사고의 위험이 존재한다. 그 작업의 대부분을 하도급 기업 직원이나 비정규직 근로자들이 담당한다. 하도급 계약이나 지입[15] 등으로 작업위험이 '갑에서 을로' 전가되는 것이다. 중요한 문제이다.

이러한 작업위험 전가는 불법적이고 비윤리적이다. 특히 면허 사업자가 작업위험을 외부로 전가하는 것은 중요한 문제이다. 사업 면허는 정부가 예상되는 작업위험을 감당할 능력 있는 자에게 자격을 부여하는 것이다. 예컨대 화물 운송사업자는 교통사고나 화물 취급 등에 수반되는 위험을 스스로 예방하고 관리할 자격이 있는 것이다. 위험을 예방하고 관리하는 것은 의무이기도 하다. 이러한 의무를 지입제 등으로 회피하고 외부에 전가한다. 책임 회피이다. 사업 면허 제도의 취지를 일탈하는 것이다. 위험은 외부에 전가하고 면허의 이익만을 챙기는 모습이다.

면허 사업자에게 부과된 책임을 외부에 전가해도 방관하는 것이 문제이다. 제도 운영에 문제가 많다. 면허의 정당성이 문제가 될 수

---

15)  화물 운송 등의 경우 개인이 차량, 기계 따위의 소유물을 가지고 운송 면허를 지닌 업체에 소속되어 일정한 영업 및 운송행위를 하도록 하는 제도이다.

있다. 해당 면허 제도를 없애고 누구나 사업할 수 있도록 바꾸는 것이 더 나은 방안일 수가 있다.

## ⊙톨게이트와 플랫폼

담합과 경쟁은 각각 톨게이트와 플랫폼에 비유할 수 있다. 톨게이트(tollgate)는 고속도로 요금소이다. 정해진 곳으로 진입하여 주행 후 요금을 내고 나온다. 톨게이트는 정해진 곳으로 들어온 차량만이 통과할 수 있다는 점에서 폐쇄적이다. 고속도로가 생기기 전에는 문경새재 같은 톨게이트가 있었다. 동서양을 잇던 비단길에는 수많은 거점과 관문이 번영하였다. 그 시대의 톨게이트들이었다.

사람과 물품의 왕래가 잦은 곳에 관문이 있었다. 그곳을 통과해야 교류하고 거래하는 것이 가능하였다. 통행과 교류, 거래를 위해 반드시 거쳐야 하는 곳이었다. 통행증을 소지하거나 통행료를 내야 할 때도 있었다. 지금도 많은 곳에 톨게이트가 존재한다. 고등학교와 대학 등의 문도 일종의 톨게이트이다. 동일한 졸업장이나 면허의 소지자들은 같은 톨게이트를 통과한 자들이다. 이들의 모임이 협회나 조합이 되기도 한다. 외부자들을 배척하고 자신만의 이익을 추구하는 폐쇄적인 모임이 될 수도 있다.

플랫폼(platform)은 연단 또는 승강장을 의미한다. 그곳에는 기차와 승객이 도착하고 출발한다. 사람이 모인다. 만남과 이별이 이루어지기도 한다. 인터넷 공간에서도 무수한 접속과 교환, 거래가 발생한다. 다양한 플랫폼이 존재하는 것이다. 무크(MOOC)[16]는 누구나, 언제 어디서나 세계적인 강의를 수강할 수 있는 인터넷 강의 플랫폼이다. 실시간으로 접근 가능한 열린 공간이다. 플랫폼에서는 다수의 접속자가 참여하여 서로 연결하고 상호작용을 한다. 디지털 형태의 다양한 자료와 정보, 놀이와 게임, 음악과 영상 등이 있다. 접속과 소통, 정보의 제공과 획득, 거래 등 다양한 활동이 이루어진다. 누구나 참여하여 상대를 만나 소통할 수 있다. 모두가 참여할 수 있는 개방된 시장이다. 접속과 참여가 많은 플랫폼일수록 새로운 권력이 되기도 한다.

개방된 시장에는 다양한 사람이 모인다. 제품을 팔고, 사려는 경쟁으로 활기가 넘친다. 플랫폼 참여자들은 그 활동에서 자신을 소개하고 창의성을 발휘한다. 사람들의 참여가 늘어나면서 플랫폼은 발전한다. 거대한 장터가 된다. 애플, 구글, 마이크로소프트, 아마존, 페이스북 등은 세계적인 장터를 운영하는 기업들이다. 플랫폼은 개방과 경쟁을 그 속성으로 한다. 누구나 플랫폼에 접속하여 회원이 되고 활동할 수가 있다. 소통과 거래의 광장이다.

이에 대해 톨게이트는 보통 폐쇄적이다. 특정 입구로 들어와 정해진 요금을 내야 자격을 얻는다. 사업 면허나 내부거래, 담합행위 등은 톨게이트 같은 속성을 지녔다. 미리 정해진 소수만이 그곳에 입장한다. 같은 톨게이트를 통과한 회원만이 특별한 이익을 누린다. 담합

---

16) MOOC(Massive Open Online Course): 스탠퍼드 대학의 서배스천 스런과 피터 노빅, 두 명의 컴퓨터 과학자들이 인공지능 인문강좌를 인터넷을 통해 무료로 개방한 데서 시작된 무료 또는 저비용의 온라인 공개강좌. 대표적인 기업으로 유대시티와 Coursera 그리고 edX가 있다.

하고 렌트를 획득하는 톨게이트가 되는 것이다.

다음은 대한변협회장의 인터뷰 내용[67]이다.

> "판결에 대한 불신은 결과의 공정성에 대한 의구심에서 비롯된다. 판결이 재판부마다 다르니까 전관(前官)을 선임하려고 기를 쓴다. 현직 판사들의 전관에 대한 부채와 동료 의식, 연대감이 만든 폐단이다. 어떤 전관을 선임하느냐에 따라 불구속, 벌금, 집행유예로 결과가 달라진다. 어떤 잘못에는 어떤 처벌을 받는다는 예측이 가능해야 하는데 그렇지 못하다. 기준이 무너졌다. … 일제 잔재를 제대로 청산하지 못한 채 소수 엘리트주의가 고착되었고 특권층이 생겼다. 소수를 장악하여 전체를 지배하는 전체주의, 군국주의의 통치술이다."

법조계는 사법연수원이라는 동일한 곳에서 배출된 사람들로 구성되어 있다. 사법시험 몇 회, 연수원 몇 기를 고리로 그들만의 공고한 카르텔을 형성해 왔다. 그릇된 권위 의식을 키워 온 것이다. 그들의 담합은 사법시험과 사법연수원이라는 톨게이트에서 시작된다.

## ⊙지식역량 개발의 이중구조

플랫폼의 시대에도 면허, 내부거래, 공공부문, 담합 등 톨게이트 방식의 영역이 많다. 독과점적 면허나 정부 보호로 렌트를 누리는 부문과 기술 등 지식역량 경쟁에 기반하여 생존하는 부문이 공존한다. 노동 분야에서도 공공 부분과 대기업에는 노조라는 톨게이트가 있다. 나머지 영역에는 노조가 없거나 그 활동이 미약하다.

담합과 경쟁의 영역 간에는 이익이나 급여 등에서 격차가 발생한다. 실질적 성과에 따른 격차가 아니라 불공정 경쟁에 따른 부당한 격차라는 점에서 문제가 된다. 권력이나 관계 등에 기반하여 기술 개발에 노력하는 집단보다 더 큰 수혜를 누린다. 지식역량 개발을 저해하는 체계라 할 수 있다.

특히 담합과 경쟁의 이중구조는 지식역량 개발과 활용의 이중구조를 유발한다는 점에서 문제이다. 자격증 등 면허를 획득할 때까지는 열심히 공부한다. 그러나 면허 획득 또는 담합 이후 사업자들은 스스로 경쟁을 제한하는 등 기술 개발 노력을 하지 않는 경향이 있다. 지식경쟁을 배제함으로써 해당 영역의 지식역량 개발은 후퇴하게 된다. 담합의 영역이 넓을수록 국가 전반의 경쟁력은 더 쇠퇴하게 될 것이다. 고품질 서비스를 저렴하게 공급하는 노력을 포기한다. 스스로 시장 규모를 축소하고 고용 규모도 축소하는 결과가 된다.

명시지, 명제지 기반의 집단이 방법지, 암묵지 역량 기반의 집단에 비해 우대되는 문제도 있다. 학력과 자격증이 현장의 문제 해결 역량에 비해 더 인정을 받는 결과가 된다. 지식의 종류에 위계가 있는 것은 아닐 것이다. 문제 해결에 중요한 방법지, 암묵지 역량이 평가와 보상에서는 소외될 수가 있다. 균형적인 지식역량 개발에 도움이 되지 않는다.


## ⊙ 담합에서 경쟁으로


담합 영역은 최소화되어야 한다. 사람들은 자유롭고 공정하게 경쟁하는 곳에서 역량을 발휘한다. 한국인들도 그렇다. 한류에서 그러한 현상을 볼 수 있다. 스포츠와 음악, 음식과 영화, 기타 다양한 수출 제품의 영역들이다. 사업할 자유와 경쟁을 제한하지 않는 곳들이다. 오로지 숙련된 역량, 창의력과 기술 등을 기반으로 공정하게 경쟁한다. 규제와 담합이 많은 곳에서 세계적인 경쟁력을 발휘하는 경우는 없다. 기술과 노하우 기반의 공정한 경쟁 자체가 경쟁력이다.

담합 영역은 줄이고 경쟁의 영역은 넓혀야 한다. 물론 구조화된 제도나 정책을 바꾸는 일이 쉽지 않을 수 있다. 정부 부처가 소신껏 잘못을 시정한다면 좋을 것이다. 하지만 서로의 주장들이 대립할 때가 있다. 특히 담합 집단이나 렌트 획득자들은 자신들의 이익 보호를 위해 조직적으로 대응하는 경향이 있다. 이들을 대변하는 견고한 구조가 작동한다. 불공정한 경쟁구조라는 원인은 놔둔 채 곁가지 정책이 나올 수가 있다. 예컨대 약자를 지원하는 정책이다. 근본적인 문제를 고치지 못하고 우회하는 것이다.

문제의 근원은 놔둔 채 통증만을 약화시키는 정책이다. 예산 지출 등으로 재정 부담은 증가한다. 정책 효과도 신통치 않을 수 있다. 예컨대 농·축산업, 중소기업 보호 육성 및 지원 정책[17]들이 그것이다. 중소기업 등에 자금이나 판로 등의 혜택을 부여한다. 외국에는 없는 '상생', '동반성장'[18] 등 명칭의 정책도 운영한다. 적지 않은 정부 예산이 투입된다. 소득 격차 등의 문제를 개선하기 위한 비용 지출이다.

---

17) 한국은 세계적으로 중소기업 지원 정책이 가장 발달한 나라로 알려져 있다. 2019년 중소기업과 소상공인을 지원하기 위한 중소벤처기업부의 예산은 10조3천억원이었다. 하지만 대-중소기업 격차는 여전하고 중소기업이 대기업으로 성장하는 사례도 많지 않다.

18) 대기업이 거래 중소기업을 배려하여 '상생하고, 동반성장' 하라는 의미의 정책이다. 관련법도 제정되어 있다. 외국에서는 '공정거래법' 이외의 기업 간 관계는 시장에 맡기는 것이 일반적인 관행이다.

하지만 중소기업 성장에 필요한 것은 소모적 지원이 아니라 공정하게 경쟁할 수 있는 여건이나 제도이다. 무엇보다 불공정한 거래 구조나 진입 규제를 개선하여 공정한 경쟁 환경을 만드는 것이 훨씬 중요하다. 지식역량 기반의 공정한 경쟁이 경쟁력과 일자리를 만든다. 무엇보다 자생력을 지니고 오래 갈 수 있다.

# 제4장
# 역량의 활용

1 | 지식기반의 역량

2 | 한국인의 지식역량 평가

3 | 지식역량 개발의 구조적 여건

4 | 역량의 활용

5 | 지식 국가의 새로운 기반

6 | 생애역량의 개발과 창조

7 | 교육개혁

역량 활용 양상은 어떠한가? 역량은 발휘하면서 개발되기도 한다. 무엇이 역량 발휘를 제약하고 있는가?

# 1. 일자리 미스매치

용접이나 주조[1] 작업은 금속 제품 생산에 필수적이다. 해당 작업이나 관련되는 사업을 '뿌리산업'이라고 부른다. 뿌리산업이 튼튼하면 제조업이 살고, 쇠퇴하면 제조업도 쇠퇴한다고 한다. 미국 등도 이러한 뿌리산업이 쇠퇴하면서 제조업 전반의 쇠퇴를 경험한 바가 있다. 용접과 주물 작업을 하는 환경은 더위, 분진, 소음 등으로 열악하다. 하지만 자동화와 환경 개선 설비 등으로 개선이 가능하다. 공산품 생산의 기초가 되는 소재를 만들고 공급한다는 점에서 제조업의 기반이 되는 산업이다.

이러한 작업 현장에 일손이 부족하다. 젊은 일꾼들은 찾아보기 어렵다. 중소 제조기업은 만성적 인력난 상태에 있다. 외국인 근로자는 이미 100만 명을 넘는다. 한국 청년의 역량은 이들 기업에 필요한 역량과 다르다. 인력 공급과 수요 간 불일치가 심화되고 있다.[2]

---

1) 주조는 녹인 금속이나 플라스틱을 만들고자 하는 모양의 틀에 부어서 굳힌 주물을 제조하는 작업이다.
2) 물론 일자리 역량 미스매치의 문제가 한국만의 문제는 아니다. 미국도 컴퓨터 전공 학생은 부족하고 경영학 전공자는 많다. 학력에 못 미치는 하향취업 현상도 문제이다. (제롬 케이건, 『무엇이 인간을 만드는가』, 책세상, 2020, 368쪽.) 한국은 행 등의 조사에 따르면 한국의 하향취업 비율은 2018년 기준 30%를 넘는 것으로 나타나고 있다. 하향취업이란 취업자의 학력이 일자리가 요구하는 학력보다 높은 경우를 의미한다. (오삼일, 강달현, 「하향취업의 현황과 특징」, 『BOK 이슈노트』, 2019-4호, 2019.)

## ⊙기업 규모별 일자리 분포

한국은 주요 국가와 비교할 때 250인 이상의 대규모 기업 일자리
가 유난히 적다. OECD 국가의 기업 규모별 종사자 수 비중을 보면
그것이 드러난다.

〈표 IV-1〉 기업 규모별 종사자 수 비중(%)

| | 종사자 수<br>(만 명) | 1~9인 | 10~19인 | 20~49인 | 50~249<br>인 | 250인<br>이상 |
|---|---|---|---|---|---|---|
| 미국 | 9,077 | 10.2 | 6.7 | 9.8 | 14.7 | 58.7 |
| 독일 | 2,774 | 20.0 | 11.0 | 12.2 | 19.9 | 36.9 |
| 일본 | 3,523 | 13.1 | 7.9 | 11.1 | 20.7 | 47.2 |
| 이탈리아 | 1,411 | 45.9 | 10.8 | 9.6 | 12.8 | 20.9 |
| 한국 | 1,503 | 43.4 | 10.8 | 13.7 | 19.3 | 12.8 |

자료 출처: OECD, iLibrary, Entrepreneurship at a Glance 2017.에서 발췌하여 작성
※ 미국, 일본, 한국은 종업원 없는 1인 자영업자 수가 포함되지 않은 수치임

한국의 전체 취업자 중 250인 이상 규모 기업 종사자 수 비중은
12.8%이다. 반면 9인 이하 규모 기업 종사자 비중은 43.4%로 매우
크다. 특히 2018년 기준 한국의 1인 자영업자는 400만 명[3] 수준이었
다. 이를 종사자 수에 포함한다면 전체 근로자 중 9인 이하 종사자
비중은 50%를 훨씬 넘는다. 세계 최고 수준이다.

한국은 대기업 종사자는 상대적으로 매우 적고, 9인 이하 규모 기
업 종사자는 매우 많다. 250인 이상 규모 종사자 비중과 9인 이하 규

---

[3]  한국은 OECD 국가 중 1인 자영업자 비중도 가장 높다. 택시나 화물 운송 종사자,
    보험 설계사 등 외국에서 급여 소득자로 분류되는 근로자도 한국에서는 1인 자영
    업자인 경우가 많다.

모 종사자 비중이 각각 12.8%, 43.4%이다. 미국은 이 비중이 58.7%, 10.2%이다. 독일은 36.9%, 20.0%이며 일본은 47.2%, 13.1%이다. 일본, 미국, 독일 영국 등의 경우 250인 이상 규모 기업 종사자 수 비중은 30~60% 수준이다. 9인 이하 기업 종사자 수 비중은 10~20% 수준이다. 이에 대하여 한국은 전체 근로자의 68%가 49인 이하, 54%가 19인 이하의 소규모 기업에 종사하고 있다.

한국의 기업 규모별 일자리 분포는 그리스, 이탈리아, 포르투갈, 스페인 등과 유사하며 일본, 미국, 독일, 영국 등과는 차이가 크다. 한국의 기업 규모별 종사자 수 비중은 경쟁력 수준이 높고 경제 상황이 안정적인 나라보다는 그렇지 못한 나라들과 유사하다. 미국, 독일, 일본의 250인 이상 규모 기업 종사자 수 비중은 각각 58.7%, 36.9%, 47.2%인 데 비하여 한국은 12.8%에 불과하다. 왜 이런 차이가 나는가?

## ⊙대기업의 고임금

한국의 경우 중소기업과 비교한 대기업의 임금 수준은 매우 높다. 대기업과 중소기업 간 임금 격차가 큰 것이다. 250인 이상 제조기업의 임금 수준을 100으로 보았을 때 50~249인, 20~49인, 10~19인 기업의 OECD 국가 평균 임금 수준은 78:67:61이었다. 이에 비하여 한국의 동 비율은 52:49:45 수준이었다. 한국 중소기업의 임금 수준은 평균적으로 대기업의 절반 수준에 불과하다.

<그림 IV-1> 기업규모별 임금 격차(제조업)

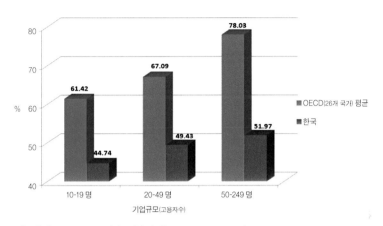

자료 출처: OECD, 2016, 서비스업과 산업(Industry and Services)
※ 그래프값은 250명 이상 기업의 평균 임금을 '100'으로 보았을 때의 값(%)

한국도 1990년대에는 대기업 대비 중소기업 근로자의 임금이 70% 대 수준에 달하였다. 하지만 외환위기를 지나면서 그 격차가 크게 확대되었다. 특히 종업원 500인 이상 대기업의 임금이 가파르게 인상되어 기타 규모 기업들과의 임금 격차가 더욱 확대되었다. 500인 이상 기업의 평균 임금은 미국 $4,618, 일본 $3,982, 한국 $6,048이었다. 한국 대기업 근로자는 미국 대비 31%, 일본 대비 52% 더 많은 금액의 임금을 받는다. 반면 10~99인 기업의 경우 미국 $3,381, 일본 $3,160, 한국 $3,301로 한국의 임금 수준은 미국의 97.6%, 일본의 104.5%였다.[68] 대기업 평균 임금은 선진국에 비해서 크게 높은 수준이지만 중소기업의 경우엔 비슷한 수준이다.

500인 이상 기업의 각국 평균 임금을 자국의 1인당 GDP와 비교했을 때 한국은 202.4%였다. 이는 일본 117.3%, 미국 101.7%의 2배에 이르는 높은 수준이다. 한국 대기업의 임금 수준은 국내 중소기업은 물론 외국 대기업에 비해서도 매우 높다. 대기업의 임금 수준은 경제 수준에 비추어 과도하게 높은 것이다. 이에 대하여 일본의 한 연구소는 그 원인을 높은 상여금 수준, 전투적인 노동조합, 우수한 인재확보 경쟁 등으로 보았다.

1인당 GDP에 대비한 대기업 임금은 과다하게 높다. 이로부터 다양한 문제가 파생된다. 특히 높은 임금 수준은 근본적으로 고용을 제약한다. 다수 공장이 해외로 나가는 주요 배경이 된다. 대기업 고용 인력이 전체 근로자 수의 12.8%에 불과한 주요 원인이다. GDP 대비 한국 대기업의 임금 수준을 미국 수준으로 낮춘다면 그 고용 인원은 비약적으로 증가할 수 있다. 현재의 두 배 이상이 될 수도 있을 것이다.[4] 해외에서 운영 중인 공장도 보다 용이하게 국내로 다시 올 수 있을 것이다.


### ⊙ 고학력과 일자리 미스매치


한국 전체 근로자 중 250인 이상 기업 근무자의 비중은 12.8%인데 비하여 2017년 기준 청년층(25~34세)의 대학 졸업률은 70%였다. 대졸 청년의 비중은 근로자 중 대기업 종사자 비중의 5.5배 정도이다. 청년층 일자리의 미스매치는 근본적으로 이러한 여건과 관련되어 있다. 250인 이상 규모 기업 종사 비중이 30~60%인 OECD 국가

---

4)  임금 수준이 낮아지면 임금 대비 생산성이 증가하여 고용이 증가할 것이다. 그 증가 정도는 임금 수준 대비 고용의 탄력성 정도에 따라 다를 것이다.

의 평균 대학 졸업률은 40% 정도이다. 기본적으로 대학 졸업자의 다수가 250인 이상 규모 기업에 종사할 수 있는 여건인 것이다.[5] 한국과는 상당히 다른 양상이다.

20대 후반 대졸자들의 실업 규모는 15~20만 명 수준이다.[69] 20대 청년층의 실업률과 실업자 규모는 2011년 이후 계속 증가하고 있다. 고용률[6]은 2011년 이후 60%를 회복하지 못하고 있다. 중소기업의 인력 부족 현상은 지속되고 있지만 청년층의 실업률은 오히려 증가하고 있다. 주요 원인의 하나는 대·중소기업 간 임금 격차에 있을 것이다. 공공부문을 포함한 대기업과 중소기업 부문 간의 보상 격차가 실업의 근본적인 배경이다.

대졸자들이 전문적 지식 등 대학교육이 필요치 않은 일자리에 종사하는 현상은 미국과 유럽, 캐나다와 중국 등에서도 발견할 수 있다.[70] 대학 졸업자의 20~40% 정도가 하향취업을 하는 것으로 나타난다. 하지만 한국의 고학력과 일자리 미스매치 현상은 이들 국가에 비해 더 심하다고 할 것이다.

## ⊙중소기업 부문의 인력 부족

중소기업 부문에서는 필요 인력을 충원하지 못하는 인력 부족 현상이 지속되고 있다.[71] 2016년 기준으로는 제조업 6만9천 명, 서비스

---

5) '대졸자는 대기업에 근무해야 한다.'는 의미가 아니다. 대졸자와 대기업 고용을 수치상으로 보면 그렇게 분석할 수 있다는 것이다.
6) 취업 인구/ 해당 연령 인구

업 8만7천 명, 건설업 1만5천 명 등 총 17만여 명의 인력이 부족했다. 특히 이는 20대 후반 대졸자들의 실업자 수와 비슷한 규모이다. 제조업의 생산직과 기술연구직, 서비스업의 영업마케팅 및 전문서비스직, 건설업의 공무직 및 건설기능직 등의 인력 부족이 심했다. 고학력 대신 현장 경험이 필요한 직종이 대부분이었다.

산업통상자원부는 2017년 기준으로 산업기술인력[7] 수급실태를 조사하였다.[72] 이에 따르면 약 3만7천 명의 기술인력이 부족한 것으로 나타났다. 특히 전기·전자 부품 및 제품조립원, 응용 소프트웨어 개발자, 전자공학 기술자 및 연구원, 금속가공 기계 조작원, 시스템 소프트웨어 개발자, 플라스틱 제품 생산기 조작원 등의 인력 부족률이 높았다.

중소기업이나 산업기술인력 부문의 인력수급 문제는 다음과 같이 정리될 수 있다.

○ 중소기업은 신규 채용 시에도 즉시 현장에 투입 가능한 경력직을 선호하는 경향이 있다. 하지만 적합한 경력을 지닌 청년 인력은 부족하다.

○ 산업기술인력의 경우에 경력자에 대한 미충원율이 신입자에 대한 미충원율에 비해 훨씬 높다. 또한 신입자는 조기에 퇴사하는 비중이 높다.

○ 청년층은 제조업에 비해 서비스 업종을 선호하는 경향이 있다.

---

7) 기계, 디스플레이, 바이오, 헬스, 반도체, 섬유, 자동차, 전자, 조선, 철강, 화학, 소프트웨어, IT 비즈니스 산업과 전문 과학 및 기술 서비스업, 영상 제작 및 통신 서비스업, 기타 서비스업 등 산업기술과 관련되는 산업에서 연구개발 기술직 또는 생산 및 정보통신 업무 관련 관리자, 임원으로 근무하고 있는 인력을 의미한다.

제조업인 중소기업, 산업기술인력 부문의 인력 부족이 지속되는 원인의 하나이다.

○ 기업 규모가 클수록 20~30대 종사자 비중이 높고, 중소규모에는 50대 이상 장년층 비중이 상대적으로 높다. 중소기업은 청년 취업자 비중이 낮고 인력 고령화가 심각한 수준이다.


## ⊙ 역량의 미스매치

조직체의 규모나 공·사 영역을 불문하고 인력을 채용할 때는 해당 분야의 현장 경험을 선호한다. 하지만 경력 부족으로 채용하지 못할 때가 많다. 독일에서는 실업교육 훈련 시스템인 '듀얼 시스템'이 정착되어 있다. 실업계 고등학교 학생들은 학교와 현장에서 공부하고 일도 배운다. 일과 학습을 병행하는 것이다. 학생들은 기업에 취업하면 바로 일할 수가 있다. 현장에서 필요한 능력을 배워서 갖추고 있기 때문이다.[73]

한국의 청년들은 직업에 대한 준비가 부족한 상태에서 일자리와 마주한다. 취업을 준비 중인 지방대학 졸업자의 이야기이다.

> "중·고등학교 때는 단순히 대학에 진학하기 위한 공부만 중시한다. 대학에 입학할 때도 진로보다는 수능이나 내신 점수에 따라 대학과 학과를 선택하였다. 진로를 위해서는 과가 중요한데 사실 어느 과가 나에게 맞는지, 어디가 좋은지에 대한 정보가 없었다. 대학에 가서도 남들이 토익학원 다니니까 나도 다니고, 연수 가니까 따라서 가고 하였다. 내가 무엇을 하면 좋을지 제대로 짚어주는 사람도 없었다. … 학교를 졸업하면서 내가 딱 무엇을 해야겠다는 확신도 없었고 직업에 대한 학습도 안 돼 있었다."

이 이야기는 인력의 공급 면에서 일자리 미스매치 원인을 잘 설명하고 있다. 전반적으로 직업에 대한 준비가 소홀하다. 특히 어떤 직업, 어떤 일자리가 나에게 필요한 것인지에 대한 탐색이 미흡하다. 정부와 산업계의 관련 정보 제공 노력도 미흡하다. 특히 취업에 대비하여야 할 재학 기간에 그 준비가 불충분하다. 일자리는 대개 해당 분야의 문제 해결 능력을 요구한다. 인성이나 대인관계 능력도 중요하다. 요구하는 전문적인 능력은 개별 일자리마다 다를 것이다. 자신의 적성과 능력을 개별 일자리 특성에 맞추어 준비하는 과정이 필요하다. 특히 중요한 것은 일자리가 요구한 실제적인 역량을 제대로 인식하는 것이다. 막연한 생각이나 상상이 아닌 실제 경험을 통해 일자리의 상황을 현실적으로 이해할 필요가 있다.

업무 현장의 분위기, 조직 내 구성원들의 위계 및 관계, 일에 필요한 전문적인 역량, 보상과 승진체계 등에 대한 구체적인 인식이 필요하다. 나에게 맞는 일자리인지를 판단하고 무엇을 준비해야 하는지에 대한 정보를 얻을 수 있어야 한다. 이러한 정보와 인식이 부족한 상태에서 적절한 일자리를 구하기는 쉽지 않을 것이다. 사회와 기업에 대한 경험이 미흡한 상태로 학교를 졸업한다. 학교는 강의와 필기시험 중심으로 교육한다. 교육 과정에 현장실습이 포함되는 경우는 거의 없다. 직접 경험을 대체할 사례교육이나 팀 활동 방식의 수업도 부족하다. 현장실습 등으로 실제를 경험하고 폭넓은 사고와 식견을 키울 시간이 거의 없다. 일자리 미스매치는 당연한 결과일 수가 있다.

4차 산업혁명 등으로 정형적이고 반복적인 일은 소프트웨어나 로봇으로 대체되고 있다. 정형적·반복적 업무를 기계가 대체하는 형태의 기술변화(routine-based technological change)가 진행되고 있다. 일상적이며 표준화가 쉬운 업무들은 기계, 컴퓨터, 해외의 값싼 노동력 등에 의해 대체될 것이다. 반면 보육이나 간병 등 개인 돌봄 서비스 종사자, 이·미용사, 청소나 경비, 음식점 종사자 등의 일자리는 증가할 것으로 예측된다. 다양하고 비일상적이며 대인관계 기능의 서비스는 증가할 것이다. 고령화와 ICT의 확산이 그 배경에 있다.[74]

기술 변화에 따라 현재의 일자리 양상은 크게 변화할 것으로 예상된다. 어떤 연구는 2030년까지 현재 일자리의 거의 절반은 사라질 것으로 예측한다. 현재의 일이 로봇이나 인공지능에 의해 대체되는 정도에 따라 결과가 달라질 것이다. 지금의 인건비보다 저렴한 비용으로 동일한 서비스가 제공된다면 많은 일자리는 컴퓨터나 로봇으로 대체될 수 있다. 하지만 사람만이 할 수 있는 일이나 서비스 관련 일자리는 더 확대될 가능성이 있다. 기술 변화가 어떤 일자리를 줄이고 늘리게 될 것인지 가늠해 볼 필요가 있다. 새로운 일자리가 어떤 역량을 요구할 것인지, 무엇을 학습할 것인지 생각하고 준비할 일이다.

# 2. 청년 실업과 조기 퇴직

## ⊙ 늦은 사회생활

한국인들은 평균적으로 늦은 나이에 사회생활을 시작하고, 늦은 나이까지 일한다. 고학력이 많으며 청년기에 취업이나 현장실습 등으로 사회를 학습할 기회는 제한적이다. 늦게 취업한 직장에서는 일찍 퇴직한다. 하지만 노후 준비 미흡 등으로 고령에 일하는 인구가 많다. 이에 비하여 OECD 국가 등의 사람들은 일찍 사회생활을 시작하고 정년까지 일하는 경향이 있다. 한국인의 직업 생활 등 삶의 사이클은 이들과 상당한 차이가 있다. 백 세 시대이다. 한국인의 인생 사이클은 적절한 것인지, 어떤 변화가 필요한 것인지에 대해 논의가 필요하다.

OECD 국가 15~29세의 청년들은 평균적으로 학교 공부, 직업을 위한 학습, 초기 직장생활 등이 섞인 삶을 산다. 이에 대하여 동 연령대 한국 청년들은 입시 준비를 포함하여 긴 시간을 학교에 다닌다. 실제 직업을 위한 역량의 준비와 학습은 부족한 편이다. 대신 학점이나 각종 자격을 획득하기 위한 시험공부를 한다. 직업이나 사회에 대한 경험이 부족하다. 비교적 늦은 나이에 사회에 진출한다. 다수 청년은 긴 시간 비정규직 또는 실업 상태에 빠지기도 한다.

한국 청년들이 생애 처음으로 소득을 창출하는 시기는 언제일까? 경영자총협회에 따르면, 2012년 입사한 300인 이상 규모 기업 신입

직원의 평균연령은 27.7세였다. 300인 미만 규모 기업의 경우엔 28.9세였다. OECD 국가와 비교할 때 평균적으로 5년 또는 그 이상 늦는 것으로 보인다. 사회를 경험하고 실제의 노하우를 학습하는 시기가 그만큼 늦는 것이다. 늦은 나이에 성인이 된다. 소득을 창출한다는 것은 그에 필요한 역량을 지닌 것이라 할 수 있다. 그것은 일종의 경쟁 역량이다. 한국 청년들의 경쟁력을 이러한 관점에서도 바라볼 필요가 있다.

## ⊙ 짧은 근속기간

2017년 기준 직장에서의 평균 근속기간[8]이 한국은 5.9년인 데 비하여 OECD 국가 평균은 10.2년이었다. 한국의 공무원이나 교사 등은 30년 이상 근속하기도 한다. 하지만 민간 부문을 포함할 때 한국 근로자의 평균적인 직장 근속기간은 매우 짧다. 근속기간이 짧다는 것은 고용상태가 안정적이지 못한 것을 의미할 수도 있다. 긴 시간 학교에 다닌 것에 비하면 안정적 여건에서 역량을 발휘하는 기간은 상대적으로 짧다. 20년 일하기 위해 30년을 준비한다. 50세 전후에 퇴직하면 나머지 50년은 무슨 일을 하는가?

연공서열제 여건에서는 전직이 쉽지 않다. 전직한 회사에서 전 직장과 비슷한 수준의 급여를 받는 것도 어렵다. 한국 근로자들은 대체로 40대 후반 또는 50대 초반에 주된 일자리에서 퇴직하고 있다.

---

8) 정규직, 비정규직을 포함한 평균치

퇴직한 후에는 전보다 훨씬 적은 급여를 받으며 일한다. 직업 안정성이 떨어지는 비정규직인 경우가 많다. 생계형 창업에 나서기도 한다. 상용 근무자로서 중위 임금의 2/3 이상을 받는 근로자는 전체의 21.6%에 불과하다. 임시 일용직, 시간제 등 고용이 불안정한 여건에서 일하는 중년·고령의 근로자는 59.8%였다. 50인 미만 사업장에 근무하는 근로자는 전체의 80.2%였다.[75]

2017년 기준 한국 65세 이상 인구의 경제활동참가율은 31.5%였다. 프랑스 3.1%, 독일 7.0% 이외에 일본은 23.5%, 미국은 19.3%였다. OECD 평균은 14.8%였다. 한국의 65세 이상 인구의 경제활동참가율은 OECD 평균에 비해 16.7%가 높은 것이다. 통계청에 의하면 한국의 20대 취업자는 2015년 361만 명에서 2018년 369만 명으로 별 차이가 없었다. 하지만 60대 취업자는 2015년 259만 명에서 2018년 308만 명으로 49만 명이나 증가하였다. 비정규직 비율은 20~29세 17.6%, 30~39세 14.9%인데 비하여 60세 이상은 23.2%였다.[76]

## ⊙역량 개발과 활용의 비효율

늦은 취업, 조기퇴직은 비효율적이며 여러 문제를 유발한다. 역량 개발과 활용의 면에서 문제가 있다. 예컨대 4년제 대학을 다니고, 25세에 취업하며, 70세에 퇴직하는 형태를 상상해 볼 수가 있다. 백 세 시대에 70세 퇴직은 늦은 퇴직이 아닐 것이다.[9] 이 모델에서는 45년 일하는 것이 된다. 25세까지 배우고 45년 일하는 모델인 것이다. 30세에 취업하고 50세에 퇴직하는 경우와 비교해 보자. 우선 주된 직업에서 일하는 시간이 배 이상 늘어난다. 45년 일하면서 생계를 해결하고 연금 등을 준비할 수 있을 것이다. 현재보다 훨씬 여유 있는 노후가 될 것으로 보인다.

30세 취업, 50세 퇴직 모델의 가장 큰 문제는 시간과 비용의 낭비 가능성이다.[10] 입시 준비와 대학 생활 등에 상당한 비용과 긴 시간이 투입된다. 지력과 체력이 가장 왕성할 20대 전, 후의 시간에 다양한 경험을 하고 많이 깨우칠 필요가 있다. 4차 산업혁명 등으로 기술 및 지식이 빠르게 진보하는 시대이다. 한번 배운 기술과 지식으로 계속 일하는 시대가 아니다. 일하면서 배우고, 배우면서 일할 필요가 있다.

30세 취업, 50세 퇴직 모델은 국가 재정에 주는 부담도 심각하다. 복지 국가는 모든 국민에게 인간답게 살 권리를 보장하려고 한다. 국가 재정으로 그것을 지원하려는 것이다. 그러나 어떠한 경우이든 국가의 재원이 무한하지는 않다. 즉 복지 국가란 모든 국민이 최대한 일한 후에 필요한 부분을 국가가 지원하는 모델이다. 적게 일하면서 사회복지 국가가 되는 것은 비현실적이다. 늦게 취업하고 일찍 퇴직하는 사회는 국가 재정에 큰 부담이 될 수밖에 없다. 개인의 건강은

---

9)  물론 연공서열제가 아닌 직무급, 성과급, 시간급 등의 급여체계를 적용받는다고 가정하여야 할 것이다.
10)  첫 직장 시작 연령이 1세 늦어질 경우, 초혼 연령이 평균적으로 약 3.3개월 늦어진다는 조사 결과가 있다.

물론 국가 재정을 위해서도 긴 기간 동안 일하는 것이 좋다.

국제노동기구(ILO)는 청년의 범위를 15세 이상 24세 미만으로 정의하고 있다. 청년 관련 각종 보고서도 청년층을 15~24세의 연령대로 보고 통계 등을 작성한다. OECD를 비롯한 대부분 국가도 15~24세를 청년으로 규정하고 취업 지원 등의 정책을 펼친다. 반면 한국은 대체로 15~29세를 청년층으로 인식한다. 「청년고용촉진 특별법 시행령」에서는 청년을 '15세 이상 29세 이하인 사람'으로 정의한다. 미취업자인 청년의 고용을 지원하는 정책에서는 15~34세를 청년으로 보기도 한다. 우리는 외국에 비해 10년이나 늦은 나이까지를 청년으로 보고 취업 등을 지원하는 것이다.

15~34세의 고용을 지원하는 것은 정부가 청년의 늦은 취업 문제를 인정하고 있음을 뜻한다. 어떤 의미에서 그것 또한 예산의 낭비이다. 이미 자립하였을 나이의 성인을 '청년'이라는 명목으로 지원하기 때문이다. 높은 노인 빈곤율 등 정부 지원이 필요한 분야가 많다. 청년들의 늦은 취업은 정부 재정에 부담을 준다는 점에서도 문제가 된다.

## ◉ 변화의 방향

청년 실업과 조기퇴직 현상은 주로 역량 미스매치와 보상체계 문제에서 비롯된다. 실무역량 없는 고학력과 비합리적 연공서열제의 결과이다. 교육과 급여체계 전반의 혁신적인 개선이 필요한 것이다. 너무 중요한 문제이다. 30년 준비하고 20년 일하는 비효율적 구조에서 벗어나야 한다. 20년 준비해서 60~70년 일하는 구조로 바꾸는 것이다.

'고교 졸업-대학 진학-취업'으로 표준화된 삶의 경로 모델도 바뀔 필요가 있다. 예컨대 '고교 교육-취업-대학 진학-취업(창업)-평생 교육-전직' 등을 반복하는 형태로 변화하는 것이다. 개인의 성향과 진로에 따라 다양한 삶의 경로가 있을 것이다. 획일적인 하나의 경로가 아닌 다양한 삶의 모습이 존중받아야 할 것이다. 무엇보다 입시라는 획일화된 잣대로 청년을 줄 세우는 관행을 탈피하는 것이 중요하다. 이제 '대학 졸업 후 취업'이라는 단선적인 경로 모델은 폐기되어야 한다. 필요할 때 배우고 취업하는 다양한 모델로 바뀌는 것이다. 백 세 시대에는 80~90세까지 일할 수 있어야 할 것이다. 일하면서 공부하고, 공부하면서 일하는 다양한 프로그램을 만들고 활용할 수 있어야 한다.

개인의 삶을 지원하고 국가의 자원을 효율화하는 차원의 인적자원 개발 전략이 필요하다. 청년들이 좀 더 일찍 사회생활을 시작할 수 있어야 한다. 예컨대 중학교까지 시민 생활에 필요한 기본 소양을 교육받는다. 그 후에는 직업 등 성인 생활을 준비하는 보다 전문적인 과정이 필요하다. 학교에서 공부하고 직업 현장에서 실습하는 과정을 병행할 수도 있다. 무엇을 하고 어떻게 살 것인지를 느끼고 준비할 수 있어야 한다. 15~24세 기간에 첫 직장생활을 하는 것도 좋은 선택의 하나이다. 그 경험을 기반으로 대학 공부를 할 것인지, 계속 직업 현장에서 일할 것인지 결정할 수 있을 것이다. 자신이 평생 관심을 가지고 활동할 영역을 찾고 선택할 수 있어야 한다. 나중에 그 선택을 다시 바꾸더라도 말이다.

변화의 시대일수록 지속적으로 학습하고 능력을 개발할 필요가 있다. 학습은 몸과 두뇌를 젊게 할 것이다. 일과 학습을 지속적으로 병행하면 해당 분야의 전문가 또는 장인이 된다. 평생의 기반인 역량을 개발하고 발휘하는 삶을 사는 것이다. 일을 통해 자아를 실현할 수가 있다. 일을 통해 사회에 기여하고 사는 의미를 느낀다. 역량 개발과 활용은 선순환하면서 서로 자극하고 연계될 것이다.

직장 또는 직업 현장에서의 역량 개발이 중요하다. 한국의 45세 이상 직장인과 관리직 근무자들은 44세 이하 연령대에 비하여 쓰기, ICT, 문제 해결 등의 활동이 적은 것으로 조사되었다. 역량 개발에 조로 현상이 있는 것이다. 개선되어야 할 것이다. 지시와 복종에 익숙한 조직문화도 바뀌어야 한다. 역량 개발과 활용에 적합한 인사제도와 조직문화가 필요하다. 연공서열제는 보다 합리적인 보상체계로 바뀌어야 한다. 역량이나 생산성과 연계되는 급여체계가 되어야 할 것이다. 평생 고용이 가능한 방식으로 변화할 필요가 있다.

# 3. 직업보다 직장

## ◉ '직장보다 직업'과 현실

'직장보다 직업'이라고 한다. 직장에 다니는 것보다 '전문성을 지닌 자신의 일'을 하는 것이 좋다는 것이다. 전문성을 가지고 일하는 형태에는 두 가지가 있다. 하나는 전문성 있는 일을 자신의 사업으로 하는 것이다. 또 하나는 어떤 회사나 기관에서 급여를 받고 일하더라도 자신만의 전문성을 지닌 일을 하는 것이다. 직장에 근무하지만, 자신의 전문적인 직업에 종사하는 것이라 할 수 있다. 즉 '직장보다 직업'이라는 말은 문자 그대로 '직장'을 경시하는 의미가 아니다. 그보다는 어디에서든 전문성을 지니고 자기의 일을 하는 것의 중요함을 강조하는 것이라 할 수 있다.

물론 현대의 디지털 기술은 혼자서도 사업할 수 있는 편리한 여건을 제공한다. 정보 접근성의 확대, 협업이 용이한 네트워크 환경, 다양한 온라인 플랫폼 등이 그것이다. 전자상거래, 소프트웨어 개발, 공예품 등의 제작과 판매, 웹툰이나 동영상 제작, 강의, 출판 등 다양한 분야의 1인 기업들이 있다. 정부도 '1인 창조기업 육성에 관한 법률'을 제정하여 1인 기업들을 지원하고 있다. 전문성 있는 일을 자신의 사업으로 하기에 좋은 환경이다.

반대의 의미로서 '직업보다 직장'이라는 말을 생각할 수 있다. 전문성을 지닌 직업보다 '좋은 직장'이 중요하다는 의미이다. 전문성 없더라도 대우 좋은 직장에 근무하는 것이 중요한 것이다. '직장보다 직업'인 시대에 실제로는 '직업보다 직장'을 선호하는 분위기이다. 왜 그럴까? 무엇보다 일정한 소득이 보장되기 때문일 것이다. 앞서 보았듯 미국이나 일본보다 높은 수준의 급여를 주는 소수의 직장이 존재한다. 주요 대기업과 공공부문의 조직들이다. 입사 시 업무 전문성을 크게 따지지 않는 경우도 많다.

또한 실제로 '직장보다 직업'을 실천하는 것이 쉬운 일은 아니다. 모든 것을 스스로 하여야 한다. 직업을 준비하여 일하고 소득을 얻는 것이 쉽지만은 않다. '자신이 좋아하고, 잘하는 일을 하라.'고 한다. 하지만 내가 진정 무엇을 좋아하는지 잘 모를 수도 있다. '잘하는 일'이 무엇인지 알기 어렵고, 정말 잘하는 것인지 판단하기도 쉽지 않다. '좋아하고 잘하는 일'을 발견했더라도 돈을 벌 수 있어야 한다. 시장을 읽고 필요한 대응을 하여야 한다. 시장과 경제에 대한 이해가 부족하다면 쉽지 않다.


## ⊙준비 안 된 평생 직업


우리의 경우 아이들은 장래 직업을 준비할 겨를도 없이 시험 경쟁에 휩쓸린다. 좋아하고 잘하는 일을 찾을 시간도, 기회도 부족하다. 입시 경쟁을 통해 서열화된 대학에 배치되고 입학한다. 자신에게 맞는 전공과 학교를 선택하여 공부하는 것도 쉽지 않다. 고등학교나 대학에서 현장 실습 등으로 직업 세계를 경험할 기회는 많지 않다.

자신의 직업에 필요한 역량을 생각하고 체계적으로 준비할 계기가 부족한 것이다. 일자리 현장의 경험과 업무 역량이 부족한 상태에서 취업을 한다.

직장에서도 평생 직업을 고려하여 역량을 개발할 기회는 별로 없을 것이다. 퇴직 후 할 일과 관계없이 업무가 결정되고 맡은 일을 한다. 구성원들은 역량 개발보다 내부의 인사 평가나 승진에 더 신경을 쓰기도 한다. 위계형 조직에서는 승진 경쟁이 치열하다. 자리의 계급적 위치가 급여 수준과 권한의 위계를 결정한다. 전문성에 앞서 계급이 중요한 것이다. 전문 분야 없이 담당 업무가 자주 바뀌기도 한다. 전문성 없이 직장생활을 하고 나면 퇴직 후 일 찾기는 쉽지 않을 것이다.


## ◉ 평생 직업을 위한 준비


한 직장에서의 근속기간은 짧고 수명은 늘어났다. 결과적으로 평생 여러 개의 직업을 가질 수 있게 되었다. 전혀 다른 영역에서 성격이 다른 일들을 바꾸어 가며 일할 수도 있다. 만약 하나의 영역에서 꾸준히 일할 수 있다면 좋을 것이다. 자신만의 전문성을 발휘하면서 정년 없이 일할 수 있을 것이다. 자기의 일을 할 수가 있다. 자신의 전문 영역에서 그때의 상황에 맞는 방법으로 평생 일한다. 말하자면 평생 직업을 갖는 것이다. 회계 분야에서는 주판과 계산기로 일하다가 이제는 컴퓨터를 활용한다. 빅데이터 등의 숫자들을 연결하여 분석하고 예측하기도 한다. 수치를 분석하는 데 필요한 소프트웨어를 잘 다룰 수 있어야 한다. 기술이나 작업방식이 변하더라도 '회계 분야' 일을 함에는 변함이 없다. 이러한 관점에서의 '평생 직업'이 필요하다. 기술과 작업 환경은 변하지만, 일정한 영역에서 일한다는 점에는 변화가 없다.

'평생 직업'을 생각하면서 교육을 받고 역량을 개발할 필요가 있다. 평생 일할 전문 분야의 역량을 개발하는 것이다. 백 세를 산다면 100년을 일한다는 생각으로 직업을 준비할 수 있어야 한다. 지속적으로 필요한 역량을 학습하고 개발하여야 할 것이다. 언어, 수리, 컴퓨터, 시민적 교양 등의 기본적인 과목은 공통적으로 학습할 필요가 있다. 그 이외에는 각자의 전문성에 필요한 내용을 선택하여 학습하면 될 것이다. 또한 자신의 일에 대한 수요를 창조할 수 있다면 더욱 좋을 것이다. 세상이 원하는 일을 하는 것이다. 특히 그 일을 창의적으로 한다면 좋을 것이다.

2018년 노사 협력 지표에서 한국은 140개 국가 중 124위였다. 국가경쟁력은 140개국 중 15위로 평가되었지만 노사 협력 부문은 최하위 수준이었다. 한국의 노조는 주로 대기업과 공공부문 중심으로 조직되어 있다. 중소규모 기업에서의 노조조직률은 낮다.

노사는 임금 인상률에서는 서로 대립적인 관계가 된다. 하지만 인적자원의 경쟁력 관점에서 노사는 같은 입장일 필요가 있다. 근로자는 삶과 일에 필요한 역량을 개발하고 기업은 경쟁력을 높이는 방향이 되는 것이다. 노사는 인적자원 역량을 개발한다는 점에서 서로 협력하는 동반자 관계이어야 한다. 구성원 역량과 조직 경쟁력은 서로가 상생하는 관계에 있다. 인적자원 역량을 개발하여 조직 경쟁력을 창조하는 노사관계가 될 수 있는 것이다.

근로자는 기술을 배우고 회사는 경쟁력을 높일 수가 있다. 기업은 적극적으로 직원의 미래 직업과 삶에 필요한 역량 개발을 지원할 필요가 있다. 적절한 방법을 개발하면 서로 상생하는 관계가 될 것이다. 당장의 이익 나누기에 몰두하여 그러한 상생 관계를 외면한다면 모두에게 손해이다. 기업 경쟁력 향상과 개인의 미래 삶에 도움이 안 될 것이다. 조직과 구성원 모두에게 도움이 되는 협력하는 관계가 필요하다.

4차 산업혁명, 백 세 시대 등을 생각한다면 '직장보다 직업'의 관점에서 역량을 준비하고 일할 필요가 있다. 평생 직업의 맥락에서 본다면 직장은 한때 일하는 곳이다. 당연히 현재의 직장 일에 충실하여야 하지만 평생의 직업을 위한 준비와 학습 또한 필요하다. 위계적 구조에서 일하다 보면 자신의 전문성에서는 멀어질 수가 있다. 또한 조직이 제공하는 여러 서비스와 위계적 질서에 익숙해진다.

하지만 직장을 떠나서도 일할 수 있어야 한다. 독립적으로 존재하고 자율적으로 일하는 것이다. 특히 전문가로서의 자율성과 전문 역량을 꾸준히 개발하는 것이 중요하다.

정부도 이러한 요구에 맞는 정책을 개발하고 운영할 필요가 있다. 특히 한국은 자영업자, 소상공인의 비율이 높다. 학교 교육, 기업의 인적자원 개발, 노사관계 등에서도 '직장보다 직업'의 맥락에서 정책을 개발하고 운영할 수 있어야 한다. 앞으로 대기업 못지않게 소상공인, 프리랜서, 소기업이 국가경쟁력에서 중요한 존재가 될 수도 있다. 규모가 중요한 것이 아니라 창의력과 속도가 중요한 시대이다. 공공기관이나 대기업에 적합한 노동정책보다 자영업자나 프리랜서 등에게 필요한 노동정책이 필요하다. 인적자원 개발과 고용, 금융 및 복지 지원 등에서도 평생 직업에 어울리는 정책을 개발하고 운영해야 하는 것이다.

# 4. 역량 개발과 활용 연계의 문제

## ⊙ OECD의 진단

인시아드 경영대학원의 에반스 교수는 "좋은 대학에 가야만 성공할 수 있다는 '단일성'이 한국의 인재양성을 막고 있다. 시험 위주의 교육제도, 직업교육 부족이 문제"라고 하였다. 한국의 교육제도와 인적자원 개발, 일자리 정책의 연계가 부족하다는 것이다. OECD는 2015년, 한국의 인적자원 역량 시스템을 진단하고 대안을 제안하는 보고서를 발표한 바 있다.[77] 한국의 인적자원 개발과 활용에 관한 문제를 역량 개발, 인적자원과 일자리의 연계, 역량의 효과적인 활용, 역량 정책의 개선 및 강화로 나누어 진단하고 개선 방향을 제안하였다. 다음은 해당 보고서의 주요 내용을 요약한 것이다.

첫째, 역량 개발과 관련하여 가장 중요한 것은 과도한 학교 교육과 고학력의 문제이다. 학습된 역량은 노동의 성과로서 발휘되어야 하지만 고학력자의 실업률은 높다. 각급 학교의 직업교육은 너무 빈약하다. 정부가 국가직업능력표준(NCS)[11]을 개발한 것도 직업의 실제에 적합한 역량을 개발하고 학습하게 하기 위함이다. 이러한 시도가 성공하려면 학교와 기업, 정부 등 이해관계자들의 효과적인 협업이 중요하다. 창의성과 기업가정신의 함양도 미흡하다. 실용적이지 못한 학과 중심의 교육은 창의성과 기업가적 역량 향상

---

11) 국가직업능력표준(NCS, National Competency Standards)은 한국산업인력공단이 개발한 것이다. 산업 현장에서 직무를 수행하기 위해 요구되는 지식·기술·태도 등의 내용을 직무별로 체계화한 것으로 2018년 기준 1,001개 직무의 NCS가 정리되어 있다.

에 도움이 되지 않는다. 학생들이 어떻게 사업 아이디어를 생각하고, 자금을 모으고, 사업을 하는지 가르치는 프로그램은 거의 없다. 평생학습을 통한 성인의 역량 향상의 기회가 부족하다. 가장 중요한 것은 직업 수요에 적합한 학습을 하고 교육을 받는 것이다. 교육의 설계와 진행에 기업인 등 고용자의 참여가 필요하다.

둘째, 인적자원과 일자리의 연계 문제이다. 특히 일 가정 양립을 통해 여성의 역량이 충분히 발휘될 필요가 있다. 2014년 여성 취업률은 2002년에 비해 3.5% 증가한 57%이었지만 OECD 국가 중 가장 낮은 수준이었다. 고학력에 불구하고 결혼이나 출산 이후 한국 여성들의 고용률은 현저히 낮아진다. 또한 남녀 간 임금 격차는 크다. 소수의 여성만이 관리직에 진출한다. 결혼과 출산으로 여성 상당수가 노동시장을 떠나고 있다. 가정 친화적 정책과 일자리 현장에서의 성별 의식(gender-awareness)[12]은 아직 부족하다. 남녀 모두 출산 휴가, 유연 근무제도, 가정 친화적 관리, 유아 보육 제공 등을 통해 일-가정이 균형을 이루는 환경을 조성할 필요가 있다.

한국 청년의 니트족(NEET)13) 비율은 OECD 평균보다 높으며 특히 대졸자들의 비율이 높다. 15~29세 청년의 니트족 비중은 2014년 16.2%에서 2017년 21.2%로 높아졌다. 니트족 중 대졸 이상자의 비율은 45%에 달했다. OECD 평균은 18%였다. 부모의 학력이나 가구의 소득수준이 낮고 취업과 직업훈련 경험이 적을수록 니트족이 될 확률은 높은 것으로 나타났다.[78]

15~24세의 한국 청년 고용률은 2000년 29.4%에서 2014년 25.8%로 감소하였다. 이는 OECD 평균에 비하여 15% 이상 낮은 비율이다. 그나마 청년층의 다수는 낮은 임금에, 시간제나 임시직 등 비정규직으로 일한다. 비정규직에서 정규직으로 전환되는 비율도 매우 낮다. 직업과 학교 간의 융통성[14]이 낮은 것도 문제이다. 청년들이 노동시장에 필요한 자신의 진로를 선택하고 일자리를 찾기가 쉽지 않다. 노동시장에 관한 정보와 진로 상담 서비스

---

12) 성차(性差)를 인식하고 공평하게 대우하거나 대우받는 생각이다.
13) 니트족(Not in Education, Employment or Training; NEET)이란 교육이나 훈련을 받지 않고 일도 하지 않으며 구직활동도 하지 않는 15~34세의 젊은 사람을 일컫는다.
14) 마치 하나의 정해진 경로같이 학업을 다 마친 후에 취업하는 것이 아니라, 취업해 있다가 학교에 가고, 교육을 받은 후 다시 취업하는 것 같이 일과 교육을 번갈아서 할 수 있는 정도를 의미한다.

등이 부족한 상황이다.

반면 다수의 중장년 근로자들은 일찍 은퇴한다. 한국은 공식적 퇴직 연령과 실제 노동시장에서의 은퇴 연령 격차가 가장 큰 나라이다. 조기 퇴직자의 다수는 열악한 근무환경과 낮은 임금의 자영업이나 비정규직으로 일한다. 낮은 사회복지 수준과 더불어 고령자의 일자리는 불안정하다. 한국 노인의 빈곤율이 OECD 최고 수준으로 나타나는 원인이다. 중장년 근로자들에게 노동시장에 적합한 평생교육을 제공할 필요가 있다.

셋째, 역량을 효과적으로 활용할 여건을 마련하여야 한다. OECD 국가 중 한국 근로자들의 생산성은 매우 낮으며 노동시간은 길다. 전체 근로자의 1/3인 비정규직의 임금과 직업 안정성은 낮다. 이직률은 높고, 재직기간은 짧으며, 업무 의욕은 낮은 것으로 평가된다. 역량을 충분히 발휘할 수 있는 근무 여건이 필요하다. 개인의 역량과 노동생산성의 향상을 가져올 수 있을 것이다.

근로자 5명 중 1명은 그들의 일이 요구하는 수준보다 높은 학력을 지니고 있다. 교육과 노동시장에 관한 정보는 기업, 근로자, 학교 등이 필요한 역량의 공급과 수요를 조율하는 데 중요하다. 하지만 국가와 지방의 이해관계자 모두 노동 수급에 관한 정보를 편리하게 이용하지 못하는 수준이다. 취업 준비생과 학교 등 이해관계자들에게 일자리가 요구하는 역량과 역량을 평가하는 방법, 노동의 수요와 공급 관련 정보를 보다 풍부하게 제공할 필요가 있다.

넷째, 정책의 일관성과 정책 간의 연계와 조정이 부족하다. 예컨대 국가 직무능력 표준(NCS)이 효과적으로 작동하려면 관련되는 주체들이 그것을 일관되게 채택할 필요가 있다. 또한 교육과 훈련의 주요 내용이 이와 연계되어야 한다. 기업과 공공기관 등은 피용자의 모집과 채용, 임금 결정과 배치, 승진 시스템에서 이의 활용을 촉진할 필요가 있다. 마찬가지로 여성의 노동시장 참여가 늘어나려면 근로 현장이 이를 뒷받침하여야 한다. 육아 휴직, 유연 시간 근무제, 적절한 육아 지원 서비스 제공, 남녀 간 급여 격차 개선 등이 필요한 것이다.

인적자원 정책에 관련된 주요 주체들 간 연계와 협업이 미흡하다. 특히 학교와 기업, 중앙정부와 지자체 등이 일자리와 역량 교육에 관하여 협의하고 정책을 연계하는 활동이 거의 없다. 관련된 역할과 활동을 주도하는 회의체나 조직이 보이지 않는다. 위원회 같은 조직이 있다면 산업별 협회, 근로자 단체, 연구와 훈련기관 등을 소집하여야 한다. 교육 훈련 수요와 훈련 프로그램, 인적자원에 필요한 역량, 역량 미스매치 등에 관한 논의를 할 수 있을 것이다. 그러한 논의를 통해 정책을 조정하고 상호 협업을 추진할 필요가 있다.

## ⊙ 활용을 고려한 역량 개발 필요

OECD는 한마디로 인적자원 개발과 역량 활용을 연계하는 정책을 펼치라고 조언한다. 인적자원 개발과 활용에 관한 전반적인 전략이 미흡하다고 본다. 한국은 최고 학력의 국가이다. 높은 사교육비와 많은 R&D 비용을 지출하고 있다. 하지만 인적자원 전반의 역량을 개발하고 운용하는 것에 관한 체계적인 전략은 미흡한 것이다.

코끼리의 한 부분을 만져 본 후 각자 이야기를 한다. 옆구리를 만져 본 사람은 벽, 다리를 만져 본 사람은 기둥, 코를 만져 본 사람은 밧줄 같다고 여긴다. 자신의 관점과 경험만으로는 코끼리의 전체를 제대로 알 수 없다. 코끼리를 위해 할 수 있는 일이 별로 없는 것이다. 머리-옆구리-코-다리 등을 연결하고 종합할 때 그것이 무엇인지 알 수가 있다. 그렇게 될 때 비로소 코끼리를 위한 일을 할 수 있을 것이다.

학교는 학생을 교육하고 졸업시킨다. 기업이나 공공기관은 그들을 채용한다. 서로 밀접히 연계하고 협업할 필요가 있다. 학교는 나름대로 학생을 가르치고 배출한다. 하지만 기업은 졸업생에게서 자신에게 필요한 역량을 발견하지 못할 때가 많다. 한국의 공장은 사람을 구하기 어렵다. 과학기술자와 전문 인력은 일하는 여건과 보상의 문제로 한국을 떠나기도 한다. 일자리 공급자와 일자리를 구하는 자 간에 서로 맞지 않는 부분이 많다.

역량은 충분히 활용하고 발휘할 때 의미가 있다. 보유한 역량으로 실제적 성과를 산출할 필요가 있다. 지식과 역량은 활용을 통해 새롭게 발전하기도 한다. 역량의 획득 못지않게 충분히 역량을 발휘하는 것이 중요한 것이다. 한국인은 '배우는 것의 중요성'을 잘 안다. 높은 교육열이 그것을 말해준다. 문제는 불필요한 학습을 많이 하고 학습한 지식과 역량을 충분히 발휘하지 못한다는 데 있다.

일자리에 대한 수요와 공급이 어긋나고 있다. 일자리 제공자는 보통 그가 지출하는 인건비 이상의 성과를 기대한다. 구직자는 자신의 역량에 적합한 급여 등의 보상을 원한다. 인력 채용에 따른 성과가 해당 지출을 상회한다면 채용은 증가할 것이다. 하지만 최저 임금 등 전반적인 인건비 수준은 증가하는 추세에 있다. 임금이 오르는 만큼 가치를 창출하는 것이 중요하다. 근본적으로 실업은 인력 채용에 따른 기대효과와 임금 수준 간의 괴리에서 발생하기 때문이다.

구직자 역량이 일자리에 필요한 역량에 적합할수록 고용은 증가할 것이다. 하지만 학교는 현장에 필요한 역량보다 시험을 위한 교육에 치중한다. 실업계고와 전문대가 있지만, 그 외 학교의 직업교육은 매우 불충분하다. 일자리와 인력 간 미스매치가 발생한다. 학교 교육의 내용과 일자리가 요구하는 역량 간의 괴리가 크다. 청년들은 방법지와 암묵지 등 문제 해결 역량을 학습할 기회가 부족하다. 성인의 경우에는 일과 삶에 필요한 지식역량을 개발할 기회가 충분치 못하다.

## ◉인적자원에 대한 인식 미흡

OECD가 지적하였듯 한국은 인적자원 개발과 그 역량 활용의 연계가 매우 미흡한 나라이다. 인적자원 개발과 활용에 관한 연계된 전략이 부족한 것이다. 우리의 교육과 입시, 일자리 정책에서 '역량 기반의 사람'은 잘 보이지 않는다. 교육은 지식을, 경제와 산업계는 역량을 각자 강조할 따름이다. 이는 우리가 아직 인적자원 역량의 중요성에 대한 인식이 충분치 못함을 의미한다.

여기에는 우리 사회의 물질주의적 경향, 결과 중심주의, 역량 경시 사고 등이 결합되어 있다. '사람보다 돈, 과정보다 결과'를 중요하게 여기는 것이다. 5급 신임공무원 대상으로 설문조사를 하였다. 그 결과 응답자의 82.9%가 우리 사회에서 '가장 큰 힘은 돈'이라고 응답하였다.[79] 한국인들은 세속적이며 생존 추구적 성향이 강한 것으로 평가되고 있다. 물질주의적 성향이 강한 것이다.[80]

서구에서는 교육과 소득수준이 높아지면 공익문제나 자아실현 등 탈물질주의 성향을 보인다고 한다. 하지만 한국은 이러한 일반적인 경향과는 다소 다르다. 직업과 자녀교육에 대한 걱정 등의 불안감이 물질주의에 집착하는 원인으로 분석되고 있다. 특히 소득수준이 높을수록 더 물질주의적인 것으로 나타났다. 탈물질주의 방향으로 가치관이 변화하는 것이 아니라 오히려 물질주의적 특성이 강화되는 것이다. 물질주의 가치관이 만연하는 대신 자아실현의 가치는 소외되고 있다.[81] 성장 제일주의, 출세지상주의, 낮은 복지 수준 등의 복합적 결과이다. 압축성장의 영향이 남아 있다. 높은 수준의 소득을 경험한 기간이 상대적으로 짧았다. 현재의 고소득보다 과거의 가난에 더 익숙한 것이다.

사람은 국가의 가장 중요한 자원이다. 낮은 단계의 경제에서는 공장, 기계, 원재료 등의 물적 자원과 자본을 중요하게 여기는 경향이 있다. 인적자원에 비하여 상대적으로 자본이 부족하기 때문이다. 압축성장은 '빨리빨리'로 상징되는 속도전에 의한 것이었다. 자원과 자본을 투입하면 빠르게 시장이 요구하는 제품을 만들어 내야 했다.

소위 '빠른 추격자(fast follower)'로서 선진국의 기술과 제품을 빠르게 모방하였다. 새로운 기술을 개발하고 신제품을 기획할 필요가 크지 않았다. 제품과 공정을 새롭게 설계하는 등의 시행착오 경험이 많지 않았다. 그보다는 도면대로 제품을 빠르게 생산하는 것이 더 급한 일이었다. 적기에 자본을 투자하여 공장을 짓고, 기계장치를 설치하는 데 바빴다.

새로운 제품과 기술을 개발하는 것보다 적시에 자본을 조달하고 투자하는 것이 중요하였다. 돈 버는 데 사람보다 돈이 더 중요한 역할을 한 것이다. 사람은 많은데 돈은 부족하였다. 때문에 빠르게 성과를 산출하는 것이 중요하였다. 압축적인 성장의 경험은 결과 제일주의를 낳았다. 결과를 얻기까지의 과정은 종종 무시되었다. 과정에서의 사람 역할은 경시되기 일쑤였다. 인적자원의 지식기반 역량을 개발하는 것은 덜 중요하였다.

## ⊙ 인적자원 전략의 필요

　사람을 가장 중요한 자원으로 보는 '인적자원' 중심의 사고가 중요하다. 특히 그 무형적인 경험, 스킬, 창의성, 지식 등을 개발하여야 한다. 지식기반 사회에서 인적자원의 지적 역량은 기업은 물론 국가 역량의 핵심으로서 강조된다. 인적자원 역량을 개발하고 그 역량 활용에 관련된 정책이 서로 충분히 연계될 필요가 있다. 관련하여 범국가적 전략과 계획이 필요하다.

　일자리와 교육, 경제와 국가경쟁력 등의 이슈는 개인은 물론 국가 차원에서 매우 중요하다. 모두 인적자원의 개발과 운용에 밀접히 관련된다는 점에서 공통적이다. 정부와 국민 모두 교육과 일자리 등에 고심하며 적지 않은 비용을 지출한다. 육아, 교육, 고용, 경제 등 각 부문에 예산 지출을 포함하는 여러 사업과 정책이 있다. 문제는 이러한 인적자원 역량의 개발과 활용이 충분히 연계되지 못하고 있다는 사실이다. '출생-육아-교육-입시-일자리-역량 개발-정년-퇴직 후 일자리' 등의 문제를 연계하여 해결하려는 시도가 부족하다.

　인적자원 역량의 개발과 역량 활용이 연계되려면 교육, 산업, 노동 등의 정책이 상호 연계되어 운용될 필요가 있다. 하지만 고등학교는 입시를 위한 교육, 대학은 입학 인원 감소, 노동부는 노사갈등이나 실업 문제 등 당면 과제에 골몰한다. 필요한 부분을 연계하여 같이 해결하려는 노력과 접점은 미흡하다. 국가의 인적자원을 각 기관의 목적과 입장에서만 계획하고 각자의 사업을 운영하는 것으로 보인다.

　학교에 다니고 일하는 등 삶의 전 과정을 연결하고 통합하는 관점에서의 정책이 필요하다. 인적자원 개발에서의 낭비를 줄이고 일자리 문제를 개선해야 하는 것이다. 인적자원을 개발하고 활용하는 것에 관한 보다 일관된 정책이 필요하다. 사람은 출생하여 노년기에 이르기까지 여러 생애 주기를 거친다. 그 과정에 관련되는 정책이 '인적자원의 역량 개발과 운용'이라는 관점에서 연계되고 통합될 필요가 있다. 가장 중요한 것은 교육과 일자리, 직업 간의 연계를 강화하는 것이다.

제5장

# 지식 국가의 새로운 기반

1 | 지식기반의 역량

2 | 한국인의 지식역량 평가

3 | 지식역량 개발의 구조적 여건

4 | 역량의 활용

5 | 지식 국가의 새로운 기반

6 | 생애역량의 개발과 창조

7 | 교육개혁

'꿩 잡는 게 매'다. 지식역량 개발과 활용에 장애가 되는 제도
나 관행을 혁신하여야 한다. 무엇을 어떻게 혁신할 것인가?

# 1. 지식역량의 균형적 개발

## ⊙학력과 현장 경험의 조화

높은 교육열과 고학력 현상은 한국 인적자원 개발체계에서 보이는 주요 특징이다. 주요 외국에 비해 한국의 학교는 너무 입시 준비에 치우쳐 있다. 시험 준비를 위한 수업과 외우기 공부가 학습의 대부분을 차지한다. 강의와 수업, 문제집과 교과서가 지식을 획득하는 주요 수단이다. 주로 주입식 수업을 하다 보니 발표나 토론의 기회도 많지 않다. 어떤 사물이나 사건에 대한 다양한 견해에 대하여 주체적인 판단을 하고 자신의 생각을 정리하는 훈련이 부족하다.

직업이나 사회생활에 필요한 경험을 쌓을 기회가 충분치 않다. 물론 모든 것을 경험으로 배울 수는 없다. 하지만 자신의 진로나 관심 분야에 대해서는 직접 경험을 통해 느낄 필요가 있다. 자신의 생각을 바꾸거나 수정하는 계기가 될 수 있다. 또한 무엇이 필요하고 어떤 공부를 할 것인지 보다 구체적인 계획을 세울 수 있게 될 것이다. '무엇인가를 해보았다.'는 것은 대단한 자산이다. 현장 경험이 부족한 고학력이나 체계적으로 정리되지 않은 경험은 모두 지식으로서 불완전한 면이 있다. 각각 직접 경험이나 체계적인 학습을 통해 보완될 필요가 있다.

학력 획득에는 비용이 소요된다. 경제적인 면에서 보면 지식역량 획득도 결국 그 비용 이상의 소득을 얻기 위한 것이다. 그런데 학교 교육으로는 실제로 소득을 얻는 데 필요한 역량 개발이 쉽지 않다. 소득을 창출하는 역량이 중요하지만 실제로는 학력 중심으로 사람을 평가한다. 얼마나 비용을 지출하였는지 평가하는 것이 될 수가 있다. 특정 자격이나 졸업장 못지않게 소득 창출의 경험이나 역량을 중요하게 인정하고 평가할 필요가 있다.

## ⊙명시지와 암묵지의 균형적 개발

조선 시대 양반은 과거시험을 보려고 '사서삼경'을 공부하였다. 양반이라는 신분과 삼강오륜 등의 규범적 지식이 삶의 기반이었다. 이에 대하여 중인 계층은 통역, 의학, 기술 등의 분야에 종사하였다. 상민은 농업, 상업, 수공업 등의 산업활동을 하였다. 가장 하층민에 백정, 광대, 기생, 악공 등이 있었다. 중인과 상민은 각자 분야에서의 기술과 암묵지 역량이 생활의 기반이었다. 양반에게 주로 규범적 성격의 명시지가 중요했다면, 중인과 상민에게는 방법지 성격의 암묵지 역량이 중요하였다.

지금 한국은 민주주의 체제이며 경제적으로는 선진국 수준에 도달해 있다. 따라서 명시된 신분에 따른 차별은 없다. 양반이 담당했던 통치 기능의 상당 부분은 시민의 자율과 참여로 대체되었다. 과거에 통치 수단이었던 규범과 윤리적 지식은 이제 지배 계층의 전유물이 아니다. 시민 모두가 공유하고 지켜야 할 규범이 되었다. 시장경제에서는 과거 중인과 상민들의 분야였던 전문 기술과 산업이 사회를 주도한다. 명시지 못지않게 암묵지가 중요하다. 일자리와 경제가 그것에 달려 있다. 특히 실용적 기술과 노하우 등의 역량이 중요하다.

문자와 글이 조직과 업무의 주요 기반인 학교, 정부, 법원, 공공기관, 언론사 등의 종사자에게는 명시지 역량이 중요하다. 하지만 암묵지를 보완함으로써 보다 깊은 전문적 지식을 지닐 수 있다. 제품과 서비스로서 소비자의 인정을 받는 기업에게 방법지와 기술 등의 암묵지 역량은 중요하다. 하지만 광고와 슬로건, 조직관리를 위한 규범과 매뉴얼, 기업 내외 의사소통에는 명시지 기반의 역량이 필요하다. 원활한 소통의 수단으로서 조직의 통합과 유지에서 중요한 역할을 한다. 암묵지와 명시지는 상호보완적이다.

문제가 되는 것은 사람의 역량을 평가하고 보상할 때 보통 암묵지보다 학력 등 명시지 기반 역량이 우대된다는 점이다. 고학력 현상은 이와 같은 배경에서 온 것일 수가 있다. 자유, 공정, 민주, 정의 등의 단어는 주장하는 자만의 것이 아니다. 언어는 의사를 전달하고 규제하는 도구일 뿐이다. '상생', '의리' 같은 단어도 마찬가지이다. 좋은 뜻이 바로 실제 현상으로 구현되는 것은 아니다. 특정 단어가 권력이 되어서는 안 될 것이다. 말뿐만 아니라 행동과 실질이 중요하다.

또한 사회에는 아직도 계급적 위계 등의 신분 사회적 요소가 남아 있다. 직업적 역량이나 전문성보다 학력이나 특권적 면허를 중요하게 여기기도 한다. 시대는 변했지만 의식이나 제도는 아직 과거에 머물러 있다. 실제 현상에 비해 문화나 관행의 변화는 느리다.

## ⦿ 역량 개발과 활용체계의 혁신

국민의 역량이 경제를 일으키고 일자리를 만든다. "좋은 일자리를 '만들어 내는 것'은 정부의 몫 이전에 국민 자신의 몫이다. 국민 스스로가 좋은 기술과 안목을 지닐 때 시대적 흐름과 시장 여건에 맞는 좋은 일자리를 창출할 수 있다. 그러한 기본 바탕없이 예산 투입 등의 정부 정책은 적절치가 않다. 지속적 일자리를 만드는 데 큰 도움이 되지 않을 것이다."[82]

학력과 자격증이 아닌 기술과 안목이 사업을 일군다. 예컨대 '배달의 민족', '야놀자', '여기어때' 등 기업가치 1조 원 이상의 기업들이 있다. 그 기업을 일군 창업자들은 하나같이 공업고등학교를 나왔고 2년제 전문대 출신들이다. 대개 학력보다 업무능력을 기준으로 사람을 채용하는 기업의 경영성과가 좋다. 당연한 결과일 것이다. 일자리가 요구하는 역량과 학교가 교육하는 내용이 어긋나는 경우가 많다.

고학력의 청년실업과 조기퇴직이 사회적 문제가 되고 있다. 한 번의 승부가 되어 버린 입시, 백 세 시대에 필요한 평생의 역량 등이 우리 앞에 놓여진 과제들이다. 졸업장이나 자격증은 비용과 시간을 투입한 증명이 아니라 무언가를 할 수 있는 역량을 증명할 수 있어야 한다. 경력 또는 실습 증명서도 역량을 증명하는 것일 수가 있다. '무엇인가를 해 봤다'는 사실은 중요하다. 필요한 역량을 판단하는 데 중요한 참고가 된다. 필요한 직무역량은 현장의 업무 경험을 통해 개발되는 경우가 많다. 이론적 지식 못지않게 경험에 따르는 암묵지가 중요하다. 도전과 경험, 시행착오 등은 역량을 형성하는 중요한 기반이다. 이러한 요소들을 적절하게 인정하고 평가할 수 있어야 한다.

인적자원 역량을 개발하고 활용하는 전반적인 체계에 변화가 필요하다.

  사람들은 사람을 평가하고 보상하는 방식에 따라 필요한 역량을 개발할 것이다. 학력과 연공서열 기준으로 사람을 평가하고 보상하는 방식은 공정성과 효율성 면에서 문제가 있다. 창의성과 문제 해결 역량 등을 개발하기에 불충분하다. 기술과 노하우 등의 역량을 개발하고 조직의 경쟁력을 유지하는 데 적합지 못하다. 직업에 필요한 구체적인 역량 또는 '직무'[1] 역량 평가를 통해 사람을 뽑고 일자리에 배치할 필요가 있다. 그 자리에서 높은 성과를 산출했다면 상여금 등으로 보상한다. '자리는 능력을 기준으로, 금전적 보수는 성과 기준'으로 인력을 운영하는 것이다. 효과적으로 인적자원을 개발하고 공정하게 보상하는 체계가 필요하다.

<그림 V-1> 역량 평가와 보상 체계 혁신

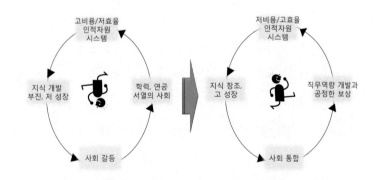

---

1)  과업 및 작업의 종류와 수준이 비슷한 업무들의 집합으로 직책이나 직업상 1인이 책임을 갖고 담당할 일을 의미한다. 이와 같이 여러 업무를 하나의 직무로 편성하는 것은 인사관리를 위한 하나의 관리단위로서 채용, 배치, 보상을 결정하는 기준으로 삼기 위한 것이다.

저비용 고효율로 인적자원을 개발하고 그 역량을 충분히 활용할 필요가 있다. 새로운 기술과 노하우 개발을 장려하는 체계여야 한다. 경제는 성장하고 좋은 일자리가 창출될 수 있다. 공정한 보상체계는 사회경제적 격차를 축소하고 갈등도 줄이는 역할을 할 것이다. 새로운 기술과 산업이 도입되고 경제 역동성은 살아날 것이다.

새로운 체계에서는 채용과 승진 등에 필요한 역량 기준을 보다 합리적이고 실용적으로 설계할 필요가 있다. 실무에 필요한 지식과 기술, 태도 등을 구체화하여 명시하는 것이다. 불필요한 자격이나 학력을 요구하지 않아야 한다. 고비용 저효율의 인적자원 개발체계에서 벗어나 저비용 고효율 체계로 가는 데 있어 매우 중요한 부분이다. 각종 자격 획득에 투입하는 비용과 시간을 최소화할 수 있어야 한다. 대신 직업 현장에서의 실습이나 경험 등으로 대체될 필요가 있다. 학력과 자격 획득에 과도한 비용과 시간이 투입되고 있다. 비용과 시간 등의 제한된 자원은 실제로 필요한 지식과 역량을 개발하는 데 투입되어야 한다.


## ◉직무역량 기반의 사람 평가


학력 수준, 계급과 서열에 따라 직책을 부여하고 일을 맡긴다. 공무원 채용시험의 주요 내용은 일반교양이나 법률적 지식이다. 맡게 될 일에 대한 전문성 평가에는 소홀하다. 직무별 역량은 일에 필요한 학력과 전공, 경험과 경력, 태도와 성향, 인간관계 등으로 정의된다. 무엇으로 사람 역량을 평가할 것인지가 중요하다. 보편적인 지식을 중심으로 볼 것인지, 직무에 필요한 전문적 역량 중심으로 평가할 것인지 결정하여야 한다. 명제지나 명시지뿐만 아니라 방법지나 암묵지 역량도 중요하게 평가할 필요가 있다.

직무별로 사람이 필요할 때 수시로 채용하지 않는다. 조직 전체에 필요한 인력을 한번에 뽑는다. 공무원 채용시험이나 대기업의 그룹 공채가 그것이다. 전문적 실무역량 대신 학력이나 일반 지식 중심으로 사람을 평가하고 채용하는 것이다. 이에 대하여 최근 대기업들은 대졸 신입사원 채용을 정기 공채에서 직무별 상시 공채로 전환하고 있다. 그룹 차원의 대규모 공채는 줄이고 직무별 수시채용이 자리를 잡을 것으로 보인다. 인턴 등 실무경험, 직무수행 능력 등을 보다 중요하게 평가할 것으로 예상된다. 직무별 가치를 평가하고 그에 따라 급여를 차등하는 직무급도 확산될 것으로 보인다.

국가직무능력표준(NCS, national competency standards)은 단위 직무별로 요구되는 지식, 기술, 소양 등을 체계적으로 정리한 것이다. 산업별로, 업무 기능별로 다양한 직무들에 필요한 역량을 표준화한 것이다. 다수의 공공기관이 NCS를 채용 기준으로 활용하고 있다. 공무원 채용에도 이와 같은 방식을 도입할 필요가 있다. 5급 고시 등을 폐지하고 경력직 채용을 확대하는 것도 고려하여야 한다. 필기 시험 중심의 평가는 최소화하고 경험과 경력을 우대할 필요가 있다. 개별 직무에 필요한 역량이 무엇인지를 검토하여 전문가 채용을 늘려야 할 것이다.

기업 등이 구직자에게 기대하는 역량과 구직자가 실제로 보유한 역량 간에는 괴리가 있다. 그 원인의 하나는 조직과 구직자 간 해당 일자리에 관련된 정보가 충분히 공유되지 못하기 때문이다. 공개되어 공유 가능한 정보는 필요한 학력, 자격증, 전공, 연령대 등에 불과할 수 있다. 하지만 직무에 필요한 경험과 경력, 인성과 태도, 인간관계 능력 등의 사항을 공개하고 서로 공유할 필요가 있다. 공유하는 직무요건은 채용자와 구직자를 연결하는 핀이 된다. 교육기관과 구직자는 취업에 무엇이 필요하고 어떤 것을 학습해야 하는지 분명히 알 수 있을 것이다.

구직자의 역량을 어떤 기준으로 어떻게 평가할 것인지에 관한 정보도 중요하다. 구직자의 취업 준비를 돕는 것이다. 기업 등의 조직은 필요한 역량을 지닌 사람을 채용할 수가 있다. 조직이 필요한 역량을 정의하고 알리는 것은 자신을 알리는 것이기도 하다. '우리는 이러한 역량에 기반하여 경영한다'는 것을 공표하는 것이다. 인적자원의 전문성과 역량을 중요하게 여긴다는 점에서 바람직하다. 관련 사실을 홍보하는 효과도 있을 것이다.

많은 정보를 공유할수록 역량 미스매치 등의 문제를 개선할 수 있다. 조직의 직무를 구분하고 직무별 역량과 자격요건을 정의하는 것이 중요하다. 채용자 스스로 직무에 필요한 역량을 분명하게 정의하는 것이 간단하지 않을 수도 있다. 해당 분야 전문가 등을 활용하여 문제를 해결하는 것도 하나의 방안이다.


## ◉직무 기반 평가와 평가 공정성 향상


'사람을 알려면 같이 여행을 해보라'고 한다. 사람을 평가한다는 것이 쉬운 일이 아닌 것이다. 겉으로 드러난 것, 졸업증이나 자격증은 역량의 일부를 보여줄 뿐이다. 평가의 공정성에 대한 사회적 관심이 크다. 평가가 잘못되면 정실이나 연고가 개입되었다고 비난받는다. 평가 공정성에 대한 불신이 클수록 평가자는 형식적 공정성에 집착하는 경향이 있다. 시험성적표, 자격증, 인증서, 증명서, 이력서, 자기소개서, 재무제표 등 각종의 서면이 중요하다. 하지만 서면 내용의 진실성을 실질적으로 검증하고 확인하는 데는 소홀하다. 해당 서면이 있느냐에 우선 관심이 있는 것이다.

평가의 잣대가 분명할수록 투명하고 공정한 평가가 가능하다. 그러한 점에서 구체적인 직무요건에 따라 사람 역량을 평가하는 것은 좋은 방법의 하나가 될 수 있다. 직무에 필요한 요건을 구체화하는 것은 판단의 잣대를 분명히 하는 결과가 된다. 명확한 잣대를 쓰면 자의적 평가가 어려워지고 평가 공정성의 시비는 줄어들 것이다. 즉, 사전에 직무에 필요한 역량을 구체적으로 정의하는 것이 중요하다. 그에 따라 피평가자의 그간 성과, 경력과 경험, 관계역량, 태도 등을 비교적 분명하게 평가할 수 있을 것이다. 취업 준비생에게 갖추어야 할 역량에 관한 정확한 정보를 전달할 수가 있다. 평가 공정성의 문제도 개선하게 될 것이다.

공공기관 등에는 아직 계급적 연공서열제의 뿌리가 깊다. 그럴수록 직무별 필요 인성, 학력, 경력, 심리 특성, 관계 능력과 리더십 등의 역량 요건들을 구체적으로 정의할 필요가 있다. 채용과 승진, 급여와 보상 등에 적용할 합리적 기준을 만들고 명시하는 것이다. 인사관리 등에 공정한 조직 문화가 정착될 수가 있다. 채용과 배치, 보상 등의 기준이 되는 내용은 조직 내외부에 널리 알릴 필요가 있다.

내부 구성원은 물론 교육기관 또는 구직자가 필요한 준비를 하도록 지원하는 것이다.


### ◉ 공공부문 인적자원 평가의 개선


공공부문은 민간부문에 비해 능력이나 성과보다 연공에 충실한 인사제도를 운영하는 것으로 알려져 있다. 물론 2006년 이후 고위직의 경쟁력과 업무능력 강화를 위한 고위공무원단[2] 제도를 도입하는 등의 변화가 보인다. 공무원도 직무에서 충분한 성과를 산출해야 하고 전문적 역량이 중요하다. 하지만 공공부문은 민간에 비해 전문성과 역량이 떨어진다는 비판을 받기도 한다.

공무원 등의 채용에서는 특히 공정한 평가의 문제가 중요하다. 중앙집권적으로 공무원을 채용하거나 지원자 역량을 필기시험 중심으로 평가하는 것도 이와 관련되어 있다. 그 부작용도 크다. 업무에 필요한 역량을 제대로 평가하지 못한다. 획일적 내용의 필기시험에는 직무별 특성을 반영하기 어려운 것이다. 응시자가 시험공부 등에 투입하는 시간과 자원의 비효율성도 크다. 형식적 공정성을 위한 비용이 적지 않은 것이다.

공공부문에서도 직무 중심으로 인적자원을 관리하기 위한 제도의 혁신이 필요하다. 우선 일선 기관에 인사권을 부여할 필요가 있다.

---

[2] 중앙행정기관의 실·국장급 이상 및 이에 상당하는 직위의 공무원을 범정부적으로 관리하기 위하여 구성한 인적자원의 군(群)이다.

현장의 문제는 현장에서 가장 잘 안다. 현장 문제 해결을 위해 어떤 역량을 지닌 직원이 필요한지도 가장 잘 알 것이다. 그러한 점에서 공무원을 중앙에서 한꺼번에 채용하는 방식에도 변화가 필요하다. 현재로서는 인력의 전문성이 떨어지고 적기에 배치하는 것도 어렵다. 채용의 분권화가 필요한 것이다. 각 부처가 고유한 인사관리 권한과 책임을 지니고 자율적 인력 운영을 할 수 있어야 한다. 물론 인사 부정에는 강한 징계 등으로 문제의 발생을 미리 예방하여야 할 것이다. 불공정성 문제로 인력 전문성 등을 포기할 경우 공공부문 경쟁력 등의 또 다른 여러 문제를 낳는다.

경력과 경험에 의한 역량 등을 충분히 평가하여 채용에 반영할 수 있어야 한다. 필기시험이 아닌 민간 경력을 인정하고 적절히 반영하는 것은 좋은 방안의 하나가 될 수 있다. 공공-민간의 역량을 교류하고 현실적인 정책 대안을 만드는 데 도움이 될 것이다. 민간에 개방하는 경력직의 범위도 확대할 필요가 있다. 빠르게 변하는 기술과 시장에 대응하는 정책을 만들고 펼칠 수 있어야 한다. 현장에 자율성을 주되 적극적으로 인사 공정성을 확보하는 방안을 고민할 필요가 있다.

정부는 국가 인적자원의 지식역량을 충분히 개발하고 활용하는 모범을 보일 수 있어야 한다. 다수 청년이 공무원 등 공직에 지원하고 있다. 한편에서는 그것을 문제 현상으로 지적하기도 한다. 단순히 안정적이라는 면에서 공직을 선호한다면 문제일 수가 있다. 도전적인 기업가정신을 위축시킬 수 있기 때문이다. 공무원의 근무가 무사안일한 것이 되어서도 안 될 것이다. 인적자원 역량을 개발하고 가시적 성과를 산출하는 등의 성공적 사례를 많이 보여줄 필요가 있다.

## ⊙ 공공부문 리더의 조건

공공부문 리더에게도 전문성은 중요하다. 하지만 가장 중요한 자질은 직원을 공정하게 평가하고 보상하는 역량이라 할 수 있다. 직원의 채용과 승진, 평가와 보상에서 공정성을 유지하는 역량이다. 전문성은 직원들이 발휘할 수 있다. 하지만 인사를 불공정하게 하면 조직 전반에 문제가 발생한다. 조직에 대한 신뢰가 손상되고 조직 내부에 피해가 확산될 것이다. 공정한 인사관리를 통해 조직 전반의 역량은 자연스럽게 강화될 수 있다. 역량과 성과에 따라 보상하는 강한 조직이 되는 것이다.

다수 공공기관에서 채용 및 인사 비리가 발견된다. 근본적인 개선이 필요한 부분이다. 부당한 인사를 지시하거나 압박하는 공직자는 엄격하게 징계하여야 한다. 모든 공직에서 다시는 일할 수 없어야 한다. 영원히 배제될 필요가 있다. 국가의 존속과 유지를 위태롭게 하는 중범죄자이기 때문이다. 공공부문 인사 불공정성의 피해는 모두에게 미친다. 절도나 강도는 특정인에 대한 범죄이다. 하지만 인사 비리는 모두에게 피해를 주며 국가를 병들게 한다. 공정한 인사가 만사이다. 공정한 평가를 통해 지식과 역량을 지닌 자를 선발하고 일을 맡기어야 한다. 성과를 내면 그에 합당한 보상이 주어져야 한다. 리더가 해야 할 가장 중요한 역할이다.

## 2. 보상체계의 혁신

### ⊙ 보상체계와 역량 개발의 문제

한국의 공공 대 민간, 대기업과 중소기업, 남성과 여성 등 근로자의 급여 격차는 크다. OECD 국가 중에서도 유별나다. 성 또는 학력에 따른 차별, 독과점적 지위나 불공정한 시장경쟁, 강한 교섭력을 지닌 노조의 존재 여부 등에 의한 것이다.

대학 입시나 고시 등이 한판의 승부가 되는 것은 그 결과에 따라 많은 것이 결정되는 탓이다. 학벌과 더불어 고소득이 보장되는 자격 면허를 획득할 수 있다. 직업에 필요한 방법지와 암묵지, 창의력과 리더십, 협업과 소통역량, 사회성과 도덕성 등을 갖추기도 전에 부와 권력 등이 보장된다. 한 번의 시험에 따르는 보상이 과도하다.

젊은 나이에 일찍 좋은 자리를 선점할 수 있다. 이는 '자리로 사람을 평가'하는 경향과 더불어 입시 등의 경쟁을 부추기는 요인이다. 어떤 성과를 냈는지보다 어떤 자리에 있었는지를 중요하게 여긴다. 직위와 자리가 '출세'의 가늠자가 된다. 레이 크록의 맥도날드는 세계적인 성공을 거두기까지 30여 년이 걸렸다. 도전과 실패, 다양한 역량 개발과 작은 성과들의 축적이 필요하였다. 그러한 성공은 모두의 축하를 받아 마땅하다.

충분한 노력이나 성과 없이 부나 지위를 획득하기도 한다. 특정 사업을 할 수 있는 면허나 담합으로 많은 소득을 얻는다. 공정한 경쟁을 거치지 않은 데서 발생하는 소득이나 보상의 격차는 바람직하지 않다. 사회적 공정성과 국가경쟁력 모두를 훼손하기 때문이다. 애써서 기술을 개발하고 지식을 창조할 의욕을 꺾을 수가 있다.

관련하여 연공서열제는 '능력과 성과'에 따른 보상 원리와는 거리가 있다. 출발선부터 계급에 따른 차등이 존재하기도 한다. 공무원은 9급, 7급, 5급에서 출발한다. 출발 이후에는 근속기간에 따른 연공이 중요하다. 기업과 공공부문 등에서 연공서열제 문제를 개선하려고 하지만 그 뿌리는 깊다. 계급과 서열 중심의 수직적 위계가 조직을 이끌어 간다. 조직의 낮은 생산성, 종사자의 조기퇴직, 실업 등의 문제를 유발하는 주요 원인이 되고 있다.

장기 근속자가 많을수록 인건비 부담은 증가하고 생산성은 저하된다. 계급과 서열이 구성원의 창의성 발휘를 제약하기도 한다. 조직 외부에 대해서는 폐쇄적이고 내부에서는 수평적 의사소통이 쉽지 않다. 한 직장을 퇴직하고 새로운 직장으로 옮기는 것을 방해하기도 한다. 직장 이동을 제한하는 제도적 요인이다. 남성 중심의 수직적 구조와 서열체계가 형성된다. 출산 또는 육아 이후 복직을 어렵게 하여 여성의 역량 발휘를 저해하기도 한다.

연공서열제는 근로자들 간 담합의 성격을 지닌다. 능력이나 성과를 기준으로 승진이나 급여 인상을 결정하는 것에 반대한다. 대신 연공을 기준으로 보상하는 것에 동의하고 담합하는 것이다. 구성원 간 능력과 성과에 의한 선의의 경쟁을 저지하는 결과가 된다.

## ⊙ 보상체계 혁신의 방향

보다 합리적인 방향으로의 보상체계 변화가 필요하다. 보상체계란 구성원의 급여나 업무배치 등을 결정하는 체계적인 방식이나 제도이다. 사람을 평가하고 보상하는 시스템이다. 바람직한 보상의 기본 원리는 '능력에 따라 배치하고, 성과에 따라 급여를 지급하는 것'이다. 넓은 의미의 보상에는 금전 지급뿐만 아니라 업무 재배치, 승진 등을 포함한다.

'성과에 따른 보상'체계는 성과를 측정할 수 있어야 가능하다. 하지만 성과 측정이 쉽지 않을 수 있다. 매출액이나 수량 등의 분명한 성과로 측정하기 어려운 경우가 많다. 측정이 가능하더라도 운 때문인지, 노력의 결과인지 판단하기 어렵다. 조직 전체의 성과를 측정하더라도 각 부문이나 개인의 기여 정도 평가가 쉽지 않다. 그래서 성과 산출의 기반이 되는 역량을 인사와 보상의 기준으로 삼는다. 능력급, 직무급 등의 제도가 그것이다.

올바른 평가와 보상체계는 건전한 경쟁을 촉진한다. 공동체를 구성하는 사람들 간에 갈등의 여지도 적다. 물론 개인과 사회의 지식역량을 향상하는 기반이 된다.

특히 지식기반의 역량이 채용이나 승진 등의 기준이 될 필요가 있다. 임금이나 급여는 일에서의 성과를 반영하는 것이 합리적이다. 이러한 체계를 통해 한 번의 승부가 된 입시나 고시, 재산권이 된 자격면허, 성과나 능력과 무관한 불공정한 보상의 문제를 해결할 수 있을 것이다. 성별, 연공, 권력, 관계 등에 의한 불공정한 격차를 해소하여야 한다. 자리에 필요한 역량을 갖추었는지, 의도하는 성과를 산출하였는지로 사람을 평가할 필요가 있다.

주주나 최고경영자는 능력과 성과에 따른 보상체계를 선호하고 격려할 가능성이 크다. 높은 성과 산출에 유리할 것이기 때문이다. 근로자도 대체로 성과나 능력에 따른 보상체계를 선호할 것이다. 합리적이고 공정한 보상을 기대할 것이기 때문이다. 하지만 노조는 능력이나 성과에 따른 조합원 간 보상차별을 우려할 수가 있다. 능력과 성과에 따른 차별적 보상이 조합원 단합을 저해할 수 있기 때문이다. 합리적 차별을 반대하는 배경엔 평가에 대한 불신도 있다. 인사평가의 공정성을 의심하는 것이다. '능력을 제대로 평가하지 못한다.', '사내 정치가 평가에 영향을 준다.', '실적보다는 온정 위주로 평가한다.', '연공서열 위주의 평가이다.', '인사평가제도를 신뢰하지 않는다.' 등의 의견들이 있다. 평가 공정성은 조직 경쟁력의 기반이다. 공정한 평가 시스템을 갖추는 것이 중요하다.


## ⊙직무급제의 장점


한편 직무급제에서는 직무별 필요 역량을 먼저 정의한다. 각 직무에 요구되는 역량을 학력과 자격, 경험과 경력, 인성과 태도, 인간관계 능력 등의 관점에서 구체적으로 기술하는 것이다. 이를 '직무요건'이라 한다. 학력과 자격증은 직무에 필요한 전체 역량의 일부일 뿐이다. 직무요건에는 이러한 형식적 자격은 물론 사람의 심리적, 신체적인 요건, 경험과 숙련 요인 등이 포함된다.

이에 따라 직무의 가치를 평가하고 급여 수준도 결정이 된다. 근속 연수가 아닌 직무 가치에 따라 급여가 산정되는 것이다. 직무요건은 사람을 평가하고 일자리에 배치하는 기준이 된다. 실제로 직무요건에 따라 직원을 채용하고 승진, 보상 등을 하는 것이다. 직무급제는 '동일노동 동일임금'의 원칙을 실현한다는 점에서 합리적인 제도로 평가된다.

개인에게 직무급 방식은 직무 전문성을 높이는 데 효과적이다. 한 분야, 한 업무에 오래 종사함으로써 장인의 반열에 오를 수 있다. 해당 영역에서의 전문성은 평생 활용 가능한 소중한 자산이 될 것이다. 퇴직과 무관하게 계속 자신의 역량을 발휘할 수도 있다.

조직은 직무 전문성을 존중함으로써 업무 지시와 확인 등에 따르는 비효율을 개선할 수가 있다. 역량 있는 곳에 권한과 책임을 함께 부여하는 것이 가능해진다. 전문적이고 신속하게 업무를 처리할 수가 있다. 업무를 지시하고 복종하는 데서 발생하는 수동적이고 비효율적인 행태가 개선될 것이다. 위계적인 구조의 조직이 수평적 관계의 조직으로 변할 수 있다. 권한과 책임이 분산되고, 수평적 소통과 협업이 원활해지는 것이다. 조직 리더는 전략적이고 중요한 과업에 더 많은 시간을 쓸 수 있게 된다. 또한 인사와 업무의 예측성을 높여서 관련 불확실성을 줄일 수 있다. 학력이나 자격 중심 평가의 비효율, 창의와 혁신 부족, 분배 불공정성 등의 문제도 개선할 수 있다.

연공서열제에서 장기 근속자의 급여는 많다. 일을 통해 그만큼의 성과를 보일 필요가 있다. 하지만 그렇지 못하면 조직은 그의 조기퇴직을 원하게 될 것이다. 직무급제에서는 이러한 문제가 사라질 수 있다. 하지만 보다 개인주의적인 업무처리나 성향이 나타날 수도 있다. 그에 따른 문제의 관리가 필요하다. 이러한 문제를 잘 극복한다면 직무급제는 노사 모두에게 긍정적인 제도가 될 수 있다. 사회 전반의 일자리 역량 미스매치를 줄이고 과잉 학력 해소에 기여할 수 있을 것이다.

기업과 공공기관 등은 직무급 인사관리 방식 도입을 위해 노력하기도 한다. 하지만 장기 근속자는 직무급 도입에 반대할 가능성이 있다. 자신의 직무 가치가 낮게 평가되면 급여가 감소할 수도 있기 때문이다. 하지만 장기적 관점에서 생각할 필요가 있다. 조기퇴직이 사라지고 안정적 직장생활을 기대할 수 있을 것이다. 정년까지 근무하거나 정년 이후의 근무도 가능하다. 그에 따라 평생 받는 전체 소득은 오히려 크게 증가할 수도 있을 것이다.

조직 내 직무요건들을 전부 모은다면 해당 조직에 필요한 전반적인 역량이 될 것이다. 전체 직무의 역량을 정의하는 과정은 조직의 과업 전반을 점검하는 계기가 될 것이다. 조직에 필요한 역량도 보다 분명해질 것이다. 필요한 자격이나 경력 등 직무에 필요한 실질적인 역량을 명확하게 정의하는 것이 중요하다. 채용과 배치, 승진과 보상 등 인적자원 운영과 관리의 기준이 될 것이기 때문이다.


## ◉ 직무평가와 보상

직무평가란 직무의 중요성과 가치를 비교 평가하고 상대적 순위를 결정하는 일이다. 직무별 특성, 기술 등의 역량, 자격요건, 책임, 숙련도 등을 평가하여 그 가치와 등급을 정한다. 급여 수준은 직무 등급에 따라 결정될 것이다. 요구되는 역량 수준이 높고 해당 인력의 공급이 적을수록 높은 등급의 직무로 평가될 가능성이 있다. 해당 자격의 획득이 쉽지 않고 책임이 무거울수록 높은 등급의 직무로 평가될 것이다. 관련하여 명제지나 명시지 역량은 우대하고 방법지나 암묵지 역량을 낮게 평가해서는 안 된다. 직무평가에서도 계급적 사고를 경계할 필요가 있다.

직무평가와 관련하여 3D 업종에 속하는 작업이나 직무 가치에 대하여 논의할 필요가 있다. 힘들고(difficult), 더럽고(dirty), 위험스러운 (dangerous) 작업이나 직무에 관한 평가이다. 이러한 일의 가치를 낮게 평가하고 적은 급여를 지급한다면 해당 분야 인력은 감소할 것이다. 해당 업종이나 산업을 가동하기 어려워질 것이다. 해당 작업을 인공지능이나 로봇 등으로 대체하려는 현상이 나타나게 된다.

조직 내에는 3D 직무들이 있다. 그 가치를 충분히 인정하고 평가할 필요가 있다. 힘들고, 더럽고, 위험하지만 해야 할 일이다. 사람들이 해당 직무를 기피한다면 어떻게 하는가? 자동화하거나 외부에 맡기려고 할 것이다. 그렇게 되면 해당 작업에 대한 노하우는 사라지거나 외부로 빠져나갈 것이다. 일에 대한 장악력은 저하될 것이다. 사업 전반의 경쟁력을 상실하는 결과로 연결될 수가 있다.

3D 직무에 가점을 주어 평가할 필요가 있다. 그러한 일을 쉽게 하는 사람이 있다면 그만큼의 역량이 있는 것이다. 안전하고 깨끗하며, 쉬운 일이라면 높은 등급으로 평가할 이유가 없다. 인공지능, 로봇 등이 혁신을 주도하는 4차 산업혁명의 시대이다. 3D 산업이나 3D 작업은 로봇이나 인공지능으로 대체될 가능성이 높다. 하지만 그 기

술은 해당 일을 직접 하고 있을 때 잘 개발할 수가 있다. 불편함과 어려움을 크게 느낄수록 그것을 극복하려는 욕구도 증가할 것이다. 필요는 발명의 어머니이다. 위험하고 어려울수록 관련 기술은 발전할 수 있을 것이다. 소프트웨어를 개발하고 혁신을 주도하는 등의 기회를 잡을 수가 있다. 외부에 그러한 일을 맡길수록 혁신하고 창조할 내부의 기회를 잃는 것이다.

## ⊙ 혁신의 대상

고학력에 유리한 보상체계를 개선하는 것은 중요한 일이다. 고졸자가 대졸자에 비해 부당한 불이익을 받는 것은 바람직하지 않다. 예컨대 대졸 신입자의 급여가 고졸 4년 차보다 높을 이유가 없다. 대부분 업무에서 고졸 4년 차의 업무역량이 대졸 신입자보다 나을 것이다.

입시나 입사는 출발선이다. 그것을 종착점처럼 취급한 것이 아닌지 되돌아볼 필요가 있다. 첫 직장이라는 출발선에서 과도한 격차는 바람직하지 않다. 업무역량이나 성과에서 드러난 것이 아직 없기 때문이다. 대학의 학사 관리도 보다 엄격해질 필요가 있다. 입학은 쉽더라도 졸업은 보다 어렵게 할 필요가 있는지도 모른다.

의사, 변호사 등의 자격 문호를 확대하여야 한다. 하나의 자격 면허가 벼슬이 되어서는 안 될 것이다. 자격 획득이 재산권의 획득은 아니다. 고급공무원 채용 고시나 특정 학교 졸업생에게 취업을 보장하는 등의 제도도 그 적합성을 재검토하여야 한다.

# 3. 지식역량 기반의 공정한 경쟁

지식역량은 개인 삶의 기반이며 국가경쟁력의 요체이다. 지식역량이란 지식을 기반으로 문제를 해결하는 역량이다. 명제지와 방법지, 암묵지와 명시지, 창의력과 협업역량, 태도와 의지 등이 복합된 총체적인 역량이다. 단순히 아는 것을 넘어 지식을 기반으로 실제로 '무엇인가를 해결하는 역량'을 뜻한다.

높은 수준의 지식역량을 개발하고 유지하는 국가가 되려면 그에 적합한 환경이 필요하다. 관련 제도와 여건이 지식역량 개발에 우호적일 필요가 있는 것이다. 돈이나 권력 못지않게 지식기반의 역량이 힘을 발휘하는 사회여야 한다. 사람들은 기술과 노하우 등의 지식역량을 갖추는 데 힘을 쏟을 것이다. 지식기반의 역량으로 공정하게 경쟁하는 질서가 필요하다. 돈과 권력이 아닌 노하우와 기술이 승부를 결정하는 여건이 되어야 하는 것이다.

세상은 부, 권력, 명예, 장수, 지식, 의미 등을 좇는다. 기업은 매출과 이익, 성장 등이 그 존재의 의미이다. 개인이나 조직 모두에게 각기 필요한 성과를 산출하는 것은 중요한 일이다. '성과 중심의 경영'이다. 그런데 성과는 능력 또는 역량으로부터 온다. '운칠기삼'이라는 말도 있지만, 운도 역량을 갖추었을 때 찾아온다. 훌륭한 성과는 결국 잘 준비된 역량으로부터 오는 것이다.

지식역량 중심의 경쟁은 학력이나 권력에 기반을 둔 경쟁이 아니다. 학력이 일정한 자격, 권력은 힘을 행사하는 기반이라면 지식역량은 지식기반으로 문제를 해결하고 성과를 산출하는 능력이다. 지식역량 중심의 경쟁은 학력이나 권력이 아닌 실력 기반의 경쟁이다. 학력이나 자격을 넘어 실제 문제를 해결하는 역량을 지닌 자가 대우받는 사회일 필요가 있다.

## ⊙ 지식역량 중심의 경쟁 필요

계층 간 경제적 격차가 심화하고 있다. 예컨대 부동산의 대물림이 심하다. 2008년~2016년간 상속 또는 증여된 재산은 총 533조4천430억 원이었는데 상속재산의 65.9%, 증여재산의 48.8%가 부동산이었다. 2014년 이후 증가한 서울의 주택담보 대출에서 강남 3구가 차지한 비중은 60%에 달했다. 은행 돈으로 많은 집을 사서 단순한 매매차익으로 많은 소득을 올리는 것이다. 부동산 가격 상승으로 부자가 된 사람들이 재산을 대물림하고 있다.

국세청의 창업자 현황을 보면 30세 미만의 부동산임대업 신규사업자는 2009년 2천932명에서 2016년 7천65명으로 급증했다. 부동산임대업 신규사업자 중 이 연령대의 비중과 증가 폭이 가장 높다. 상속이 아닌 자수성가 부자가 드문 현상과 대조된다. 다른 OECD 국가에서는 이러한 현상을 발견하기가 쉽지 않다. 이들 나라에서는 구조적으로 동 연령대가 부동산임대업을 할 정도의 부를 축적하기가 쉽지 않은 것이다.[83]

이러한 격차가 심하고 대물림될수록 지식역량 중심의 경쟁 질서가 중요하다. 기회균등의 원리를 되살리고 지식기반의 공정한 사회가 될 수 있기 때문이다. 한번 구축된 이러한 질서도 권력이나 재력이 개입하면 다시 무너질 수도 있다. 소수가 짜서 경쟁자를 밀어내고 결탁하기도 한다. 자기들만의 렌트(rent)를 얻기 위해 담합한다. 경쟁을 회피하고 새로운 기술과 지식의 개발을 차단한다. 권력이나 재력을 기반으로 실력 기반의 공정한 경쟁을 회피하는 것이다. 지식역량 중심으로 공정하게 경쟁하는 환경이 필요하다. 그 질서가 확고하게 정착되고 흔들림 없이 작동될 수 있어야 한다.

## ⊙ 성과 경쟁과 역량 경쟁

지식역량 중심의 경쟁이란 노하우와 기술 등을 기반으로 경쟁하는 것이다. 역량 중심의 경쟁은 성과를 추구하는 경쟁과 다른 면이 있다. 성과 중심 경쟁에서는 결과가 중요하다. 예컨대 기업은 많은 매출과 이익을 얻기 위해 경쟁한다. 경쟁자와 비교하여 낮은 가격, 고품질, 정확한 납기가 중요하다. 그것을 가능하게 하는 창조적인 기술과 지식 등의 역량이 필요하다. 하지만 때로는 경쟁자 등 시장 상황에 따라 매출이나 이익 등의 성과가 결정되기도 한다. 성과 중심의 경쟁에서 때때로 과정은 중요하지 않으며 무시되기도 한다.

역량 기반의 경쟁은 성과의 기초가 되는 역량을 중요하게 여긴다. 성과에 운이 작용하기도 하지만 길게 보면 결국 역량이 성과를 결정한다. 역량 기반의 경쟁이 중요한 이유이다. 기업 등은 기술과 역량을 개발하고 창조하는 데 온 힘을 쏟는다.

하지만 역량은 시행착오나 실패를 통해 축적되는 경향이 있다. 단기적으로 매출이나 이익이 중요한 상황에서 시행착오나 실패는 용납

되기 어렵다. 시행착오나 실패를 통한 학습보다 당장의 성과가 중요하기 때문이다. 이러한 점에서 역량 중심 경쟁은 성과 중심 경쟁과 상반될 수 있다. 단기적인 성과를 포기하더라도 기술과 지식 등을 새롭게 개발할 수 있어야 한다. 하지만 장기적으로는 이것도 역시 성과를 위한 경쟁이다. 장기적 관점의 이익을 위해 기술을 개발하고 지식을 축적하는 것이다.

## ⊙ 자본보다 지식기반 경쟁

또한 지식기반의 경쟁은 자본기반의 경쟁과 비교될 수 있다. 자본 축적이 부족했던 경제개발 초기에는 자본의 역할이 컸다. 노동에 비하여 상대적으로 자본이 희소하였다. 자본 투자로 고수익이 가능한 기회가 많았었다. 그러나 경제가 고도화되면 자본 투자만으로 고수익을 얻을 기회는 줄어든다. 자본뿐만 아니라 창의적인 제품과 사업 아이디어, 기술과 지식이 중요해지는 것이다. 창의적인 기업가정신, 지식역량에 기반하는 노동, 숙련된 근로자의 작업 등이 부 창출의 주요 기반이 된다. 기업가와 근로자의 창의적 노동이 부를 창출하는 원동력이 되는 것이다.

지식역량을 중심으로 경쟁하는 환경을 조성할 필요가 있다. 예컨대 소득을 창출하려면 자본과 노동의 투입 모두가 필요하다. 자본과 노동을 어떤 비율로 투입할 것인가? 이때 창의적인 노동을 촉진하는 제도적 환경을 제공하는 것이 중요하다. 자본 투입에 의한 소득보다 노동 투입에 의한 소득에 더 많은 세금을 부과한다고 하자. 그때 사람들은 노동 투입보다 자본 투입을 더 선호할 가능성이 있다. 예컨대 창의적 노동으로 부를 축적하는 것보다 부동산 투자에 더 관심을 두게 된다.

어떤 제도하에서 활동하느냐에 따라 투입 요소의 조합이 달라질 것이다. 지식역량 개발에 우호적인 제도와 정책이 필요하다. 즉 단순한 자본 이득보다 창의적 노동에 더 많은 지지를 보낼 수 있어야 한다. 그것을 응원하는 제도가 필요하다. 오랫동안 세상에 도움이 되는 성과는 창의적인 노동으로부터 올 때가 많다. 예술이나 문학작품 등이 그러한 것들이다.

## ⊙경쟁 제한 대신 경쟁 확대 필요

정부나 권력이 부당하게 민간의 역량 개발 기회를 제약하기도 한다. 학력이나 면허 등의 제도가 경쟁의 문을 좁히는 역할을 할 때가 있다. 정책을 만들 때 지식역량 개발을 제약하는 것이 아닌지 유의할 필요가 있다. 일단 경쟁의 문호를 확대하거나 개방하는 것이 지식역량 개발에 도움이 될 것이다. 특정 자격이나 면허에는 일정 수준의 학력이나 지식이 필요할 수가 있다. 하지만 그 경우에도 요구의 내용을 최소화할 필요가 있다. 다수에게 경쟁에 참여할 기회를 부여하는 것이 좋다.

톨게이트가 '문'이라면 플랫폼은 '광장'이다. 학력이나 면허가 톨게이트라면 시골의 장날은 플랫폼 같은 시장이다. 톨게이트가 참여자를 선별한다면 플랫폼은 누구에게나 참여의 문을 개방한다. 폐쇄적

톨게이트보다 개방형 플랫폼이 많을수록 좋다. 참여와 통행을 제한하는 것은 최소화되어야 하는 것이다. 면허 발급의 수를 과도하게 제한하지 않을 필요가 있다. 적어도 그 수요에 대응하여 충분한 서비스가 공급될 수 있어야 한다. 소비자는 저렴한 가격에 수준 높은 서비스를 즐길 수 있을 것이다. 누구나 자유롭게 자신의 역량을 발휘할 기회를 가지는 것이 좋다. 사업의 자유와 직업 선택의 자유를 최대한 보장하는 것이다.

과도한 진입 규제나 불공정한 담합은 여러 문제를 유발한다. 가장 중요한 것은 직업이나 사업의 자유를 훼손하는 것이다. 그것은 사람이나 기업이 숨 쉴 공간을 좁히거나 차단하는 행위이다. 자유롭게 지식을 창조하고 역량을 발휘할 영역을 막거나 좁힐 수 있는 것이다. 해당 분야의 기술과 노하우 개발을 저해하고 국가경쟁력은 저하될 수가 있다. 대학, 금융, 의료, 운송, 법률 서비스, 보건의료, 공유경제 등의 영역이 문제이다. 많은 일자리를 창출할 수도 있는 영역이지만 성장하지 못하고 있다.

시장경제는 자유롭게 경쟁한다는 면에 장점이 있다. 그러한 점에서 자유로운 경쟁을 훼손하는 담합이나 불공정한 경쟁행위는 문제가 된다. 기울어진 운동장을 다시 평평하게 할 필요가 있다. 사회의 부문 간, 계층 간 격차를 줄이고 서로 공존하는 기반을 만들어야 한다. 하지만 실제에서는 불공정한 경쟁을 방관하거나 옹호할 때가 있다. 경쟁의 불공정성은 놔둔 채 약자를 지원하는 정책을 펴기도 한다. 예컨대 농업과 중소기업 등을 지원하는 정책이다. 하지만 대-중소기업 간의 경쟁력이나 임금 격차는 개선되지 않거나 오히려 확대되고 있다. '상생'과 '동반성장'의 슬로건은 좋지만 실제로 상생하는 사례는 많지 않다. 그것보다는 기울어진 운동장을 바로잡는 것이 더 중요하다. 기술 개발 등 지식기반의 경쟁이 훼손되고 있다. 새로운 아이디어와 혁신 등으로 시장 활력을 되찾을 필요가 있다.

가구 공룡 '이케아'가 한국에 상륙한 지 몇 년이 흘렀다. 한국 가구 산업이 어렵게 될 것이라고 우려하였다. 하지만 시간이 지나면서 '집 꾸미는 산업' 전체가 함께 성장했다는 분석이 나왔다. 대체로 약한 '경쟁자'를 보호하는 정책보다 '경쟁' 자체를 보호하는 정책의 효과가 크다. '약한 경쟁자'를 보호하려고 예산을 지출하지만 약한 자의 체질을 강화하지는 못한다. 수혜자들은 판로 보호와 자금 지원, 세금 혜택 등에 안주하게 된다. 기울어진 운동장에서 대기업과 중소기업 간의 격차는 지속된다. 평평한 운동장에서 이 격차는 줄어들 것이다. '경쟁' 자체를 활성화하는 정책이 중요하다.

한국은 세계 최고 수준의 정보통신기술과 의료진을 갖고 있음에도 원격의료를 도입하지 못하고 있다. 의사들의 반대 때문이다. 원격의료체계를 잘 구성하면 국민의 의료 만족도를 높이고 동네 의원과 대형 병원의 윈-윈도 가능할 것이다. 의료 관련 AI 산업, 원격의료 통신장비와 웨어러블 의료기기 산업도 발전할 것이다.

정부는 코로나19 감염을 막기 위해 한시적으로 전화상담을 허용하였고 10만 건 이상의 상담 처방이 이루어졌다. 감염병이 다시 올수 있다고 한다. 고령화 추세 등을 감안할 때 원격의료는 미루기 어려운 과제이다. 세계적으로 원격 진료가 발달하는데 한국만이 뒤처진다면 문제가 될 것이다.

차단된 경쟁을 다시 살릴 필요가 있다. 규모는 작지만 기술과 혁신 역량을 지닌 기업이 성공할 수 있어야 한다. 정부와 국회, 시민단체와 관련 산업계가 같이 해법을 찾을 필요가 있다.[84]

## ⊙면허 발급의 확대와 관리

과도하게 발급을 제한한 면허는 그 발급을 확대하거나 면허제도 자체를 획기적으로 개선할 필요가 있다. 특히 높은 소득이 보장되는 면허를 중심으로 발급 확대 등을 검토하여야 한다. 진입 규제 전반에 대하여 면허 등에 의한 사업 자유 제한이 타당한 것인지 검토할 만하다. 사전적인 진입 규제를 최소화하여야 한다. 부문별 면허에 대하여 해외의 경우를 참고할 필요가 있다.

정부 발급의 면허가 매매되거나 유상으로 대여되는 분야도 혁신의 주요 대상이다. 불공정과 불법을 용인하는 것이다. 자원을 낭비하고 경쟁의 질서를 왜곡하고 있다. 국가가 면허 장사를 하고 있는 셈이다. 면허가 재산권이다. 기술과 지식의 가치는 경시되고 자격과 면허가 우선이다. 기술이 있어도 사업을 할 수가 없다. 기술과 역량을 지닌 자에게 사업 기회가 부여되어야 한다.

면허 발급이 충분치 않은 분야일수록 소비자 불만은 크다. 충분한 서비스가 공급되지 않는다. 서비스 공급의 증가가 필요하다. 새로운 사업자가 진입하여 기존 사업자의 과도한 이익을 나눌 수 있어야 한다. 서비스 공급은 늘어나고 품질은 향상될 것이다. 기술과 지식이 창조되고 해당 분야의 경쟁력도 향상될 것이다.

자격이나 면허를 발급한 후에는 사후 관리가 필요하다. 면허는 필요한 역량을 유지하는 한 유효할 것이다. 자격증 대여를 금지하는 등의 의무도 준수되어야 한다. 필요한 역량을 상실하였거나 의무를 위반하였는데도 자격은 유지하고 있다. 예컨대 질병을 숨긴 채 환자를 진료하는 의사가 매년 수십 명에 이른다. 정기적으로 면허 소지자의 자격과 부적절한 행위 등을 평가하여 필요한 조치를 하여야 한다. 면허 소지자가 해당 역량을 상실하였거나 의무를 소홀히 한 경우에는 면허 취소 등을 할 수가 있다. 그것을 방치하면 새로운 면허 발급을 지체하는 결과가 된다. 불법적인 자격의 유지가 신규면허의 발급을 막는 것이다. 필요한 물갈이가 되지 않고 있다. 역량 있는 자에게 실력을 발휘할 기회를 열어주어야 한다.

## ◉경쟁 확대와 경제 역동성 증가

과도한 진입 규제는 기술혁신 가능성을 봉쇄하고 해당 시장의 발전을 제약한다. OECD의 한 보고서는 지적하고 있다. "한국은 규제를 완화하고 경쟁을 촉진할 필요가 있다. 중소기업과 서비스 산업 부문에서 기업가정신을 자극하고 효율성을 개선하게 될 것이다."[85] 진입 규제는 새로운 기술과 아이디어의 진입을 봉쇄할 수가 있다. 충분한 사업 면허를 발급함으로써 사업자 간 경쟁의 여건을 조성하여야 한다. 새로운 기술과 지식으로 사업하려는 자에게는 최대한 시장 진입을 허용할 필요가 있다. 제품의 성능과 품질은 향상되고 가격은 하락할 것이다. 수요자의 소비 욕구를 새롭게 자극하여 시장을 창조할 수도 있다. 소비자의 전체 후생은 증가할 것이다. 고용도 증가할 것이다.

국가 내의 인적·물적 자원은 필요한 분야에 배치될 필요가 있다. 불필요한 영역에 있는 자본과 노동, 기술 등의 자원을 필요한 영역 등에 재배치해야 하는 것이다. 과감한 진입 규제 개혁이 그 물꼬를 틀 수 있다. 노동과 기술, 자본 등의 자원들이 불필요하거나 효율성 낮은 분야에 배치되어 있다. 디지털 경제 등이 확대되고 있지만, 새로운 분야로 이동할 자본과 기술은 부족하다.

기존 면허 소지자와 기존 산업에 대한 과도한 보호 때문이다. 구식이 되어 버린 사업 방법과 기술이 새로운 기술과 창조를 거부하고 있다. 과거의 지식과 지나간 기술이 새로운 진보를 막아서는 안 될 것이다. 슘페터는 '창조적 파괴'를 이야기하였다. 새로운 기술과 지식은 필연적으로 구질서를 파괴한다. 파괴를 감수하지 않으면 새로운 창조는 불가능하다. 앞으로 나갈 것인지, 지금의 자리에 머물 것인지 결정할 필요가 있다. 새 기술과 아이디어가 새롭게 산업을 일으키고 시장을 확대할 수 있어야 한다.


또한, 공공부문은 민간과 경쟁하는 분야에서 직접 사업하는 것을 자제할 필요가 있다. 공공기관과 민간기업 간 공정한 경쟁은 쉽지 않다. 공공기관은 민간기업보다 법률의 보호, 자본 조달 등에서 우월적 지위에 있기 때문이다. 민간의 창의와 지식 개발이 위축될 수가 있다. 공공부문이 민간이 하는 사업을 할 때는 여러 요인을 고려할 필요가 있다. 해당 분야에서의 기술 등 경쟁력 개발, 고용 창출, 경쟁의 공정성 등에 관한 것이다. 공공부문은 해당 분야의 기술 등 지식역량 개발에서 긍정적인 역할을 할 필요가 있다. 오히려 지식기반 경쟁을 방해하는 존재가 되어서는 안 될 것이다.

## ⊙ 사회적 신뢰와 지식역량 중심의 경쟁

한편 한 사회의 사회적 신뢰 수준은 지식기반 역량 개발 여건의 형성에 영향을 준다. 사회 구성원이 공유하는 제도, 규범, 네트워크, 신뢰 등은 개인 간 협력을 원활하게 하는 사회적 자본들이다. 특히 사회적 신뢰(social trust)가 중요하다. 사회적 신뢰는 사회 전반에 대한 신뢰이다. 이웃, 친구, 동료 등의 지인들에 한정된 특수화된 신뢰나 반복적인 대인관계에 의한 사적인 신뢰(personalized trust)의 수준을 넘는 것이다. 잘 알지 못하는 타인을 신뢰하는 것이다. 사회적 신뢰는 특수화된 신뢰에 비해 경제에 미치는 영향도 더 크다. 더 광범위하게 구축되는 경향도 있다.[86]

높은 사회적 신뢰 수준은 거래에 필요한 비용을 줄인다. 상대를 믿고 거래함으로써 정보 수집이나 협상, 계약 준수의 감시 등에 필요한 비용 등을 절감할 수 있다. 필요한 기술을 개발하고 혁신할 수 있는 여건 조성에 유리하다. 모르는 사람과 쉽게 협업할 수 있다. 이질적인 부문 간 교류와 융·복합, 지식창조가 수월해진다. 법, 제도 등이 잘 구축되어 사람 간 신뢰의 정도가 높다. 이는 공정한 경쟁을 가능하게 하는 주요 기반이 된다. 즉, 높은 사회적 신뢰 수준은 지식역량 중심의 경쟁 여건 조성에 긍정적인 역할을 한다고 할 것이다.

## ⊙ 한국의 사회적 신뢰 수준

한국의 사회적 신뢰 수준은 대체로 OECD 평균보다 다소 낮은 것으로 평가되어 왔다. 국제성인역량조사[87]에서는 신뢰를 '오직 소수의 사람만을 믿는다'와 '다른 사람이 나를 이용하고 있다고 생각한다'는 설문을 통해 측정하였다. 전자는 신뢰의 폭을, 후자는 신뢰의 질을 의미한다고 볼 수 있다. 한국은 타인에 대한 신뢰의 폭과 신뢰의 질 모두에서 21개 국 중 12위였다. 한국인은 모르는 타인과의 협력이나 협동에서 비교적 소극적인 것으로 평가된 것이다. 두 가지 모두에서 덴마크, 노르웨이, 스웨덴, 핀란드 등 북유럽 국가들이 최상위 수준으로 평가되었다. 일본은 신뢰의 폭에서 7위, 신뢰의 질에서는 2위로 평가되었다.

프랜시스 후쿠야마는 한 사람이 신뢰하는 범위가 가족, 혈연 사이에 그치면 '저신뢰 사회', 혈연을 넘어 공통 관심사의 공동체에 두루 미치면 '고신뢰 사회'라고 규정했다.[88] 그는 중국, 이탈리아, 프랑스, 한국은 저신뢰 사회로, 일본, 독일, 미국은 고신뢰 사회로 규정한 바 있다. 사실 한국인은 가족이나 친구 등 주로 특수한 관계 속에서 신뢰를 형성하며 그 관계를 믿는 경향이 있다. 반면 서구인은 일반적인 대인관계나 공적인 관계에서 폭넓은 신뢰를 형성하며 그들의 역량을 믿는 것으로 평가되고 있다.

물론 이러한 견해가 한국의 사회적 신뢰 수준을 정확히 평가한 것으로 보기는 어렵다. 국가적인 재난이 닥칠 때마다 한국인은 집단으로 힘을 모으고 불의에 저항한 역사를 지녔다. 가족의 범위를 훨씬 뛰어넘는 범위에서 연대가 이루어진 것이다. 비교적 안전한 밤거리 등 사회질서도 잘 유지되는 편이다. 세계적으로도 높은 윤리의식을 지녔다는 평가도 있다. 이는 한국의 사회적 신뢰 수준이 낮지 않음을 보여주는 현상의 일면들일 수가 있다.

## ⊙사회적 신뢰와 가족주의

한국의 사회적 신뢰 수준이 낮은 배경의 하나로 가부장적 가족주의를 들기도 한다. 특히 비도덕적 가족주의(amoral familism)[89] 경향을 문제로 삼는다. 여기서 '비도덕(amoral)'은 '부도덕(immoral)'하기보다는 도덕 관념이 없거나 약한 것을 의미한다. 즉, 내 가족보다 타 가족에 대해 도덕적으로 무심한 것이다. 이러한 무심함이 치열한 입시 경쟁을 형성하는 한 배경일 수가 있다.

세계적으로 가족주의가 강한 나라일수록 부정부패가 심하다고 한다. 이러한 현상의 원인을 비도덕적 가족주의로 설명할 때가 있다. 프로테스탄트 국가보다 가톨릭 국가의 부패가 더 심한 것도 가족 중심적 성향 때문이라고 한다. 가족들의 물질적 풍요를 위해 부정부패 행위를 하거나 가담한다. 부정부패는 역량과 성과 중심 질서의 기반을 흔든다. 사회 안정과 국가경쟁력을 훼손하는 독인 것이다.

재벌 기업의 계열사 간 내부거래도 가족을 통한 이익 추구가 문제이다. 기업 경쟁력이 아니라 가족의 이익을 챙긴다는 점에서 문제가 된다. 흙수저, 금수저 논란이 있다. 소수가 폐쇄적으로 담합하여 불공정한 행위를 한다. 혈연, 친구, 동료 등으로 얽힌 관계가 모르는 사람들과의 신뢰 수준을 오히려 낮춘다. 잘 알지 못하는 타인에 대한 신뢰가 약하다. 신뢰의 범위가 좁고 폐쇄적인 것이다. 한국인의 정서로 정(情)의 문화를 든다. 혈연과 지연 속에서 자연스럽게 발생한 정서이다. 가족과 마을을 중심으로 형성된 관계의 '내적인 끈'이다. 이것이 대외적으로는 배타적이고 몰인정한 모습으로 나타날 수가 있다. '정'의 문화가 사회적 신뢰 구축에는 역기능을 하는 것이다. '정'의 긍정적인 면을 유지하면서 사회적 신뢰 수준은 높이는 지혜가 필요하다.

높은 수준의 신뢰 사회를 위해서 전통과 문화에서 발견되는 부정적인 면을 극복할 수 있어야 할 것이다. 가족 중심의 사고나 행동은 사회 윤리와 공정성을 준수하는 수준에서 자제될 필요가 있다. 흙수저, 금수저 현상이 완화되어야 한다. 정에 기반하는 내적인 인간관계가 외부적으로 배타적이고 몰인정한 결과가 되어서는 안 될 것이다. 사적인 특수관계가 사회 전반에 대한 신뢰 형성을 저해하는 결과가 되어서는 안 된다.

독일의 국력은 정치·사회 시스템, 경제력, 군사력 등 '유형 자본'과 더불어 신뢰·정직·청렴을 비롯한 '무형 자본'에서 온다고 한다. 특히 정직한 정치로 유명하다. 나라 전체가 서로 믿고 사는 것이 그들의 국력이라 할 수 있다. 법 집행이 엄격하다. '지켜도 그만, 안 지켜도 그만'인 법은 없다. 하지만 법대로만 하면 손해 볼 일도 없다. 유전무죄(有錢無罪) 무전유죄(無錢有罪)를 걱정할 필요가 없다. 각자 자기 분야에서 제 할 일만 하면 되는 편한 사회인 것이다.[90] 높은 사회적 신뢰 수준이 독일의 기술력과 국력 형성의 기반이라고 할 수가 있다.

높은 사회적 신뢰 수준은 현실이 사람들의 기대를 저버리지 않는 데서 온다. 법대로 행동하면 불이익이 없고 자기 분야에서 제 할 일만 하면 되는 사회이어야 한다. 한국인은 공정성에 대한 관심이 많다. 법대로 했는데 손해를 보고, 자기 할 일만 했는데 보상에서 소외되는 일이 있어서는 안 될 것이다. 남의 것을 빼앗아서 이익을 얻는 사회이어서는 안 된다. 노력하는 자에게 충분히 보상할 필요가 있다. 지식기반의 역량으로 공정하게 경쟁하는 사회여야 한다.

# 4. 인적자원 정책 개발과 정책 간 연계

한국의 청년고용률은 OECD 평균에 비하여 15% 이상 낮은 수준이다. 병역 문제와 더불어 좋은 일자리의 부족, 공무원 시험 준비, 고학력 등의 영향이다. 한국 청년은 평균적으로 긴 시간 학교에 다닌다. 일자리를 얻어 사회에 진출하는 시기는 늦다. 특히 고학력 실업은 일자리가 요구하는 역량과 교육 간의 괴리에서 발생한다.

중장년 근로자들은 조기 은퇴하여 비정규직 등 낮은 임금으로 일한다. 여성 취업률은 OECD 국가 중 가장 낮다. 고학력임에도 결혼이나 출산 후 고용률은 더욱 낮아진다. 관리직에 진출하는 여성은 소수이다. 이러한 현상들은 역량의 개발과 활용 양면의 문제가 복합된 결과이다. 정부 어느 한 부처의 정책과 노력만으로 개선될 수 있는 사안이 아니다.

인적자원 역량을 개발하는 것과 그 활용이 연계되어야 한다. 하지만 문제를 푸는 일이 쉽지 않다. 여러 부처가 관련되어 있고 다수의 이해가 걸려 있다. 산재된 여러 제도와 정책을 조율하고 조정하여야 하지만 정책 현장에서는 당장의 문제에 몰두하는 경향이 있다. 교육계는 입시 문제, 산업계와 노동계는 경기 침체와 실업 등 여러 당면 문제 해결에 몰입한다. 관련은 있지만 소관이 아닌 문제에 대해서는 신경 쓰지 않는 경향이 있다. 중요하지만 구조적으로 얽힌 문제에 대해서는 개선의 시도 자체가 부족하다.

## ⊙범정부적인 과제

지식기반의 경제 시대이다. 정부 정책은 이에 부합하거나 그것을 촉진하는 방향이어야 한다. '경쟁력의 핵심은 지식이고, 지식의 주체는 사람'이다. 특히 경제 관련 정책은 인적자원 관점의 '사람'을 중심에 둘 필요가 있다. 즉 산업 각 부문에 필요한 기술과 역량 개발을 지원하는 것이 중요하다. 자본 투자의 독려도 기술과 노하우 등 지식 개발에 초점을 둘 필요가 있다. 불필요하게 진입을 규제하거나 자유로운 경쟁을 제한하지 않는 것이 좋다. 창의적 사고와 기업가정신을 키워야 한다.

R&D 정책에서는 연구자들이 안정적인 여건에서 연구개발에 몰두하는 여건을 조성하는 것이 중요하다. 연구자들에게 축적된 역량이 국가의 R&D 역량이다. 단순한 자본의 투자보다 창조와 혁신이 각 산업을 이끌도록 유도할 필요가 있다. 창조와 혁신의 주체는 사람이다. 기술인력 등 해당 분야별 전문 인력을 육성하여야 한다. 경제에 가장 중요한 핵심 요소를 새로이 창조하는 것이다.

국가경쟁력을 산업 관점에서 보면 부문별 산업의 경쟁력이다. 각 정부 부처는 담당하는 산업 분야가 있다. 예컨대 은행, 증권, 보험 등의 금융산업은 금융위 소관이다. 교육산업은 교육부가, 법률 서비스는 법무부 소관이다. 방송과 통신 등의 산업은 과학기술정보통신부가, 운수 및 교통 분야 산업은 국토교통부가 소관 부처이다. 제조업 중 대기업과 중견기업은 산업통상자원부가, 중소기업은 중소벤처기업부가 담당한다. 각 부처는 소관 산업의 경쟁력에 대한 책임이 있다. 지식역량 개발을 지원하고 시장 확대 등에 필요한 여건을 조성하여야 한다. 과다한 진입 규제나 불공정한 경쟁환경을 혁신하여야 한다. 전문 인력 육성과 필요한 기술 개발을 지원하여야 할 것이다.

## ◉ 일자리에 필요한 역량 개발

물론 이러한 노력은 교육부나 고용노동부의 정책과 연계될 때 충분한 효과를 얻을 수 있을 것이다. 교육과 산업, 학교와 직업 간에 일종의 단절 현상이 있다. 일자리가 요구하는 역량과 구직자가 지닌 역량 간에 괴리가 크다. 이의 해결을 위해 산업을 담당하는 각 부처와 교육부, 고용노동부가 제도와 정책에서 연계하고 공조할 필요가 있다.

각 부처는 소관 산업에 필요한 기술과 역량을 지닌 인력이 학교에서 배출되도록 역할을 하여야 한다. 산업별로 필요한 기술과 지식역량을 정의하여 교육부나 고용노동부와 공유하는 것이다. 특히 교육부의 역할이 중요할 것이다. 산업 현장의 요구가 교과과정에 반영되도록 중심적 역할을 할 것이기 때문이다. 각 학교의 교과과정이 일자리의 요구를 반영하여 설계되고 운영되도록 제도화할 필요가 있다. 즉 교육 공급자가 아닌 일자리 제공자의 요구를 반영하는 교육을 하는 것이다.

한편 역량의 개발과 지식 습득은 일을 통해서도 이루어진다(Learning by Doing). 일을 통해 배우는 것이다. 일하면서 기술을 개발하고 지식을 창조할 수 있다. 그것이 산업 경쟁력의 바탕이다. 산업이 존재하고 기업이 활동하는 것 자체가 해당 기술과 역량 개발의 기본적인 터전이다. 각 분야 산업의 존재를 위해 '사업하기 좋은 환경'을 만드는 것이 중요하다. 국내 생산으로는 가격경쟁력이 없는 다수 산업이 해외로 나간다. 공장이 해외로 가면 동시에 관련 기술과 지식도 해외로 나갈 수가 있다. 무분별한 해외 이전보다 국내 생산이 가능하도록 필요한 여건을 만들 필요가 있다. 기술 개발과 일자리 창출의 기반이 될 것이다.

직업이나 일에 필요한 역량은 기업 등의 현장에서 배운다면 좋을 것이다. 교육부와 산업 관련 부처는 학생 등이 현장 실습, 인턴 등으로 필요 역량을 획득하는 방안을 마련할 필요가 있다. 해당 실습이나 교육이 학교의 교과과정 속에 자리잡도록 하는 것이다. 교육부가 앞장서 정책의 기본 방향을 마련하여야 한다. 학교와 일자리 현장이 과도하게 분리되어 있다. 획기적인 변화가 필요한 것이다. 각 산업의 주요 기업이 적극적으로 실습이나 인턴 형태의 교육 기회를 제공할 수 있어야 한다. 관련 부처들은 주요 기업이 이러한 정책에 적극 동참할 수 있도록 유인을 제공할 필요가 있다. 산업별로 관련 정책을 입안하고 기업 등을 독려하는 것이다.

## ⊙정책 간의 연계

정부는 이미 부처별로 교육, R&D, 고용 등 인적자원과 관련된 여러 사업과 다양한 정책을 펼치고 있다. 하지만 인적자원 역량 개발과 그 활용 관련 정책 간의 연계는 미흡하다. 각자의 입장에서만 정책을 설계하고 운영하는 것이다. 결과적으로 고학력 실업, 역량 미스매치, 경제성장의 정체 등을 낳는다. 정책 효과는 적고 예산 지출의 효율성은 떨어진다. 인적자원의 개발과 활용에 관한 여러 정책이 원활하게 연계되고 통합될 필요가 있다. 출생에서 노년까지 생애 주기별로 인적자원 개발과 활용의 정책이 개발되고 운영되어야 한다.

물론 이러한 정책 연계와 통합은 범정부 차원에서 이루어질 필요가 있다. 예컨대 모든 부처를 아우를 수 있는 '국가인적자원위원회' 같은 조직에서 주도하는 것이다. 사회의 각 영역에서 참여하여 인적자원 개발과 활용에 관한 폭넓은 논의를 할 필요가 있다. 논의를 바탕으로 인적자원 개발과 역량 활용에 관한 기본 계획과 관련 프로그램을 개발한다. 학교, 기업, 지자체, 정부 등은 각자의 역할이 있고 조화롭게 연계되어야 한다. 각 프로그램의 주도자, 필요 예산의 조달과 배분의 기준 등을 정할 필요가 있다. 정책 참여자들이 효과적으로 협업할 수 있는 제도와 예산 등의 기반을 설계하는 것이다.

〈그림 V-2〉 인적자원 개발과 활용

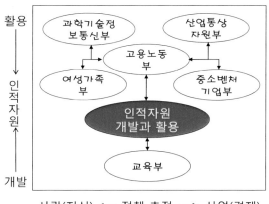

인적자원 개발과 활용 정책에는 예컨대 교육부, 고용노동부, 여성가족부, 과학기술정보통신부, 산업통상자원부, 중소벤처기업부 등이 관련된다. 교육부는 주로 인적자원을 개발하는 일에 종사한다. 여러 부처의 정책이 인적자원의 개발과 활용의 연계라는 점에서 개발되고 서로 통합될 필요가 있다.

교육부는 학교에서 인적자원을 개발하는 것에 관한 정책을 개발하고 학교를 지원하는 역할을 한다. 하지만 사회적 수요와 괴리된 교육으로 비판을 받는다. 고학력 실업 등의 문제는 '학교가 교육을 독점'하는 현상에서 비롯된 것일 수 있다. 교육부가 교육 독점자의 지위에서 벗어나 사회적 수요를 수용하는 방향의 변화가 필요하다. 대신 학교는 지자체, 기업, 공공기관 등과 함께 교육을 이끄는 촉진자(facilitator) 역할을 할 수가 있다.

고용노동부는 직무별 필요 역량을 국가직무능력표준(NCS)으로 설계하여 확산하는 일을 하고 있다. 기업, 공공기관 등은 이를 직원 모집과 채용, 배치 등에 활용한다. 대학 등은 이를 교과과정 등에 반영하여 직무별 역량 획득에 활용할 필요가 있다. 고용노동부는 노동권 보호와 노사관계 증진 등을 담당한다. 더불어 노동자의 역량 개발과 고용 증대를 위한 과업에 보다 적극적일 필요가 있다. 예컨대 각 조직이 연공서열제를 보다 합리적인 보상체계로 바꾸도록 지원하는 것이다.

특히 교육부와 산업 관련 부처 사이에서 중개 또는 연결자로서 역할을 할 필요가 있다. 각 부처로부터 산업별 필요 역량이나 교육 수요 정보를 받아 통합 정리한다. 이를 교육부에 전달하고 필요한 논의를 하는 등의 역할을 하는 것이다. 또한 기업 등이 제공하는 현장 실습 또는 인턴 기회를 학교의 교과과정에 연결하는 중간자 역할도 가능할 것이다.

여성가족부는 여성의 경력 단절 문제 개선 등을 통해 여성 일자리 개선에서 역할을 할 필요가 있다. 여성의 직업 활동 여건 개선으로 여성의 행복 증진과 국가경쟁력 향상에 도움이 될 것이다. 기업이나 공공기관과 협의함으로써 필요한 도움을 이끌어야 한다. 육아 휴직, 유연 시간 근무제, 육아 지원 서비스, 남녀 간 급여 격차 등의 개선이 중요하다. 타 부처의 지원과 협의를 이끌 수 있어야 한다.

인적자원 역량을 효과적으로 개발하고 활용해야 한다. 범국가적인 일이다. 국회와 정부가 머리를 맞대야 한다. 정부 내 여러 부처와 다양한 기관의 협조와 협업이 필요하다. 고용주, 산업별 협의체, 노동조합, 교육 및 훈련 담당 기관 등도 참여하여야 한다. 해외에서는 국가와 지역 차원에서도 교육과 일자리를 연계하는 활동이 활발하다. 지역 간 선의의 경쟁을 통해 교육과 일자리 문제가 개선되기도 한다.

한편 일자리 관련 정보는 보다 세밀하게 작성되고 넓게 전달될 필요가 있다. 인적자원 개발과 원활한 인력 수급의 면에서 기업, 근로자, 학교 등에 도움이 될 것이다. 중앙과 지방, 학교와 기업 등에서 일자리에 관하여 생산하고 제공하는 정보는 충분치 않다. 어떤 일자리가 있고, 무슨 교육을 받아야 하는지 등에 관한 정보가 부족하다. 일자리가 요구하는 역량과 평가 방법 등에 대해서도 보다 자세한 정보가 제공될 필요가 있다. 필요한 곳에 필요한 정보가 제공됨으로써 활용될 수 있어야 할 것이다. 일자리 정보와 더불어 진로 상담 서비스도 보다 충분히 제공될 필요가 있다.

제6장

# 생애역량의 개발과 창조

1 | 지식기반의 역량

2 | 한국인의 지식역량 평가

3 | 지식역량 개발의 구조적 여건

4 | 역량의 활용

5 | 지식 국가의 새로운 기반

6 | 생애역량의 개발과 창조

7 | 교육개혁

평생에 필요한 역량을 개발하여야 한다. 무슨 역량을 어떻게
개발하고 기를 것인가?

# 1. 생애역량

앞 3~5장에서는 한국인의 지식역량 개발과 활용에 관한 국가 전반의 구조적인 문제와 혁신 방향을 이야기하였다. 이에 대하여 본 장에서는 개인 차원에서 전 생애에 필요한 지식역량을 개발하는 방안을 논의한다. 생애역량이란 개인의 평생 삶에 필요한 지식, 기술, 태도 등의 총체이다. 독일에서는 평생교육을 통해 육성할 생애역량으로 일반교양 문화, 민주 시민으로서의 태도, 직업적 역량 등을 든다.

생애역량에서 중요한 것은 스스로 학습하여 역량을 개발하는 능력이다. 그것은 학교 교육을 통해 얻을 수 있는 지식의 범위를 훨씬 뛰어넘는다. 생애역량을 21세기에 필요한 생애역량, 일-관계-사랑의 역량, 나만의 관점, 방법지와 경험, 소통과 관계 역량, 성찰과 자기 통제, 역량 개발의 방법과 평생 학습으로 나누어 살펴보기로 한다.

## ⊙ 21세기의 생애역량

4차 산업혁명 진행에 따라 앞으로 단순 노동은 더욱 자동화될 가능성이 높다. 하지만 정보의 생산·수집·분석·가공·축적·배포 등에 필요한 정보처리 기능, 인공지능 기술, 대인관계 능력 등에 대한 요구는 증가할 것이다. 21세기가 요구하는 주요 역량으로 협력, 의사소통, 콘텐츠, 비판적 사고, 창의적 혁신, 자신감의 6C[91]를 든다.

- 협력(collaboration)

- 의사소통(communication)

- 콘텐츠(content)

- 비판적 사고(critical thinking)

- 창의적 혁신(creative innovation)

- 자신감(confidence)

협력과 의사소통은 사회적 동물인 인간이 갖춰야 하는 기본적인 역량이다. 사회 구성원으로서 생활하고 팀을 이루어 일한다. 적절한 언어를 구사하고 상대를 이해하는 능력, 사회적 규칙에 맞게 자신을 제어하는 능력 등이 중요하다. 또한 모바일 통신 등의 디지털 기술은 개인 차원의 정보 유통 환경을 조성하고 있다. 개인 단위의 통신이 확산되어 왔다. 소통과 협력의 필요성은 오히려 증대되고 있는 것이다. 다양한 지식과 기술이 연결되고 결합하여 새로운 창조물이 된다. 소통과 협업, 집단지성의 시대이다.

콘텐츠는 내용물이다. 학교에서는 기초적인 콘텐츠를 배운다. 타인과 협력하고 소통함으로써 새로운 지식이나 콘텐츠를 획득할 수가 있다. 추가적인 경험과 교류를 통해 보다 전문화된 정보와 지식을 접할 필요가 있다. 정보가 폭발하는 시대이다. 사물과 정보를 비판적으로 보고 통찰할 수 있어야 한다. 기존의 콘텐츠를 모방하고 새로이 편집함으로써 자신만의 지식과 콘텐츠를 개발할 수가 있다. 자신만의 직관과 편집의 능력은 창의적 혁신의 기반이다. 자신감은 전 생애에 걸쳐 실패를 딛고 성과를 만들어내는 원동력이 된다. 의지와 끈기로서 자신감을 유지하는 것이 중요하다. 즉 6C는 창의성과 관계

역량으로 다시 대별할 수가 있다. 콘텐츠, 비판적 사고, 창의적 혁신이 창의성과 관련된다면 협력과 의사소통은 관계역량에 해당한다.

## ⊙ 일, 관계, 사랑을 위한 역량

심리학자 아들러는 인생에서 피해갈 수 없는 중요한 세 가지 과제를 '일, 교우 관계, 사랑'이라고 하였다. 일하고, 관계를 맺으며, 사람과 세상을 사랑하며 사는 것이 중요하다. 그에 필요한 역량과 태도를 학습하고 개발하여야 한다. 일하고, 관계를 맺으며, 사랑하는 삶을 살기 위함이다.

생애역량이란 삶 전반에 필요한 지식이자 기술이다. 일하고, 관계 맺으며, 세상을 사랑하는 데 필요한 역량이다. 일은 생계의 기반이며 사는 의미이다. 임무나 과업을 마쳤을 때의 성취감은 건강한 삶을 이어가는 힘이 된다. 일에서의 실패나 시행착오도 새로운 기술이나 지혜의 기반이다. 성공적인 성과는 금전 등의 보수와 자신감으로 연결된다. 다음 단계를 계획하고 실행하는 출발점이 될 수도 있다. 일을 통해 자신을 실현하는 삶을 살 수가 있다.

일이란 어찌 보면 문제를 해결하는 것이며 일에 필요한 것은 문제를 해결하는 능력이다. 쉽게 풀릴 문제는 이미 문제가 아니다. 문제란 불만족하거나 사람들을 곤란하게 하는 상황이다. 어떤 방식으로든 처리하거나 해결할 필요가 있다. 문제 해결력이란 이러한 문제를 해명하거나 얽힌 것을 잘 처리하는 능력이다. 제시된 '문제'가 어떤 맥락에 위치하는지 파악함으로써 문제를 정확하게 인식할 수가 있다. 보다 빨리 해결방안을 찾는 데 도움이 될 것이다. 방법지와 암묵지, 관계역량이 중요하다.

문제를 해결하는 역량은 중요하다. 하지만 더 중요한 것은 문제를 발견하고 정의하는 능력이다. 타인이 제시한 '문제'의 답을 구하거나 문제를 해결하는 역량은 중요하다. 그러나 주체적으로 문제를 인지하고 문제를 정의하는 능력은 더 중요하다. 존재하는 문제를 모른다면 문제이다. 병원균에 감염되었는데 모를 수가 있다. 이것은 나중에 치명적인 결과가 된다. 타인이 인식하지 못하는 문제를 인식하는 능력은 중요하다. 앞서 문제를 인식함으로써 선구적으로 문제를 해결할 수 있기 때문이다. 특히 스스로 문제를 인지하고 정의하는 능력이 필요하다. 그것으로부터 문제 해결이 시작되기 때문이다.

## ⊙ 나만의 관점

제기된 질문에 답하는 수준에서는 질문한 사람의 생각 속에 있다고 할 수 있다. 새로운 관점에서 문제를 보지 않는 한 그곳에서 벗어나지 못한다. 스스로 문제를 인지하고 정의하는 자신만의 관점이 필요하다. 그것은 창조가 시작되는 시점이기도 하다. 부족함이나 불만족에서 탈피하려는 노력에서 창조가 시작된다. 희망과 욕망에서 '필요'가 시작될 수 있다. 필요를 느끼는 것이 창조의 시발점이다. 문제를 인식하는 것이 중요하다. 평소에 그냥 지나치던 것도 새롭게 보일 수가 있다. 관심을 가지고 새롭게 인식함으로써 문제가 보이는 것이다.

창의적인 사람은 먼저 질문을 한다. 그런 후에 다른 사람이 제시한 답을 가져다 활용한다. 사업을 하거나 세상을 이끄는 사람들의 모습이다. 새로이 문제를 인식하고 정의하는 것은 새 제품과 서비스를 설계하는 기반이다. 새로운 작품이 탄생할 수 있다. 처음 디자인한 제품에는 그에 맞는 소재, 부품, 장비가 필요하다. 그것을 생산하고 납품할 기업이 필요하게 된다. 하나의 창조가 또 다른 창조로 연결되는 것이다.

세계적으로 한국은 빠른 추격자(fast follower)로서 성공한 나라이다. 이제는 시장 선도자(first mover)로 성공해야 하는 시대가 되었다. 정답을 찾는 자에서 문제를 내는 자로 바뀌어야 할 때이다. 남이 보지 못하는 것을 보고, 듣지 못하는 것을 들을 수 있어야 한다. 남과 다르게 보고 새롭게 문제를 정의할 수 있어야 한다. 새롭게 문제를 정의하는 데는 자신만의 언어가 필요할 수 있다. 누군가가 이미 사용한 언어가 아닌 문자나 도형으로 색다르게 말하는 것이다.

## ⊙방법지와 경험

방법지(know-how), 인과관계(know-why) 파악, 노우후(know-who) 등의 능력을 동원하여 문제를 해결할 수 있다. 문제 해결에 필요한 기술과 지식 등의 방법지가 있어야 한다. 문제의 원인과 결과, 즉 인과관계를 파악함으로써 보다 분명하게 문제를 풀 수가 있다. 문제 해결의 노하우와 지식을 지닌 전문가를 연결하여 쉽게 문제를 해결할 수도 있다.

방법지는 주로 경험에 의한 학습(Learning by Doing)을 통해 획득된다. 문제를 해결하려고 시도하고 부딪히는 것이 중요하다. 실패하고 좌절을 겪으면서 문제 해결의 길을 찾을 수가 있다. 현장에서 다른 이들의 작업을 관찰하고 모방하면서 깨칠 수도 있다. 일이 어떻게 진행되는지 스스로 경험하면서 상황을 파악하고 이해할 수가 있다. 어떤 요소의 작업이 연결되고 어떤 도구들이 사용되는지를 파악한다. 작업 각각의 상황과 그들의 전후 연결을 이해할 수가 있다. 작업의 맥락을 이해하고 파악하는 것이다. 어떤 역량으로 어떻게 일할 것인지에 대한 감을 잡게 된다. 사람과 기계의 관계, 일의 분담과 사람 간의 관계 등에 대한 지식을 얻는다.

삶은 경험의 총합이기도 하다. 경험을 통해 주요 방법지를 얻는다. 언제 무엇을 경험하는지가 중요하다. 무엇이든 처음 경험할 때는 새롭다. 실수하기 마련이다. 하지만 실수와 실패가 쌓이면 정교한 노하우가 된다. 노하우와 관련 지식이 쌓이고 숙련하여 장인이 된다. 앉아서도 천리를 보게 되는 것이다.

경험은 훌륭한 스승이지만 모든 경험이 쓸모있는 지식이 되는 것은 아니다. 경험을 통해 배울 수 있어야 한다. 삶은 성공과 실패 등 다양한 경험의 총체이다. 특히 깨달음과 교훈을 주는 경험을 할 필요가 있다. 어떤 교훈과 깨달음을 얻었느냐에 따라 역량의 내용과 깊이가 결정될 것이다. 남에게는 평범한 경험이더라도 나에게는 특별한 교훈을 남길 수가 있다. 같은 경험을 하더라도 어떤 생각과 태도로 임하느냐에 따라 얻는 것이 다를 것이다.

한국인들은 늦게 사회생활을 시작하고 직장에서 문제 해결 기회도 많지 않은 편이다. 관심 분야에서 문제 해결 역량을 개발하고 축적하기가 쉽지 않은 것이다. 그럴수록 나름의 계획이 필요하다. 일찍이 '경험을 위한 계획'을 짜고 실행할 필요가 있다. 해보고 싶은 일, 관심 있는 직업 등을 경험하는 것이다. 경제활동을 통해 소득을 얻는 경험도 할 필요가 있다. 임금 근로자, 소규모 사업, 직업 현장 실습 등을 통해 스스로 소득 활동에 참여하는 것이다. 부모가 운영하는 사업장 등에서 일하는 경험도 도움이 될 것이다.

평생 직업을 생각하면서 역량을 개발할 필요가 있다. 대학에서는 재학 중에 전공 관련 직무 능력을 최대한 획득하는 것이 중요하다. 고교나 대학 등 학교를 졸업하는 것이 학습의 끝이 아니다. 새로운 곳에서 새로운 배움이 시작되는 것이다. 배움이 끝나서 일을 시작하는 것이 아니다. 일하면서 배우는 것이다. 일은 또 다른 배움의 시작이다. 일을 멈추면 배움도 멈추는 것이다.

전문가가 자신의 일에 능숙한 것은 자기 내부에 나름의 방법지가 체화되어 있기 때문이다. 실패를 수정하고 숙련의 과정을 거친 자신만의 노하우일 것이다. 시행착오 등의 시간이 축적된 결과이다. 머리와 몸에 기억과 감으로 확실하게 각인되어 있을 것이다. 무의식 속에서도 역량을 발휘할 수가 있다. 자신만의 방법지는 실제의 경험과 논리를 복합하여 개발할 수가 있다. 문제를 발견하고 과제를 정의하는 것에서 출발한다. 관찰과 몰입, 시행착오와 추론적 사고의 과정들이 필요하다. 비판적이면서도 창조적인 사고를 해야 한다. 협업과 소통을 통해 기술과 지식을 결합하고 새로운 방법지를 개발할 수가 있다.

# ⊙ 소통과 관계역량

관계역량은 생애역량을 구성하는 또 하나의 중요한 요소이다. 사람들과 유대를 맺고 관계를 유지하는 등의 대인관계 역량이다. 사람은 사회적 동물이다. 가족 내 관계가 생기고 직장에서는 동료, 부하, 상사 등의 관계를 맺으며 생활한다. 직장과 사회에서 협력과 경쟁, 지배와 복종, 갈등과 배려 등의 상황을 맞이할 수 있다. 다양한 관계 속에서 영향을 주고받으며 살아간다. 특히 조직의 리더는 집단을 유지하면서 구성원과 원만한 관계를 형성하고 유지해야 한다. 관계역량도 사람들 간의 관계를 경험하고 시행착오를 겪으면서 키워나갈 수가 있다. 가족이나 직장의 구성원으로서 같이 문제를 해결해나가는 노력과 경험이 중요하다. 관련된 교육이나 훈련을 통해 역량을 개발하고 학습할 수도 있을 것이다.

상대의 감정을 이해하고 그들을 배려하는 역량이 중요하다. 공감능력은 상대의 입장에서 생각하고 느끼는 역량이다. 깊은 수준의 공감은 높은 수준의 관계역량에서 올 것이다. 잘 모르는 타인과 어울리고 공존하는 능력도 중요하다. 팀 활동, 현장 실습 등을 통해 사람 간의 관계를 경험하고 학습하는 기회를 가질 필요가 있다. 정직, 존중, 배려, 협력 등은 관계역량을 구성하는 중요한 요소들이다. 관계역량은 나의 이기심과 상대의 이기심 간 균형을 맞추는 역량이기도 하다. 상대를 이해하고 나를 절제하는 능력을 배양하여야 한다. 삶은 도움을 받고 베푸는 과정이다. 일반적 교양, 시민으로서의 태도가 중요하다. 사회에서 어울려 살기 위한 필수적인 요소이다. 협력하고 소통하는 역량의 개발이 중요하다.

말과 글, 행동과 마음을 통해 서로의 생각을 주고받는 기술을 길러야 한다. 소통과 배려가 부족하면 갈등과 분열이 발생한다. 교류하고 협력하는 소통 기술을 연마할 필요가 있다. 인류는 소통과 협업으로 문명을 만들고 역사를 이어 왔다. 권위주의 시대에는 지시와 복종으로 일사불란할 수 있었다. 수평적 관계의 시대에는 원활한 소통과 협업으로 성과를 산출해야 한다. 대등한 관계에서 서로를 인정하고 존중하는 태도가 중요하다. 자발적인 집단지성이 발휘될 수 있다. 이질적인 지식이 교류되고 융·복합되어 새로운 기술과 지식이 창조될 것이다.

## ◉성찰과 자기통제

자신을 성찰(self reflection)할 수 있어야 한다. 자기를 성찰하는 것은 인간만의 특권이다. 스스로 자신을 돌아보고 반성할 수 있는 능력이다. 성찰을 통해 일하는 역량과 관계역량도 개선하고 증진할 수 있다. 성찰은 지피지기(知彼知己)에서 '지기'를 하는 과정이다. 보통 '지피'보다 '지기'가 어렵다고 한다. 마셜 로젠버그는 그의 저서[92]에서 자신을 아는 것에 대하여 말하였다.

> "우리는 자신의 욕구를 이해하고 읽어내는 능력에 필요한 교육을 받지 못했다. 오히려 그런 생각을 적극적으로 억압하는 문화적 훈련을 받았다. 우리는 전제적 지배 체제하의 군주나 힘 있는 소수가 다수 사람을 다스리는 데 편리한 언어로 교육을 받았다."

스스로를 성찰하는 데 필요한 훈련을 받지 못한 것이다. 나 자신보다는 상대와 대상을 파악하고 분석하는 데 익숙하다. 내가 무엇을 좋아하고, 잘하는지 모르는 때가 많다.

'뇌는 마음을 정한 순간 그에 따라 작동한다. 뇌의 이성 회로는 감정에 따라 움직인다.'고 한다. 논리보다 마음이 먼저 결정을 하고 움직인다. 논리는 마음을 반영하여 사후적으로 구성될 따름이다. 자신의 마음을 탐구할 필요가 있다. 나를 알기 위해서이다. 나를 알면 스스로 자신을 제어하고 계획하는 데 큰 도움이 될 것이다. 우리의 인식과 행동은 어떻게 결정되는가? 비합리적인 직관과 합리적 분석의 복합적인 결과물이다. 스스로 겸손하면서도 자신감을 지닌 존재가 될 필요가 있다. 그것은 자신을 탐구하는 것으로부터 시작되는 일이다.

훌륭한 전문가는 자신의 의견을 검증 가능한 형태로 서술한다고 한다. 스스로 예측한 바를 끊임없이 확인하고 점검할 필요가 있다. 과신에 사로잡히면 실제 현상을 무시할 수가 있다. 자신의 관점과 다르거나 자신의 예측과 다른 결과를 인정하지 않으려고 한다. 자기성찰은 이러한 잘못의 위험을 최소화하는 데 도움이 될 것이다. 새로운 과학철학자들은 중립적 관찰의 가능성에 대해 부정적이다. 즉, 관찰자는 어떤 대상이나 장면을 볼 때 망막에 맺힌 상만으로 그것을 인식하지 않는다. 그의 경험, 지식, 기대, 문화적 토대 등 내적 상태가 먼저 그 이미지를 결정한다. 선입견이 작용하는 것이다. 동일한 대상에 대하여 서로 다르게 해석하는 것이 아니다. 애초에 서로 다른 것을 보는 데서 시작한다.

자기를 통제하면서 합리적인 선택을 하는 훈련을 할 필요가 있다. 감정이 원하는 것을 멀리하기란 쉽지 않다. 심리학자 다니엘 카네만은 '직관은 감정에 치우친 것이다. 한번 마음을 굳히면 자신의 결정을 번복하지 않으려는 덫에 빠진다.'고 하였다. 자신을 객관화하여 보려고 노력할 필요가 있다. 확증편향(Confirmation Bias), 과잉확신(Overconfidence)의 오류는 소통을 어렵게 하고 갈등을 유발한다. 나의 의견과 결정에 대한 상대의 의견과 반응이 중요하다. 적극적으로 청취하고 효과적으로 소통해야 한다. 자신의 결정과 확신에 대하여 스스로 점검하고 성찰할 필요가 있다. 자신의 마음을 성찰함으로써 더 큰 잘못을 예방할 수 있는 것이다.

## ◉평생학습과 역량 개발

인간의 역량은 일(learning by doing), 관계(social Learning), 교육(formal learning) 등을 통해 개발된다. 평생에 필요한 역량을 어떤 방식과 경로로 획득할 것인지는 각자의 몫이다. 투입되는 시간과 비용을 고려하여 학교와 사회에서의 학습 기간을 조절하면 될 것이다. 대학에 가기 전에 무엇을 위해 어떤 것을 공부할 것인지에 대하여 숙고할 필요가 있다. 학교 교육에 충실하면서도 진로 탐색에 필요한 경험이나 학습을 병행하여야 한다. 이론과 현장 스킬을 균형적으로 획득하고 개발하는 것이 바람직하다.

공부는 평생의 과업이다. 배우지 않으면 노화가 시작된다. 마음과 지식의 노쇠를 촉진하는 길이다. 나이 들수록 순발력이 떨어진다.

두뇌 회전의 속도도 저하될 것이다. 하지만 인생은 어느 순간에도 성장을 지속할 수 있다. 새로운 것을 배워서 충전하고 항상 새로워지는 것이다. 연륜에 새로운 경험과 배움을 더하여 지혜와 실력을 발휘할 수가 있다. 생존하는 동안 끊임없이 지식과 역량을 개발하고 즐길 수 있어야 한다.

심리학자 칼 구스타프 융은 다음과 같이 이야기하였다.

> "조화롭고 성숙한 인간이 되어야 한다. 인생 전반기에는 현실에 필요한 구체적인 목표를 세워 노력하고 성취를 맛볼 필요가 있다. 후반기에는 현실적 성취보다 자신의 내면세계와 소통하는 것이 중요하다. 자아를 실현하는 데 큰 도움이 될 것이다."[93]

젊을 때는 겉으로 드러나는 성과를 위해 노력할 필요가 있다. 나이 들어서는 내면세계 성찰을 통해 성숙해지고 역량을 발휘하는 것이 좋다.

한편 평생의 역량을 개발하고 창조하기 위해 직관과 분석의 능력을 갖출 필요가 있다. 지식을 획득하고 개발하는 근원적 수단이다. 자신의 전문 영역을 지니는 것도 중요하다. 자신만의 도메인을 가지는 것이다. 시행착오와 경험은 중요하다. 그것을 기반으로 자신만의 루틴을 만들고 체화[1]함으로써 자신만의 역량을 창조할 수가 있다. 다양한 것들을 융·복합하고 편집함으로써 새로움이 창조된다. 컴퓨터와 인터넷의 발달은 지식 암기의 필요성을 급감시켰다. 갈수록 창조 역량이 중요해질 것이다. 창의력 개발은 피할 수 없는 과제이다. 디자인과 편집, 소통과 융·복합, 지성과 감성의 결합이 창조의 기반이다. 이하에서 이들에 대해 차례로 살펴본다.

---

1) 체화와 관련하여 뇌과학에서는 일회적 사건이 반복되어 기억되면 절차 기억(procedural memory)으로 바뀐다고 설명한다. 절차 기억은 생존에 꼭 필요한 기억으로서 일생 유지되고 습관화된 운동패턴으로서 무의식중에 작동한다고 한다. 예컨대 현관문의 비밀번호를 기억하지는 못하는데 문 앞에 서면 자동으로 손가락이 움직이는 경우가 있다. 이처럼 절차 기억은 습관화된 동작에 따라 무의식적으로 표출된다. 절차 기억은 생각하고 설명하기 어려울 뿐이지만 늘 잠재되어 있어서 암묵 기억으로 불리기도 한다.

## 2. 직관과 분석

직관(intuition)으로 사물을 인식하고 분석(analysis)을 통해 명료한 지식을 생산할 수 있다. 직관과 분석은 지식을 획득하고 역량을 발휘하는 기본적인 도구이자 경로이다. 직관은 어떤 현상을 진실이라고 느끼는 즉각적인 감정 또는 깨달음이다. 분석은 대상을 이해하고 설명하기 위해 조심스럽게 숙고하고 부분을 살펴보는 것이다. 긴 생각 없이 바로 느끼는 것이 직관이라면 부분을 나누어서 관찰하고 해석하는 것이 분석이다. 직관이 감성에 기초한다면 분석은 논리에 기반을 둔다. 직관과 분석은 모두 사물을 인식하는 수단이지만 대조적이다.

직관은 대상을 즉각적으로 느끼고 깨닫는 것이다. 생각하고 추리하기에 앞서 바로 진실이라고 느끼고 인식한다. 순간에 또는 무의식적으로 판단하는 것이다. 순차적인 과정이 아니다. 자신도 모르게 전체적인 패턴을 순간에 인식한다. 눈, 귀, 코, 입, 피부 등 감관을 통해 직접 외계의 사물을 인식하는 것이다. 즉각적으로 대상을 인식한다. 그런 점에서 시간이 소요되는 사유나 추리와 대조되는 정신 작용이다. 불분명한 사물을 순간에 감지하여 그 정체를 판단하고 파악한다.

## ⊙자신의 시각으로 숲을 보는 것

직관은 숲을 보는 것이다. 나무를 개별적으로 뜯어보고 인식하는 것이 아니다. 계량화가 어렵거나 불확실한 상황을 종합적으로 파악할 때 중요하게 작동한다. 경험과 상상력이 필요한 설계, 새로운 관점이 중요한 예술 등에서 유용하다. 또한 어떤 사상에 대한 즉각적인 공감(共感)이기도 하다. 즉 직관은 대상을 통해 자신의 자아(自我)를 드러내는 인식작용인 것이다.

자신만의 시각으로 사물을 보고 미래를 읽는다. 기존의 틀을 깨트리는 독창성이 발휘될 수가 있다. 기회를 포착하고 경쟁력의 핵심을 꿰뚫어 보는 기반이다. 감(感)과 경험에 기반하여 종합적으로 사고하고 판단하는 것이다. 상대의 표정에서 순간에 감정 상태를 짐작하거나 상대와의 미래 관계를 헤아리기도 한다. 직관은 우선 느낌과 감정에 기반을 둔다. 그래서 때로는 직관의 결과를 타인에게 전달하기 어려울 수가 있다. 예컨대 자신의 행복, 슬픔, 두려움, 불안, 분노, 역겨움 등의 감정을 설명하기가 쉽지 않다. 직관의 결과가 언어로 정리하기 어려운 이미지, 느낌 등이기 때문이다. 그 경우 직관의 결과는 암묵지의 상태로 보존될 것이다.

## ⊙나무를 설명하는 분석

직관이 숲을 본다면 분석은 나무를 설명하는 것이다. 대상을 관찰하고 분해하여 들여다보는 것이다. 대상을 논리적으로 풀어서 타인에게 설명할 준비를 하는 과정이다. 다른 것과 대비하여 차이를 규명하고, 통계적 수치로서 비교하여 설명하기도 한다. 분석은 부분을 나누고 관찰한다는 점에서 종합에 대비된다. 전체로서 주어진 대상을 여러 관점에서 보고 구성 요소들을 추출한다. 관점이나 요소의 특성, 구성 요소들의 상호관계를 파악하여 대상을 인식하고 논리적으로 설명한다.

'시장'을 분석한다고 하자. 시장은 거래, 상인, 상품, 가격, 구매자 등 무수한 요소로 구성된다. 시장을 구성하는 요소들을 분해하여 각각의 특성을 규명한다. 예컨대 상인은 이윤을, 구매자는 만족을 원한다고 분석할 수 있다. 상인과 구매자가 흥정하여 거래 가격이 결정된다. 시장을 구성하는 요소를 추출하고 요소 간의 관계를 구명함으로써 시장과 경제의 법칙을 발견하고 규명할 수 있다. 시장을 분석하고 파악하는 과정이다. 자본주의 경제에 대한 이해도를 높이고 시장에 대하여 설명할 수 있게 된다.

사물이나 사건을 구성하는 요소들을 세분하고 구분한다. 사람을 이해하기 위해 머리와 얼굴, 몸통과 사지, 정신과 육체 등으로 분류한다. 분석에는 수치화, 정량화 등의 측정 과정이 포함된다. 대상이 되는 개체의 평균적인 수치뿐만 아니라, 수치별 개체들의 분포가 중요할 수가 있다. 이러한 과정을 통해 대상을 보다 정확히 이해하고 설명하려는 것이다. '숫자가 말을 한다.'고 한다. 숫자 뒤의 현상이 의미하는 바를 읽어냄으로써 대상을 보다 분명하게 파악하고 이해할 수가 있다. 실험실의 측정 자료, 설문지 조사 결과 등으로 현상을 설명하기도 한다.

분석은 사물의 구조나 존재 이유(know-why)를 밝히는 작업이다.

사물이나 현상을 분류하고 다른 것과 비교, 대조, 평가하기도 한다. 분석을 통해 사물이나 현상의 원인을 규명하고, 인과관계를 밝힐 수도 있다. 문제 해결의 방법을 찾을 수 있다는 점에서 중요하다. 여러 요소 간의 상관관계를 파악하기 위해 논리적 추론과 상상력이 동원되기도 한다. 비교 대상과의 차이 조사, 원인 추론, 추세 및 변화의 파악 등이 분석의 주요 과정이 될 수 있다.

분석 능력은 언어와 수리, 논리력 등의 명시지 역량에 의한다. 특히 '인간은 언어 안에 존재'한다고 한다. 인간은 오직 언어를 통해서만 인간이 될 수 있다. 분석 결과가 적절한 언어적 표현을 통해 설명될 때 전달력이 높아진다. 한편 상인은 시장의 언어로 장사를 하고, 판사는 법의 언어로 사람의 행위를 이해한다. 하지만 자기 분야의 틀만을 고집해서는 타 분야 사람들과 소통하기 어렵다. '언어와 문자는 인간과 사회 그 자체'이다. 언어를 통한 일상의 접속이 우리의 삶을 형성한다. 교육을 통해 언어와 논리력 등을 체계적으로 학습하는 것의 의미가 있다. 특히 독서로써 사고의 폭을 넓히고 다양한 어휘의 활용 방법을 익힐 수가 있다. 다양한 분석 도구들을 폭넓게 소지할 필요가 있다. 깊이 있는 분석을 하는 기반이 될 것이다.

## ⊙ 직관과 분석-가설과 검증

직관이 주관적이고 감성적인 것이라면 분석은 논리적이며 설명을 위한 객관화의 과정이다. 직관이 순간적이고 직접적이라면 분석은 숙고의 시간을 요구한다. 직관과 분석을 '가설과 검증'에 대비해 볼 수가 있다. 가설을 세우고 검증하는 것은 새로운 지식을 개발하는 학문의 주요 과정이다. 가설은 일종의 검증되지 않은 주장이고 논리이다. 검증을 통과한 가설은 이론이 되고 문제를 해결하는 기반이 될 수 있다. 가설은 이미 알고 있는 사실이나 개념, 관찰 결과 등을 연결하여 변수 사이의 관계를 진술한 것이다. 예컨대 '어떤 사회의 소득수준과 출생률은 반비례 관계이다.'라고 수장할 수 있다. 이것이 검증되지 않은 하나의 주장이라면 새로운 가설이다. 새로운 가설은 인류의 지식을 확대하고 발전시키는 출발점이 될 수 있다. 지식이란 인류가 다양한 분야에서 가설을 세우고 검증하면서 축적한 결과물이다. 학문이란 이러한 지식을 개발하고 축적하는 하나의 체계인 것이다.

가설은 연혁적으로 추리하거나 관련된 자료 분석을 통해 귀납적으로 제안될 수가 있다. 어떤 사건이나 문제에 대한 직관이나 관심이 가설을 낳는 배경이 되기도 한다. '지구는 돈다!'는 이론도 한때는 가설이었다. 가설은 검증되지 않은 주장이라는 점에서 직관과 유사하다. 기존 방법으로 문제를 풀 수 없을 때 새로운 가설은 하나의 대안이 될 수 있다. 문제를 해결하는 새로운 방법이 되는 것이다. 문제를 해결하려는 열정이 새로운 가설을 낳는다. 중요한 가설일수록 논리적인 사유와 실험 등 검증과 논박의 과정을 거친다. 가설이 타당성이 입증되면 새로운 이론으로 탄생될 것이다. 타당성 검증에 실패할 수도 있다. 타당하지 않은 것으로 확인되었더라도 의미는 있다. 관련 지식을 보다 명료화하는 데 기여하였기 때문이다. 도전적인 새로운 가설이 지식을 확대하고 진보하게 하는 기반이 된다.

가설 검증은 해당 주장의 타당성을 조사하고 판단하는 과정이다.

주장의 정당성을 분석하고 증명하는 절차이다. 다양한 사례를 검토하고 실험하기도 한다. 반복적인 실험을 통해 그 타당성이 인정될 수도 있다. 설문 조사 결과를 통계 처리하여 주장의 타당성을 확인하기도 한다. 인과관계를 밝히려는 가설은 해당 요소의 상관성과 영향 관계를 파악하는 것이 중요하다. 가설 검증은 주장된 명제를 참으로 확정하는 과정이다. 검증에는 수학적 증명, 과학적인 실험, 논리적인 논증과 같은 다양한 방법들이 쓰인다.

## ⊙직관과 분석의 연계

소방관들이 화재를 진압한다. 화재 현장에 도착하면 불꽃의 세기, 연기 색깔, 냄새 등을 인지, 관찰하고 핵심 정보를 수집한다. 경험 등의 기억에 현장 정보를 대비하여 여러 패턴[2] 중 일치하는 패턴을 연상한다. 이에 따라 화재진압 계획을 세우고 진압을 실시한다. 결과를 예측하기도 한다. 과거의 수많은 경험과 정보를 통해 상황을 통찰하고 결정하여 행동에 옮긴다. 직관과 분석을 통해 통찰력을 발휘하는 것이다.

노벨생리의학상을 받은 바 있는 바버라 매클린턱은 "과학적 방법으로 일한다는 것은 내가 직관적으로 알아낸 어떤 것을 과학의 틀 속에 집어넣는 것이다."라고 하였다. 과학의 틀이란 분석적 방법을 의

---

2) 어떤 것이 발생하는 데 관련되어 반복적이거나 규칙적으로 나타나는 양식이나 무늬, 모양 등을 뜻함, 패턴은 관찰하고 경험한 바를 인식하는 하나의 틀이다. 패턴을 알아낸다는 것은 다음에 무슨 일이 일어날지 미리 아는 것이다.

미한다. 느낌과 직관은 합리적 사고와 대립하지 않으며 오히려 상호 보완적이다. 창조적인 생각과 표현은 직관과 감정에서 비롯되는 경우가 많다. 과학자들은 느낌으로 시작된 직관을 논리적인 개념으로 정리하는 작업을 한다. 직관으로 보고 분석을 통해 정리하는 것이다.

칠레의 작가 이사벨 아옌데는 다음과 같이 이야기한다.

> "책은 내 마음에서 생겨나는 게 아니라 뱃속 어딘가에서 떠오른다. 그것은 내가 접근하지 못한 대단히 어둡고 비밀스러운 장소에서 숨겨져 있다. 그저 모호한 느낌으로 짐작하는 것, 아직 형체도, 이름도, 색깔도, 목소리도 없는 그런 것이다."

처음 경험한 충동이나 영상, 느낌을 바로 말로 나타낼 수는 없지만 결국 그것들은 말로 표현된다. 하지만 그것은 처음의 느낌을 독자나 관객에게 그대로 전달하는 것은 아니다. 내적인 느낌을 다른 사람들이 받아들이는 외적 언어로 적절히 변환하여야 한다. 직관의 결과를 언어로 정리하고 전달하는 과제가 남아 있는 것이다.

## ◉직관의 기반인 관념과 경험

행동은 직관의 결과인 경우가 많다. 축구선수는 체계적인 훈련과 실전경험을 기반으로 경기장에서 순간에 골을 넣는 행동을 한다. 직관도 이와 같이 순간에 이루어질 것이다. 직관의 배후에는 순간적이지만 종합적인 사고의 과정이 존재한다. 예컨대 어떤 개인에게 '모든 사람은 존엄하다. 정부는 개인의 자유를 존중해야 한다.'는 가치관이 내재되어 있다. 이러한 가치관은 당연히 직관적 사고의 중요한 배경이 된다. 교육이나 경험을 통해 형성된 생각이나 관점으로 사물을 보는 것이다. 어떤 교육을 받고 어떤 환경에서 생활하느냐가 관점과 태도에 중요한 영향을 줄 것이다.

플라톤은 관념론으로 불리는 '이데아'론을 주장하였다. 원과 직선이 있다. 아무리 정확한 자로 직선을 그리고, 공들여 컴퍼스를 사용해도 현실 세계에 완벽한 원은 없다. 현실에는 모든 점이 중심에서 같은 직선거리에 있는 정확한 원은 없는 것이다. 완전한 직선과 원은 인간의 이성, 즉 이데아의 세계에만 존재한다. 완전한 삼각형이나 원은 관념(觀念, idea)으로만 존재하는 것이다. 즉 인간은 머리에 있는 관념이라는 자로서 실제의 사물을 판단한다.

합리론은 사람의 인식 원천을 '이성'으로 보고 경험론은 '경험'에 있다고 본다. 합리론자는 선험적 지식 등 본래 인간의 마음에 인식의 기제가 있다고 생각한다.[3] 이에 대해 경험론자는 인간은 경험함으로써 외부를 느끼고 자신의 인상을 결정짓는다고 생각한다. 실제에서 사람의 인식 기반은 보통 이성과 경험이 절충된 어느 지점에 있을 것이다. 직관도 이와 같다. 논리와 경험, 축적된 학습 등이 직관의 기반이다. 직관력은 이성과 감성, 경험과 학습이 융·복합된 어느 지점에서 올 것이다. 또한 정확한 직관력은 노련한 감과 촉에서 온다고 한다. 경험과 지식, 시행착오와 실패, 사색 등이 축적되고 융·복합되면서 감과 촉은 더 노련해질 것이다.

---

3) 플라톤은 『국가론』에서 인간의 감각으로 접근할 수 있는 물리적 사물 외에 아름다움과 올바름 같은 형상들 즉, 이데아가 존재한다고 하였다. 이데아의 영역은 눈으로 볼 수는 없고 오직 사유와 직관의 지성으로 안다고 한다.

# ⊙ 마음과 기억

인식 주체의 주관은 대상과의 상호관계에 따라 형성된다. 즉, 직관은 인식 대상에 대한 선험적 이미지와 기억, 현재의 감정과 태도 등의 영향에 의한 것이다. '이름을 부르면 가슴에 꽃이 핀다.'고 한다. '보고 싶은 것만 보고 듣고 싶은 것만 듣는다.'고도 한다. 직관의 뿌리가 그곳에 있다. 명시지와 더불어 암묵지, 마음이 존재하는 곳이다.

두뇌를 선점한 특정 관념이 우리의 사고를 제약할 수 있다. '우리는 우리가 보지 못하는 것을 보지 못하며, 우리가 보지 못하는 것은 존재하지 않는다.'고 한다. 새로운 성찰과 깨달음이 있기 전에는 갇힌 상태에서 새로운 것을 보지 못할 것이다. 앎은 그 주체를 얽맨다. 더 많은 이와 공존하려면 더 넓은 관점에서 객관적으로 볼 수 있어야 한다. 인간은 사회적 동물이다. 많은 타인과 더불어 세계를 만들어 가야 한다. 사랑의 힘이 세계를 산출한다.[94]

'진리는 도입되는 게 아니라 이미 사람 안에 내재해 있다(Truth is not introduced but already resided in a person).'는 말이 있다. 칸트는 '인식은 형식에 의해 성립한다. 형식은 원래부터 개인에게 선험적인 것'이라 하였다. 즉, 컴퓨터 시대에 각자에게 중앙처리장치(CPU)가 있는 것이다. 암묵지와 명시지가 집적되어 보관되고 연결되어 있다고 할 수 있다. 앱과 소프트웨어, 데이터, 마음, 논리와 감성 등이 그곳에 있다. 그것이 직관과 분석역량의 기반이다. 그곳에 가치관과 분석의 관점, 각종 기억, 논리적인 역량들이 들어 있다. 가치관과 관점은 가치와 윤리 등의 주관적 성향을 의미한다. 논리적인 능력은 주로 언어와 수리 등의 능력에 의한다. 현상을 구성하는 요소들을 분해하고 논리를 전개하는 역량을 갖출 필요가 있다. 언어, 숫자와 도형, 수학적 연산 등에 관한 능력이 논리를 검증하고 해석하는 기반이 된다.

플라톤의 이데아를 포함하여 우리의 머리에는 각인된 특정한 형상, 이미지, 패턴 등이 자리잡고 있다. 통찰과 직관은 그렇게 사전적으로 두뇌와 마음에 존재하는 관념과 데이터를 기반으로 한다. 그것은 독특하면서도 타인과 폭넓게 교류가 되는 것일 필요가 있다. 각자의 중앙처리장치(CPU)를 현대식 프로그램과 다양한 데이터로 채우는 것이 중요하다. 뛰어난 직관과 분석력을 발휘하기 위해서이다.

## ⊙ 사실적 지식의 중요성

규범적, 논리적 지식이 논쟁적인 면이 있다면 사실적 지식은 문제해결의 방법을 발견하는 기반으로서 중요하다. 예컨대 저출산 문제를 해결하기 위해 2006년에서 2018년까지 13년간, 약 70조 원의 예산이 투입되었다. 하지만 동 기간의 출생률은 1.132명에서 0.977명으로 오히려 저하되었다. 정부는 저출산 원인을 청년들의 높은 실업률, 주거 문제, 사교육비 등에서 찾고 재정 지원을 주요 수단으로 삼았다. 하지만 "엄마처럼 살지 않겠다. 아이를 낳고 키운 뒤 돌아갈 자리가 있어야 하는데 그렇지 못하다."는 등 여성들의 소리가 들린다. 여성의 일자리와 경력 단절 등이 저출산의 더 큰 원인일 수 있는 것이다.

정책 입안에 앞서 현상에 대한 사실적 지식을 규명하고 확인하는 것이 중요하다. 문제의 실제 원인을 규명하고 심층적인 분석을 통해 효과적인 대안을 발견할 수 있는 것이다. 저출산 해결을 위해 경제적으로 지원하고 예산을 투입하는 것보다 더 나은 대안이 있었을 수도 있다. 예컨대 경력 단절 등을 개선하는 방안이나 관련 제도를 개선하는 것이다. 예산 투입을 줄이면서도 더 나은 정책 효과를 거둘 수도 있었을 것이다.

문제가 있을수록 현상에 대한 깊이 있는 이해가 필요하다. 겉으로 보이는 현상을 직관하고 통찰함으로써 사실을 꿰뚫을 수가 있다. 현장을 알아야 빠르게 현상을 이해하고 사실과 원인을 쉽게 파악한다. 사실을 알고 원인을 규명해야 대안과 방법을 찾을 수가 있다. 사실을 관찰하고 인과관계를 파악하는 것이 중요하다. 명분과 형식 논리에만 머물러서는 방법지를 발견하기 어렵다. 실제의 사실과 그 인과관계는 주로 현장에서 파악될 수가 있다. 현장 실습 등을 통해 상황을 이해하고 사실을 파악하는 훈련이 필요하다.

어떤 현상을 판단하기 전에 사실에 대해 정확히 이해할 필요가 있다. 현상에 대한 잘못된 이해로부터 논쟁과 갈등이 시작될 수가 있다. 문제에 관련된 사실 정보가 풍부할수록 타인과 관련 정보나 지식을 공유하기가 쉽다. 객관적 사실을 공유함으로써 같이 문제의 원인을 파악하고 해결 방안을 찾을 수가 있다. 사실적 지식은 묻혀 있는 경우가 많다. 겉으로 드러나지 않는 사람들의 생각, 문제를 일으키는 인과관계 등을 파악하여야 한다. 숨어있는 것을 찾아 관찰하고 기록할 필요가 있다. 사실적 지식을 공유할 때 현상에 대한 공통적 인식이 가능하다. 다수가 공감하는 문제의 원인을 쉽게 찾을 수가 있다. 갈등과 분쟁을 멈추고 모두의 문제를 해결하는 길을 열 수 있을 것이다.

## ⊙통찰력의 개발

통찰(insight)이란 복잡한 상황이나 문제를 정확하고 깊이 있게 인식하는 행위이다. 예리한 관찰로 사물을 꿰뚫어 보거나 상황의 전체를 빠르게 파악하는 것이다. 복잡하게 보이는 상황의 핵심을 쉽게 파악하는 능력이다. 사물 또는 사건의 본질을 꿰뚫어 봄으로써 손쉽게 문제를 해결할 수 있다. 문제에 관련된 요소들의 관계를 빠르게 파악하는 역량이다. 사태 전체를 핵심적인 원인과 결과의 구조로 인지함으로써 문제 해결에 다가설 수가 있다.

통찰력은 정확한 직관과 깊이 있는 분석의 복합적인 역량에서 온다. 어떤 분야의 사물이나 상황에 대해 통찰력을 지녔다는 것은 그가 그 분야의 전문가임을 뜻한다. 한 분야에서 오래 경험하고 일하다 보면 혜안이 생긴다. 복잡한 현상의 본질을 빠르게 꿰뚫는 통찰력이다. 빠르게 문제의 핵심에 이른다. 그것은 잘못된 선입견이나 좁은 소견에 안주해서는 지닐 수 없는 것이다. 열정을 지니되 객관적 관점에서 대상을 볼 수 있어야 한다. '뜨거운 가슴, 냉철한 판단'이 필요하다.

통찰은 복잡해 보이는 현상의 '핵심 문제를 짚어 내는 능력'이다. 실타래처럼 얽힌 문제의 핵심을 파악하는 것이다. 혼란스러운 상황에서도 문제의 본질을 파악할 수 있어야 한다. 핵심이 되는 인과관계를 읽어내고 주요 원인을 인식하는 능력이다. 해당 분야에서 관련 상황이나 사건을 많이 접하고 문제 해결의 경험을 통해 통찰력을 지닐 수가 있다. 경험과 논리를 함께 갖추어야 한다. 직관과 분석의 역량이 그 기반이다.

19세기 수학자 앙리 푸앵카레는 그의 저서 『과학과 방법』에서 다음과 같이 이야기하였다.

> "우리는 뭔가 증명할 때는 논리를 가지고 한다. 그러나 무언가 발견할 때는 직관으로 한다. '논리학'은 우리가 장애물을 피하는 길을 알려준다. 하지만 목표 지점에 이르는 길을 알려주지는 못한다. 멀리 떨어진 목표 지점은 '직관'이 가르쳐 준다. 직관 없는 기하학자는 문법은 알지만 사고는 빈약한 소설가이다."[95]

논리와 직관 모두 중요하다. 특히 직관 없는 분석은 무의미할 수 있다. 앞으로 많은 분야의 논리와 분석은 인공지능(AI)이 담당하게 될 것이다. 하지만 직관과 통찰은 영원히 인간의 영역에 남을 가능성이 크다.

# 3. 나의 도메인

## ◉ 내 영역의 필요

누구에게나 자신의 영역이 필요하다. 도메인(domain)[4]은 누군가의 생각, 활동, 관심 등에 관련된 특정 범위나 영역을 말한다. 그가 통제할 수 있거나 영향을 미치는 영역, 범위, 분야 등을 의미한다. 사업도메인(domain)은 사업의 영역이나 범위를 뜻한다. 나의 도메인, 나의 영역을 가질 필요가 있다. '나의 도메인'을 제안하는 이유는 평생에 걸쳐 자신의 전문 영역이 필요한 때문이다. 인터넷의 컴퓨터 주소처럼 자신의 전문 영역의 주소를 가질 필요가 있다.

'평생직장'이 사라지고 있다고 한다. 평생 여러 개의 직업을 가질 수 있는 것이다. 일하는 방법과 영역이 각기 다른 일들을 바꾸어 가면서 일할 수가 있다. 하지만 그러한 방식으로는 숙련 기반의 전문성을 발휘하기는 어려울 것이다. 분야가 다르거나 다양한 업무에 두루 숙련하기는 쉽지 않다. 전문성이 부족하고 숙련도가 낮으면 높은 성과를 내기는 어렵다. 전문적인 영역에서 꾸준히 일하는 것이 중요하다.

기술이 발전함에 따라 필요한 노하우와 역량도 달라진다. 일자리로서 자신의 영역이 계속 존재하지 않을 수도 있다. 주요 운송 수단

---

4) IT분야에서 도메인이란 네트워크로 연결된 전 세계의 컴퓨터들을 식별하기 위해 사용하는 이름이다. 즉, 인터넷상의 컴퓨터 주소를 알기 쉬운 영문으로 표현한 것이다.

이 말에서 기차로, 자동차로 바뀌어 왔다. 드론이 사용되고 있다. 과거에 마차, 철도, 자동차 등을 자신의 도메인으로 정의했던 사람들이 있었다. 운송 수단이 바뀌면서 그들의 도메인도 사라졌다. 하지만 자신의 사업을 '사물의 공간상 이동이나 운송'으로 생각한 사람들의 경우엔 달랐다. 구체적인 운송 수단에 집착하는 대신 운송의 효과에 주목했던 것이다. 운송 수단 변화에 따른 효과를 인지하고 유연하게 대응할 수가 있었다. 운송 수단이 어떠한 것이든 '운송'이라는 가치를 효과적으로 제공하는 데 집중했다. 운송에 필요한 기술과 도구는 변했지만 사업 도메인은 변하지 않았다. 세상이나 고객에게 기여하는 가치의 관점에서 '나의 도메인'을 정의할 필요가 있다.

자아 실현은 인간으로서 고차원의 욕구를 충족하는 것이라 할 수 있다. 존재의 의미를 스스로 느끼고 실현하는 삶이다. 타인이나 세상에 도움이 되는 삶일 것이다. 자신의 영역에서 끊임없이 역량을 개발하고 그것을 발휘할 필요가 있다. 배워서 실천하는 것이 행복이다. 인간의 권리이자 의무이기도 하다. 좋은 학력과 훌륭한 자격증이 아니더라도 자신의 역량을 충분히 개발할 수 있었다면 성공한 삶이다. 성공은 비교되는 것이 아니라 각자의 내면에서 정의되는 것이다.

정신과 육체를 개발, 연마함으로써 세상에 필요한 존재가 될 수 있다. 자신의 도메인에 충실하게 몰입하고 장인 또는 대가로서 역량을 발휘한다. 전문성을 가지고 일할 분야가 필요하다. 창의성을 발휘하고 훌륭한 결과물을 산출해 낼 자신의 영역이다. 자아를 실현하고 삶의 의미를 실현하는 광장이다.

생계 또는 금전적 보상과는 거리가 있는 도메인이 있을 수도 있다.

평생의 소명을 실천하는 삶이 있는 것이다. 자신을 희생하며 타인이나 사회에 헌신하고 봉사하는 삶, 관심과 즐거움으로 특정 분야를 꾸준히 공부하고 지식과 진리를 탐구하는 삶, 철학과 종교 등의 가르침에 따르고 그 실천에 매진하는 삶, 나름대로 느끼는 자신의 소명이나 사명에 헌신하는 삶들이다. 각자의 도메인에 헌신하면서 자신의 사명에 충실하면 될 것이다. 도메인이 곧 삶이다.

## ⊙삶과 도메인

한국연구재단은 국내 학자들의 학술 논문이 타 논문에 얼마나 인용됐는지 집계하여 발표한 바 있다. 법학 분야 2,558명 학자 가운에 1등을 차지한 건 해상법 분야의 고대 김인현 교수였다. 타 논문이 그의 논문을 인용한 건수는 총 330회였다.

> "…해양대를 졸업하고 일본의 산코(Sanko) 기선에 항해사로 입사했다. 그리고 8년 만에 입사 동기 중 최초로 선장이 되었다. 그런데 첫 항해에서 배가 암초에 걸리는 사고를 당했다. … 호주 법원에서 하베스트호 침몰과 관련된 소송 건으로 그를 불렀다. 복잡한 해상법 문제가 개입되어 있었다. 주위에 도움을 요청했지만 잘 아는 분을 찾지 못했다. 회사 측 변호사도 외국인이었고 학교에서 배운 초보적 해상법 지식밖에 없어 고생이 많았다. … 소송은 결국 합의로 끝났다. 선장 출신으로서 해상법을 공부하면 실무와 이론을 다 갖출 수 있겠다는 생각이 들었다. 나같이 어려운 지경에 빠진 선장들도 돕고…".[96]

그는 대학을 졸업한 지 10년 만에 법학 대학원 입시 공부를 시작하여 1년 만에 법대 대학원에 입학할 수 있었다. 경험이라는 암묵지에 공부에 의한 명시지를 더하고 결합하여 역량을 발휘하게 되었다. 항해사, 선장, 선박 침몰사고와 소송 등의 경험과 해상법 공부가 축적되어 '해상법'이라는 그의 도메인이 만들어진 것이다.

'자기의 일을 사랑하는 사람이 성공한 사람'이라고 한다. 명문대학의 학위증, 유명인의 추천서, 은행의 잔고 증명서는 중요하다. 하지만 그것들이 바로 소유자 자신을 의미하는 것은 아니다. 겉으로 드러나는 것들이 사라졌을 때 그에게 남는 것은 무엇인가? 남는 것이 없다면 '그'도 없는 것이다. 무엇을 남길 수 있을까? 가족과 재산, 명예 등이 있을 수 있다. 특히 그가 어떤 분야의 선수로 기억되고 자신의 '일'을 사랑하는 사람으로 기억된다면 좋을 것이다.

시인 안도현은 자신의 시에서 '연탄재 함부로 발로 차지 마라. 너는 누구에게 한 번이라도 뜨거운 사람이었느냐… 언젠가는 나도 활활 타오르고 싶은 것이다…'라고 하였다. 도메인은 '활활 타오르는 연탄'이 되기 위해서도 필요하다. 누구에게, 무엇인가에 뜨거운 사람이 되는 중심에 도메인이 있는 것이다.

도메인을 정립하는 적절한 연령대가 있는 것인가? 예컨대 35세는 어떠한가? 어느 정도 경험도 있고, 혹시 실패하더라도 다른 기회를 찾을 수 있는 나이이다. 공자는 '30 이립'이라고 하였다. 30세에 뜻을 세운다는 말이다. 30세 또는 35세는 평생의 도메인을 확립하는 중요한 시기일 수도 있겠다. 이때 평생의 도메인을 확실하게 한다면 늦은 나이라 할 수 없다. 물론 더 이를 수도, 좀 더 늦을 수도 있을 것이다. '평생의 업'에 필요한 역량을 개발하고 새로운 학습을 시작해도 늦지 않은 나이라면 좋을 것이다. 국내 대학 중에는 1학년 때 경력

로드맵을 만들고 비전을 설계하는 프로그램을 운영기도 한다. 2학년 때부터는 기업 등과 연계하여 현장을 느끼고 문제 해결 학습을 하는 등 전문 역량을 키운다면 좋을 것이다. 물론 늦어도 15세 전후에는 자신의 진로와 직업을 찾는 일을 시작하는 것이 바람직하다.

한번 정한 도메인은 평생 유지될 수 있고 후대로 이어질 수도 있을 것이다. 물론 중간에 바뀔 수도 있을 것이다. 기술이나 시장 등 외부 환경 변화에 의해 도메인의 유지가 어려울 수 있다. 또한 자신의 목표나 가치관, 내적인 변화에 의해 도메인의 변화가 필요할 수도 있다. 중요한 것은 도메인을 설계하고 그 안에서 전문적 역량을 기르는 일이다. 설사 도메인이 바뀌어도 그에 따라 개발한 역량은 의미가 있을 것이다.

## ◉기술 환경과 도메인 설정

도메인을 설정한다면 자신을 둘러싼 환경과 자신을 다시 살펴볼 필요가 있다. 4차 산업혁명 등의 환경이 직업이나 산업에 미치는 영향을 검토하는 것도 중요하다. 인공지능(AI)과 로봇 활용, 소득 및 여가의 증가, 고령 시대 등이 경제와 사회에 미치는 영향은 클 것이다. 컴퓨터나 로봇 등으로 대체되는 일자리도 많을 것이다. 반면 IT나 컴퓨터 기술 발전에 따라 새로운 산업이 등장하고 해당 분야 일자리는 증가할 것이다.

독일은 2025년까지 로봇이나 컴퓨터 활용 증가에 따른 영향을 분석하여 발표하였다. 조립 및 생산 부문 일자리는 61만 개 감소하고

IT나 데이터 사이언스 분야에서는 96만 개 일자리가 새롭게 창출될 것으로 보고 있다.[97] 특히, 인터넷 상거래, 서비스 무인화 등으로 인해 도·소매, 숙박·음식업, 운수, 공공행정 분야 일자리는 감소할 것으로 예상한다. 정형화되었거나 매뉴얼에 따라 규칙적으로 작업하는 매장 판매직, 운전·운송관련직, 단순노무직, 계산원, 텔레마케터, 조립·포장 등 제조생산직의 일자리는 감소할 것으로 본다.

반면 로봇과 데이터 활용 증가로 IT 솔루션 아키텍트, 사용자인터페이스 설계자, 산업 데이터 과학자, 로봇 코디네이터 등의 일자리는 증가할 것으로 예상한다. 인공지능, 사물인터넷, 빅데이터, 가상현실, 3D프린팅, 드론, 응용소프트웨어 개발, 가상현실 등 IT 분야와 로봇, 생명공학, 정보보호 분야 전문가 등을 유망직업으로 꼽기도 한다. 플랫폼 경제가 활성화됨에 따라 플랫폼을 활용하는 비즈니스가 확대될 것이다. 예컨대 컴퓨터 엔지니어와 배달원 등 플랫폼 종사자가 증가하는 것이다. 프리랜서가 증가하고 모바일 및 원격 근무 등 근무 형태가 다양화될 것으로 보고 있다.

기술혁신에 따라 소득과 여가가 증가될 것으로 본다. 문화, 예술, 스포츠 등에 대한 수요가 확대되고 관련 분야 일자리는 늘어날 것으로 예측되고 있다. 고령 시대 환경에서 보건·복지 분야의 서비스 수요가 증가할 것이다. 인공지능과 로봇의 서비스가 적절치 못한 곳에서는 사람에 의한 직접 서비스가 필요하다. 환자의 상태는 인공지능으로 검사해도 설명은 사람이 하는 것이 낫다. 상호작용이 필요한 상담 같은 서비스는 로봇보다 인간이 맡는 것이 적합할 것이다. 교육 분야에서는 온라인 강의 등의 부분이 증가할 것으로 본다. 하지만 교사나 교수가 학생들과 효과적으로 직접 접촉하는 분야와 해당 역할은 유지될 것이다. 간호, 스포츠, 레저 등의 전문적인 서비스 영역도 지속적인 수요 확대가 예상된다.

거의 모든 산업에서 컴퓨터 프로그램을 설계하고 운영하는 소프트웨어(SW)의 중요성은 더욱 증가할 것이다. 자동차, 조선, 의료 등의 산업이 SW와 결합하여 자율주행 자동차, 스마트 선박, 지능정보기술 기반 정밀 의료 서비스로 발전할 것으로 본다. 가전제품, 자동화 기계, 통신기기, 자동차 등의 제품 개발에서 소프트웨어의 비용 비중이 50%를 넘고 있다. 소프트웨어 관련 기술과 지식의 활용이 반영된 것이다. 인공지능과 로봇의 활용이 일상화될수록 그것을 운용하고 유지보수하는 데에 IT, 전기, 전자, 기계 등의 지식 활용이 증가할 것이다.

인류는 역사상 유례없는 변화의 시기를 맞고 있다. 20~30년 후의 미래 모습을 예측하고 어떻게 대비할 것인지를 논하기는 쉽지는 않다. 하지만 이러한 조언은 할 수가 있다. 직접 AI를 만드는 일을 할 수가 있다. 아니면 AI가 하기 어려운 일에서 발전의 여지를 찾을 필요가 있다. 알파고가 이세돌보다 바둑을 잘 둔다고 해서 '기계가 인간을 뛰어넘은 것'은 아니다. 로봇이 인간의 일을 대체하는 분야의 일자리는 사라질 것이다. 하지만 로봇을 만들고 운영하는 부문의 일자리는 새롭게 증가할 것이다. 현재의 기술들이 미래의 직장에는 아무런 쓸모가 없을 수 있다. 미래 일자리는 그것에 맞는 새로운 역량을 요구하고 있다.

## ⊙ 도메인의 설계

기업의 도메인은 기본적으로 어떤 제품을 어느 시장에 제공하는 가에 관한 것이다. 도메인이 결정되면 기업이 내부 구성원·납품업자·소비자·금융기관·관련 정부기관 등과 맺을 관계의 윤곽도 잡힌다. 관련 이해관계사 간에 제품과 서비스, 노동과 자본 등을 주고받거나 대가를 지급하는 관계가 형성된다. 관계는 근본적으로 상호 기대하는 것을 실제로 얼마나 충족하느냐에 따라 유지되거나 변화될 것이다. 각자의 역량을 기반으로 상대에게 필요한 것을 적절히 제공하는 것이 중요하다. 기업은 소비자 또는 고객에게 경쟁자보다 나은 서비스를 제공함으로써 우위에 설 수 있다. 그것은 기업의 내부 구성원, 납품업자 등과 바람직한 관계를 유지함으로써 지속될 수 있다. 개인의 도메인 활동도 이와 유사하다. 도메인 관련 이해관계자들의 가치에 기여하고, 관계를 이어가는 일이 중요하다.

도메인이란 평생 일할 영역이다. 직장 내에서 또는 밖에서 평생의 직업을 생각하면서 설계할 일이다. 중요한 것은 '자신이 좋아하고 잘하는 일'을 중심으로 자신의 영역을 설정하는 것이다. 우선 내가 '좋아하고 잘하는 일'을 발견할 필요가 있다. '무엇을 하고 싶다, 무엇이 되고 싶다.'는 생각만으로는 충분치 않다. 정말 좋아하고 잘하는 일인지 해당하는 일의 현장에서 부딪히고 깨우칠 필요가 있다. 주위 지인들의 의견을 듣고 참고하는 것도 중요하다. 관련 정보와 자료를 찾아 분석하고 해당 영역에 대해 충분히 이해할 필요가 있다. 해당 분야 전문가의 자문이나 조언을 참고하는 것도 도움이 될 것이다.

도메인 설계는 '지피지기 지지지천[5]'의 과정이다. 자신을 둘러싼 환경과 자신 스스로에 대하여 숙고하는 것이다. 자신을 객관적으로 이해하고 파악할 필요가 있다. 자신을 파악하는 것이 쉽지 않을 수 있다. 자신의 내면을 들여다보고 파악하는 훈련의 경험이 많지 않다. 많은 교육과 규율은 오히려 자신을 인식하고 파악하는 데에 방해가 된다. 세뇌된 생각에서 벗어나 나의 바깥에서 나를 바라볼 필요가 있다. 그래도 '나'를 아는 것은 쉽지 않다. 인류는 아직 인간의 마음이나 정신세계에 대해서 아는 것이 별로 없다.

사람은 혼자 일에 몰두하는 유형과 여럿이 어울려 일하는 유형으로 나눌 수 있을 것이다. 디자이너, 예술가, 연구원, 프로그래머, 학자, 문인 등은 혼자 일하는 유형이라 할 수 있다. 이에 비하여 경영자나 일반 근로자, 군인, 공무원 등은 여러 사람이 어울려 일한다. 직무 특성이 서로 다른 것이다. 물론 현실에서는 혼자 일하기도 하고 사람들과 상호작용도 하는 절충 형태가 많다. 판매원이나 교사는 직접 사람을 상대하는 경우가 많지만 목수, 엔지니어, 요리사, 조각가 등은 재료나 물건을 대상으로 작업을 한다. 두뇌를 많이 사용하는 직업이 있는가 하면 몸을 많이 쓰는 직업도 있다. 나는 어떤 성향을 지녔는지 생각해 볼 일이다.

농·축·수산업 등 1차 산업, 제조업인 2차 산업, 유통과 서비스 등의 3차 산업이 있다. 농업에 관심이 있고 엔지니어로서의 자질도 지녔다면 직접 농사를 짓는 분야를 '나의 도메인'으로 생각해 볼 수 있

---

5)  지피지기 지지지천(知彼知己 知地知天)은 『손자병법』에 나오는 글귀로 '적과 나를 알고 싸우면 위태롭지 않고, 이에 더해 땅과 하늘도 안다면 완벽하게 승리'할 수 있다는 의미이다.

다. 농업에 관심이 있지만 직접 사람 상대하는 일도 좋아한다면 '농산물 유통' 분야를 검토할 수 있을 것이다. 유통 분야에 관심이 있고 프로그래밍 능력을 지녔다면 유통 플랫폼 설계와 운영을 도메인으로 고려할 수 있을 것이다.

도메인은 스스로 전문가가 되어 일할 영역이다. 전문가란 자신의 영역에서 높은 수준의 식견과 역량을 보유하는 사람이다(Professionalism in a job is a combination of skill and high standards). 도메인은 지식과 역량을 획득하려고 노력할 때 집중해야 할 영역과 그 범위를 정하는 가이드라인이 된다. 영역의 범위를 분명히 하면 집중해야 할 핵심 부분도 분명해질 수가 있다. '1만 시간의 법칙은 어떤 일에 1만 시간을 투자하라!'는 것이다. 여기에서 '어떤 일'이 '나의 도메인'일 수가 있다. 그 영역에서 꾸준하게 일하고 역량을 개발하는 것이다. 어느 사이엔가 그 분야의 장인이 된 자신을 발견하는 날이 올 것이다.

# 4. 시행착오와 체화

## ⊙ 지식역량의 기반

마이클 조던의 말이다.

> "나는 경기에서 통틀어 9,000개가 넘는 슛을 놓쳤다. 거의 300개 가까운
> 경기에서 패배했다. 특히 나는 승리를 할 수도 있는 결정적 슛 기회에서 26
> 번이나 실패하였다. 나는 살면서 실패하고, 실패하고, 또 실패하였다…. 그것
> 이 내가 성공할 수 있었던 이유이다."

시행착오란 실패 또는 실수를 의미한다. 시도하고 도전한 결과이
다. 도전이 없다면 잘못이나 실패도 없을 것이다. 그렇다면 배우는
것도 없다. 우리는 어떤 목표에 도달할 때까지 여러 차례 실패를 반
복하면서 배운다. 만족한 결과를 얻지 못한 경험에서 잘못을 깨닫고
문제의 해법을 찾아갈 수가 있다. 처음부터 정해진 방법이나 매뉴얼
을 따랐다면 시행착오는 없을 것이다. 새로운 방식으로 도전했기 때
문에 새로운 경험을 할 수 있다. 전에 없던 시행착오를 통해 새로운
길을 발견할 수 있다. 시행착오와 실패는 창조의 주요 기반이다.

체화란 지식이나 기술, 동작, 사상 등을 직접 경험으로 익혀서 자
기의 것으로 하는 것이다. 외부의 지식이나 가르침을 뇌나 몸에 내면
화하여 자신과 일체가 되게 하는 것이다. 착각과 실패 등의 시행착오
를 거쳐 체득한 방법이나 지식이 뇌와 몸에 체화될 수도 있다. 아프

고 고통스러운 기억일수록 깊게 간직될 것이다. 긴 시간에 걸쳐 반복적으로 체화될수록 그 기억은 오래갈 수가 있다. 긴 시간 고통과 함께 체화된 지식이나 역량일수록 그 수명은 길 것이다.

어떤 시행착오를 하고 무엇을 체화하느냐에 따라 나의 지식역량이 결정된다. 무엇에 도전하고 어떤 경험을 하는지가 중요하다. 도전하고 시도하지 않으년 실패노, 시행착오노 없을 것이나. 단순한 경험보다 열정을 가지고 몰입했을 때의 실패와 시행착오가 중요하다. 아픔이 크면 깨달음도 클 것이다.

## ⊙창조의 기반

"1970년 회사의 연구원인 스펜서 실버는 강력접착제를 개발하려다 접착력 약한 다른 접착제를 만들게 되었다. 몇 년 지났을 때 동료 직원은 붙어 있는 종이가 쉽게 떨어지고, 쉽게 다시 붙는 것을 발견하였다. 접착 기능을 지닌 책갈피를 개발하면 좋겠다는 생각이 들었다. 하지만 실패를 거듭하였다. 종이를 얇게 만들어야 했다. 붙어 있을 때는 잘 붙어 있고, 떨어질 때는 쉽게 떨어져야 했다. 그러면서도 종이는 손상되지 않도록 하는 기술이 필요하였다. 많은 시간과 비용을 투자하였다."

3M이 접착형 메모지, 포스트잇을 개발한 뒷이야기이다.

"한국은 무엇보다도 코로나19 발병 초기 정부와 민간이 신속하게 움직이며 진단 키트 준비에 나섰다. 중동호흡기증후군(메르스) 때의 방역 실패 경험이 '입에 쓰고 몸에 좋은 약'이 됐다. 여기에 드라이브스루 같은 창의성까지 발휘하며 예상치 못한 발병자 급증에도 신속하게 대처했다."[98]

한국이 메르스 때 경험한 시행착오가 후일 코로나바이러스가 왔을 때의 대처에 도움이 된 것이다.

다음은 추신수에 관한 기사이다.

"레그킥 없이 허리 회전으로 타격했던 추신수였다. 지난해 시범경기 때 '꼭 해보고 싶은 폼'이라며 오른쪽 발(추신수는 왼손 타자)을 들기 시작했다. 임팩트 순간 상체를 일으키는 버릇 때문에 땅볼이 많았던 문제를 극복하려 한 것이다. 그는 새 타격 폼 덕분에 2018년 시즌 전반기 90경기에서 타율 0.293, 홈런 18개를 기록했다. 그러나 후반기에는 발을 드는 높이가 줄면서 홈런은 3개 추가에 그쳤고 타율은 0.264로 떨어졌다. 그는 인터뷰에서 '새해에도 레그킥을 하겠다. 시행착오를 겪었으니 오른발 높이를 적절히 조절할 것'이라고 말했다."[99]

시행착오를 통해 보다 완벽한 스킬을 획득하려고 노력한다. 끊임없이 도전하는 프로의 모습이라 할 수 있다.

인류의 역사는 도전과 실패가 축적된 결과의 집적이라 할 수 있다. 위대한 과학적 발견에는 미지의 세계에 도전하고 실패를 감수한 결과들이 많다. 정해진 대로 따르기만 해서는 새로움을 얻을 수 없다. 실패를 무릅쓰고 도전할 때 새로운 것을 얻는다. 시도하고 실패하면서 배움은 깊어지고 넓어질 것이다. 도전하고 실패하는 가운데서 얻는 기쁨이다.

고객에게 전달되는 제품이나 서비스는 완벽한 것이어야 한다. 불량이나 착오가 있어서는 안 된다. 하지만 완벽한 품질을 얻기까지는 쉼 없는 도전과 실패의 과정이 숨어 있다. 시행착오는 창조와 혁신의 여정에 필수적일지도 모른다. 기술 선진국은 근본적으로 새로운 개념의 설계를 할 수 있다는 점에서 선진국이다. 수많은 시행착오와 실패를 기반으로 한 결과물이다. 도전과 경험의 시간이 축적되어 있는 것이다. 그 기반 위에서 새로운 개념을 개발하고 원리를 설계할 수 있었다.

시행착오와 실패의 축적이 중요하다. 하지만 시행착오와 실패에는 자원의 투입과 시간이 필요하다. 모든 것을 투입했는데 실패한다면 생존 자체가 위협받을 수도 있다. 생존에 필요한 안전 자산 이외에 투자 여력이 있어야 한다. 시행착오의 축적이 미흡했다면 자원의 여유가 없었던 것일 수 있다. 눈에 보이지 않는 경험 등의 가치를 경시한 결과일 수도 있다. 땅과 건물, 기계와 구조물, 자격증 등 유형적인 것은 눈에 보인다. 지식, 경험, 노하우, 태도, 마음 등은 눈에 보이지 않는다. 눈에 보이지 않는 것의 가치를 인식하고 보상하는 데 익숙하지 않을 수 있다. 과정보다 결과, 단기적 성과, 눈앞의 이익 추구 때문에 기술 등 지식역량 개발은 뒤로 밀릴 수가 있다. 하지만 드러나는 성공 못지않게 감춰져 있는 실패의 경험이 힘을 발휘할 때가 많다.


### ⊙ 미래 수익의 기반


'빨리빨리'의 속도전에서 시행착오는 방해물이었다. 불필요한 낭비로 인식되었다. 새로운 것을 창조하는 것은 중요하지 않았다. 그보다는 모방 등을 통해 빨리 생산하는 것이 중요하였다. 사람보다 자본을 더 중요하게 여기기도 하였다. 새롭게 문제를 인식하는 것보다 제기된 문제의 정답을 찾는 것이 중요하였다. 명령하고 복종하는 것이 경쟁력이었다. 값싸게 대량으로 생산하는 것이 중요했기 때문이다. 시행착오와 실패를 존중하고 보상할 만한 여건이 되지 못하였다.

하지만 이제 맨 앞에 서서 개척하고 선도해야 하는 분야가 많아졌다. 새로운 도전이 시작된 것이다. 시행착오와 실패를 무릅쓰는 도전이 중요해졌다. 새로운 창조를 위해 불가피한 과정이다. 손익계산서나 대차대조표는 매출과 이익, 자산과 부채 등 기업의 경영 상태를 회계 수치로 보여준다. 하지만 이것은 과거의 기록일 뿐 미래를 보여주지 못한다. 기업의 가치나 주가는 오히려 기업이 미래에 발휘할 역량이나 잠재력에 의해 결정된다. 시행착오나 실패 등으로 축적한 기업의 경험은 재무제표에 기록되지 않지만 미래 수익을 결정하는 중요한 원천이다. 부동산이나 기계 등은 눈에 보이는 중요한 자산이다. 실패나 시행착오의 경험은 눈에 보이지 않지만 중요한 가치를 산출하는 기반이 되는 경우가 많다.

## ⊙ 도전과 창조의 과정

시행착오와 실패를 통해 새로운 노하우와 기술이 개발된다. 신기술은 확산적 사고와 수렴적 사고, 직관과 분석이 융·복합되는 과정의 산물이다. 시행착오와 실패의 과정에서 다양한 대안들을 탐색할 수 있다. 문제 해결에 도움이 될 광범위한 자료가 축적된다. 확산적 사고를 하고 상상력을 발휘할 기반이 만들어진다. 기존 기술에 상상력을 결합하여 다양한 대안을 찾을 수가 있을 것이다. 제안된 여러 대안을 평가, 비교하고 최적의 해결 대안을 선택해야 한다. 정답을 찾는 수렴적 사고의 과정이다.

2019년 노벨화학상 공동 수상인 요시노 아키라는 자신의 좌우명을 '챌린지(도전하라)'라고 소개하며 다음과 같이 이야기하였다.

> "연구에서는 유연성과 집념이 중요하다. 벽에 부닥치는 일이 반복된다. 그 벽을 넘어서기 위해서는 무엇보다 집념이 필요하다. 하지만 강하기만 해서는 부서질 수도 있기에 정반대의 부드러움이 필요하다. 양쪽의 균형을 잡는 것이 어렵지만 한쪽으로 치우치면 절대로 안 된다."[100]

여기에서 유연성은 확산적 사고에 필요한 마음의 여유를 의미한다. 집념이란 도전에 집착하고 초점을 잃지 않는 마음의 상태를 의미한다. 집념을 가지되 마음의 여유를 잃지 않는 것이 중요하다.

시행착오와 실패를 통해 역량을 축적하려면 도전과 몰입, 열정이 중요하다. 이준익 감독은 '영화판을 밑바닥부터 다 아는 사람'으로 알려져 있다. 그는 '열등감'에 대한 물음에 다음과 같이 답했다.

> "엄청나게 많다. 왕성한 에너지를 가진 모든 사람의 시작은 열등의식의 반작용이다. 나도 그렇다. 학교 다닐 때 공부를 못했다. 고등학교 때 등수가 60명 중 항상 50 몇 번째였다. 학연, 지연, 혈연 아무것도 없다. 게다가 빈민의 자식이다. 성장 과정에서 우월감보다 열등의식이 앞섰다. 내세울 것 없는 초라한 젊은이였다. 눈앞에 닥친 과제를 성실함을 넘어서 과도하게 밀어붙여 온 고단함의 연속이었다. 내가 열등하다는 자각 때문에 부족한 지식, 경험, 안목 등을 주변의 말을 경청해 채우려 노력했다. 그러다 보니 얼떨결에 '스타 감독'이라는 타이틀을 부여받았다."

'성공'을 만든 열정의 근저에 열등감이 존재하고 있었다. 이는 꼭 이 감독의 경우만은 아닐 것이다.

## ⊙ 열정과 몰입에 의한 체화

열정은 어디에서 오는가? 외부의 어떤 것이 나에게 열정이라는 불을 지필 수가 있다. 하지만 최종적으로는 나의 마음이 움직여야 한다. 열정은 아마 결핍과 욕구, 간절히 원하는 마음에서 올 것이다. 문제를 해결하려는 욕구와 과제를 다하려는 사명감, 관심과 흥미 등이 열정의 기반일 수가 있다. 열정이 있을 때 도전하고 몰입할 수 있다. 열정을 다한 일에서 실수하고 실패하는 것은 뼈아프다. 그 기억은 오래가고 깨달음은 깊게 남을 것이다. 배우고 깨달음을 얻지 못하는 시행착오와 실패는 별 의미가 없다. 도전하고 몰입하는 곳에 깨달음도 있을 것이다.

시행착오는 답을 찾는 하나의 과정으로서 의미가 있다. 주체적이고 창의적인 도전이 중요하다. 다양한 방법과 경로를 시험해 볼 수 있다. 그 과정에서 최선의 답을 만날 수 있을 것이다.

축구에는 손흥민 존이 있다고 한다.

> "손흥민이 환상적인 감아 차기로 팀의 답답했던 흐름을 깨트렸다. 경기가 끝난 후 인터뷰에서 손흥민은 '좋아하는 코스에서 골이 나왔다. 평소 훈련한 결과가 나온 것이라서 매우 뿌듯하다.'라고 말했다. 이날 골은 페널티 지역 근처 오른쪽 45도 각도에서 나왔다. 손흥민은 골대 기준 좌우 45도 각도

에서 골문 반대쪽 구석을 향해 골을 감아 강하게 찬다. 이 지역을 '손흥민 존'
이라고 부른다. 손흥민이 '그곳에서 하는 슈팅은 몸에 밴 패턴이다. 선수로
서 감각을 유지하는 게 중요하다.'고 말했다. 8세 때부터 아버지 손웅정 씨의
개인 지도를 받았으며 매일 1,000개가 넘는 슈팅훈련으로 갈고 닦은 기술이
다."[101]

손흥민은 처음에 여러 위치에서 슈팅을 시도하고 연습을 했다. 그
과정에서 자신에게 맞고, 잘할 수 있는 자신의 골 영역을 찾을 수 있
었던 것이다. 반복 연습을 통해 자신 존에서의 슈팅을 완벽하게 자
신의 것으로 만들었다. 슈팅 위치를 찾아 슛하는 동작과 감각을 자
신의 두뇌와 근육에 확실하게 기억시킨 것이다. 반복적으로 도전하
고 실패를 인내하는 시간이 있었다.

이처럼 시행착오를 거치면서 역량이 개발되고 향상된다. 반복적으
로 시도하고 연습하는 것이 중요하다. 연습의 양뿐만 아니라 질이 중
요하다. 성공했을 때보다는 실수나 실패를 했을 때 깨닫는 것이 많
을 것이다. 실수나 실패를 은폐하고 간과하는 것은 바람직하지 않을
수 있다. 자신의 잘못과 실패를 인정하는 것은 고통스럽고 슬플 수
있다. 하지만 실패하고 실수하는 것은 도전의 결과이다. 실수를 통
해 배우는 것이 최고의 학습이다.

절차탁마를 거치기 전 옥돌은 그냥 돌멩이일 뿐이다. 담금질을 거
치기 전 보검은 그저 쇳덩이다. 하지만 갈고 닦으면 소중한 존재가
될 것이다. 나만의 도메인에서 돌멩이를 갈고 닦을 필요가 있다. 언
젠가 보석이 되어 새롭게 태어나게 될 것이다. 기술이나 노하우는 뇌
와 몸에 기억될 때 나의 것이 된다. 개념과 노하우, 이미지 등도 나의
뇌와 몸에 기억된다. 실패와 좌절을 경험하고 반복된 연습의 과정을

거쳐 체화될 수가 있다. 새로운 기술과 지식을 체화하는 것은 새로운 나로 거듭나는 길이다.

적어도 세 번의 실패를 용인하고 활용할 필요가 있다고 한다. 완전한 실패와 약간의 성공을 거쳐 만족할 만한 성공에 이를 수가 있다. 필요하다면 더 많은 실수와 실패도 수용할 수 있어야 한다. 시행착오를 용인하는 끈기가 필요하다. 다양한 시도와 실패를 장려하는 사회일 필요가 있다. 하나의 기준으로 줄 세울 것이 아니라 시도하고 도전하는 것을 장려하여야 한다. 다양한 분야에서 경쟁력을 누릴 수 있는 조건이다.

# 5. 융·복합과 창조

## ⊙융·복합 시대

융·복합이란 둘 이상의 요소가 연결되거나 섞여서 하나로 합쳐지는 현상이다. 자율자동차는 자동차 기술에 컴퓨터 기술을 합쳐 자동차 스스로 주변을 살피며 운전한다. 여러 기술과 제품, 서비스가 융·복합되어 가능한 결과이다. 사회의 여러 곳에서 아이디어와 제품, 온·오프라인, 기술과 문화 등이 융·복합되는 현상을 볼 수 있다. 4차 산업혁명 시대에는 인문학과 과학 기술, 소프트웨어 등의 융합이 중요하다고 한다. 다양한 분야의 지식과 기술들이 융·복합하여 새로운 제품과 서비스가 등장하고 있다.

스티브 잡스는 무선통신, PC, TV, 카메라 등의 기능을 결합하여, 전화, 이메일, 검색, 촬영, 게임 등을 할 수 있는 아이폰을 만들었다. '융·복합'의 결과물이다. 창조형 인재를 기르기 위한 '소프트웨어 융합교육', '융합대학' 등 융합, 융·복합이라는 단어가 자주 등장한다. 다양한 것이 모이고 섞여 새로운 지식과 창작물을 산출하려는 것이다. 인공지능과 로봇, 사물인터넷 등은 인간의 기계화와 기계의 인간화를 가져올 것이라고 한다. 인간과 기계가 융·복합되고 있다.

지식과 정보가 시공을 넘어 연결되고 융·복합된다. 집단지성(collective intelligence)은 사회 구성원들이 서로 협력 또는 경쟁하면서 얻는 집단적인 능력이다. 소수의 우수한 개인이나 전문가보다 독립적이고 다양한 개체로 된 집단의 통합적 지성이 더 우수하다. 성별, 나이, 직업, 취미, 가치관 등이 다양한 사람들이 모일수록 집단지성의 효과는 클 것이다. 인터넷 사이트는 분산된 지식이나 경험을 공유하고 통합하는 훌륭한 역할을 한다. 위키피디아, 네이버 지식iN 등과 같은 시스템들이 증가하고 많이 사용될수록 집단지성의 역할은 증가할 것이다.

개와 고양이는 평균 0.2~0.3 정도의 시력을 지녔다고 한다. 색상의 일부를 구분하지 못하는 '부분색맹'이다. 하지만 사람보다 넓은 시야를 지녔으며 야간 시력은 사람의 5배 이상이라고 한다. 사람이 보는 것을 고양이는 보지 못하며, 개가 보는 것을 사람은 보지 못한다. 만약 이 시력들을 융·복합한다면 어떻게 될까? 각 개체는 전보다 훨씬 다양하고 다채로운 것들을 멀리서도 볼 수 있을 것이다. 하지만 융·복합이 그리 쉽지만은 않다. 개체들 각자가 폐쇄적이며 이기적일 때가 많기 때문이다. 그럴수록 '융·복합'할 수 있는 여건이 중요하다.

## ⊙ 동종 결합과 이종 결합

합스부르크 가문은 유럽 왕실 중 가장 영향력 있던 가문의 하나였다. 1438년부터 1806년까지 신성 로마 제국 황제는 연달아 합스부르크 가문에서 나왔다. 거의 600년간 오스트리아 왕실의 주인이었다. 프랑스 왕을 제외한 대부분의 유럽 왕실과 연결되어 있었다. 프랑스 왕은 외가로 연결되었다. 유럽 최고의 가문이라는 자부심은 당연한 것일 수도 있었다. '합스부르크가 출신의 최고 배우자는 합스부르크가'라는 생각을 하였다. 가문 내에 근친혼이 성행하게 된 배경이다.

근친혼이 진행되면서 부정교합이 대대로 심화하였다. 위턱보다 아래턱이 더 돌출되는 현상이 심해졌다. 왕가의 마지막 자손인 카를로스는 극심한 부정교합으로 음식을 씹어 삼키기 어려울 지경이었다. 피의 순수성을 지키려고 외부의 '나쁜 피'를 경계한 결과였다. 여러 유전자가 섞이면 유전적 특성은 다양해진다. 하지만 합스부르크가는 이종 결합이 강한 유전자를 남긴다는 법칙을 배반하였다. 그 후유증은 컸다. 가문의 자손들은 허약하였다. 대부분 어린 나이에 세상을 떠났다. 예컨대 펠리페 4세는 두 번 결혼하여 아이 13명을 얻었으나, 그중 열 살을 넘긴 아이는 단 세 명뿐이었다. 딸 마르가리타 공주는 열여섯에 결혼하여 5년간 4명을 낳았다. 그중 셋은 태어나자마자 세상을 떠났다. 공주 자신도 스물두 살의 나이에 운명하였다. 섞임을 거부한 순수한 피는 오히려 죽음을 재촉하는 결과가 되었다. 나쁜 피가 되고 만 것이다.[102]


사업자 단체 중에는 동업종 사업자들의 모임이 있고 이종 사업자들의 모임도 있다. 동업종 사업자란 동일한 제품이나 서비스로서 같은 시장이나 산업에서 사업하는 자이다. 이종 사업자란 서로 다른 사업을 함으로써 해당 산업이나 시장이 서로 다른 경우이다. 동업종 사업자 단체는 사업자 공동으로 구매, 생산, 판매를 통해 공동 이익을 추구할 수 있다. 하지만 서로 경쟁자인 상황에서 그러한 협력이 원활하지 않은 경우가 많다. 대신 외부자가 자신들의 사업 영역에 진입하는 등의 문제에 공동으로 대응하는 경향이 있다. 법률 및 의료,

회계 및 세무, 운송 등의 서비스 산업은 물론 제조업의 영역에서도 이러한 현상을 볼 수 있다. 이에 대하여 사업 영역이 서로 다른 이종 사업자 간에는 협력과 거래가 비교적 원활하다. 시장에서 경쟁하는 사이가 아니며 서로 다른 기술과 정보를 결합하는 효과가 크기 때문이다. 교류와 협력을 통해 공동으로 새로운 제품이나 서비스를 개발하는 경우도 흔하다.

대학의 지식 권력이 대부분 미국 유학 출신의 교수집단에 가 있다고 한다. 한 대학의 교수진이 본교나 특정 대학 출신 등으로 편향된 경우도 많다. 학연 등 유사한 배경을 지닌 교수집단 구조는 융·복합적 연구를 어렵게 한다. 이종 간의 융합이 필요하지만 '이종' 자체를 발견하기 어렵다. 대학에는 다양한 시각의 연구자들이 필요하다. 하지만 동종 여부 또는 선후배 따지기가 우선이 되고 있다. 동종끼리 어울리고 연구하는 문화에서 창의적 결과물을 기대하기는 어렵다. 학교라는 틀에 갇히기보다 바깥 전문가들과 교류할 필요가 있다. 바깥의 현실과 변화를 학문과 교육에 반영하는 것도 중요하다.

## ⊙ 융·복합을 저해하는 것

융·복합은 중요하지만 쉽지는 않다. 학문은 여러 분과로 나누어져 있다. 인문학과 자연과학을 전혀 이질적인 것처럼 갈라놓은 것은 잘못된 교육제도의 한 부분이다. 학생들은 문학, 수학, 과학, 역사, 음악, 미술 등으로 분리된 과목을 공부한다. 마치 '과목'은 처음부터 별개이며 상호배타적인 것처럼 되었다. 실제로 진리 탐구는 하나의 뿌리에서 시작되었으며 서로 연결되어 있다. 하지만 교과목을 통합하여 교육하는 것은 말처럼 쉽지 않다. 실제로 진정한 통합 수업을 발견하기는 어렵다. 통합 수업을 이끌 선생을 구하기가 쉽지 않다. 분리된 과목 속에서 그 용어로만 교육을 받았기 때문이다. 수학자들은 '수식으로', 작가들은 '단어로', 음악가들은 '음표로', 법학자들은 '법률 용어'로만 생각한다.

인문학, 사회과학, 공학, 자연과학 등의 벽을 넘어 종사자 간 상호 이해가 쉽지 않다. 분야별로 사용하는 용어는 물론 집단 내 문화도 판이할 때가 많다. 마치 인간을 머리와 뇌, 몸통과 사지, 장기와 혈관 등으로 나누어 서로 통하지 않게 하는 것과 같다. 인간과 우주는 그 자체로 연구하고 탐색할 대상이다. 그런데 그것을 세분하고 각각 독립하여 부분만을 연구하고 있다. 각 영역을 자신들의 관점에서 바라보고 분석한다. 결과적으로 인간과 사회를 통합적으로 이해하고 문제를 해결하는 역량을 저해할 수가 있다. 같은 현상을 다르게 보고 나름대로 이해한다. 자신의 관점을 우선하려고 한다. 부문 간에 대립하여 자원은 낭비되고 문제는 해결하지 못한다. 전인적으로 인간을 이해하고 문제를 풀 수 있어야 한다. 세분된 영역을 각자의 관점으로만 보려고 하니 코끼리 다리 만지기가 되고 있다. 인간과 지구는 사라지고 두뇌와 몸통, 사지와 신경만이 남게 된다.

과학자는 자신의 분야를 믿지만, 인문학자는 과학을 이해하려 하지 않는다. 19세기의 낭만주의 예술가들은 과학을 경멸하고, 뉴턴의 물리학을 맹렬하게 비난하기도 하였다. 과학자들에게 익숙한 기계장치, 기술, 장치의 작동 등은 인문사회 학자들에게는 익숙하지 않았다. 학문 분야 간 이해의 부족은 적대적인 관계를 낳는 배경이 되었다. 이렇게 시작된 대립과 갈등은 인간 사회의 문제를 해결하는 데 걸림돌이 되고 있다. 인문학과 기술, 과학과 철학을 연계하고 종합적으로 고려하는 학습 과정이 부족하다. 융·복합 과정을 만들고 가르칠 역량이 부족한 것이다. 실제 직업과 생활에 필요한 기술과 노하우를 가르치는 것도 중요하다. 실용적 지식을 기능인이나 습득할 것으로 오도하는 경향은 더 큰 문제이다.

역사, 언어, 심리, 철학, 자연과학 등 기초과학과 경영, 법, 공학, 의학 등 응용과학 간의 소통과 교류도 빈약하다. 한국은 압축성장 과정에서 기초 학문보다 응용 학문을 지나치게 강조하기도 하였다. 대학 등 학교와 학교 바깥 조직 간의 소통과 교류가 매우 부족하다. 각자 자기의 언어로만 말하고 다른 집과 교류하지 않는다. 기초와 응용 학문, 학교와 현장이 더 교류하고 소통할 필요가 있다. 각각의 전문성과 사회 전체의 지식역량 향상을 위한 것이다.

식민지 시대와 좌우 대립 등의 역사가 있었다. 단일 민족과 문화 등의 순혈주의가 강조되기도 하였다. 자신과 다른 집단을 분리하고 배척하는 성향도 있었다. 경제 도약과 자본 축적 이후에는 곳곳에 집단적 이기주의 경향이 심화되고 확산하였다. 정치, 경제적 이익을 위해 담합하고 폐쇄적 집단 이기주의가 심화되었다. 타 집단을 배척하고 새로움을 거부한다. 배타적이고 폐쇄적인 태도가 소통과 융합을 저해한다. 자기 분야에 새로운 기술과 역량이 들어오는 것을 막는다. 창조적 파괴를 거부하고 저항한다. 경제와 사회의 역동성이 사라지는 배경이다.

## ◉개방적인 소통과 협력 필요

융·복합적 창조를 위해서는 개방적인 자세와 소통의 노력이 필요하다. 각자의 자리에서 자신의 얘기를 하되 서로에게 귀 기울이는 것이다. 사회는 여러 세대로 구성이 된다. 고령자, 장년, 젊은 세대는 각각 자신의 경험을 이야기하되 서로 들어 줄 수 있어야 한다. 선후배 간 서열이 소통을 방해해서는 안 된다. 수평적 입장에서 서로 상대를 존중하며 대화의 여건을 만들 필요가 있다. 각자의 관점과 지식, 노하우를 인정하고 소통할 때 협업에 의한 창조가 가능하다.

디지털 네트워크 시대에는 실시간으로 자료와 정보가 공유된다. 계급과 서열이 소통을 방해하는 비효율에서 벗어날 수 있어야 한다. 실시간 정보가 공유되고 집단지성이 일반화되고 있다. 다양한 분야에서 이질적인 경험을 한 사람들이 모여 자유롭게 소통할 필요가 있다. 다양한 경험이 교류되고 어울릴 때 새로운 지식이 창조된다.

대학과 산업계 간의 소통과 교류가 중요하다. 이론과 경험이 융·복합될 때 새로운 기술과 비즈니스가 창조된다. '산학협력' 등 대학과 기업 간의 교류와 협업을 통해 실질적인 성과를 얻을 수 있어야 한다. 상호 존중하고 배려하는 것이 그 출발점이 될 수 있다. 각종 조직의 사무실과 현장도 더 원활하게 소통하고 교류할 필요가 있다. 현장의 상황과 데이터가 최고 의사결정자의 생각과 만나야 한다. 최적의 전략을 만들고 최고의 서비스를 제공할 수가 있다. 엔지니어와 관리자, 남성과 여성이 서로 귀 기울일 때 창조가 시작된다.

벤처나 중소기업은 보통 공공부문이나 대기업보다 더 창의적이고 역동적이다. 규모 작은 기업들은 시장이나 기술 변화를 빠르게 수용하고 필요한 것을 사업에 반영한다. 규모가 크거나 관료화된 조직들은 이들과 적극적으로 협업할 필요가 있다. 작다고 무시하여 낭패를 보기도 한다. 소규모 조직의 창의적 아이디어나 기술 제안을 호혜적으로 활용할 줄 알아야 한다. 규모 크거나 오래된 조직은 새로운 것에 익숙하지 않을 수 있다. 기민하거나 민첩하지 못하다. 각자에게 부족한 부분을 협력하여 서로 보완할 필요가 있다.

암묵지와 명시지가 결합하면 새롭고 깊이 있는 기술과 지식으로 창조될 수 있다. 정부와 기업, 대학과 산업계, 관리 부문과 현장의 소통과 교류가 중요하다. 명시지와 암묵지가 융·복합되는 기반이 될 것이다. 이론과 현장이 만나야 좋은 전략과 정책을 만들 수 있다. 다양한 분야의 사람이 모여 복잡한 문제를 해결할 수 있다. 집단지성이 발휘되는 것이다.

팀 형태의 활동이 협업에 효과적일 수가 있다. 참여자들이 효과적으로 집단지성을 발휘하도록 조직 체계를 만드는 것이다. 한국인은 공동체 문화에 익숙하지만 개인주의 성향도 있다. 팀 단위 활동에 적합한 자질과 성향을 지녔다고 할 수 있다. 단, 수평적으로 협업하는 체계가 필요하다. 목표가 분명하고 다양한 역량의 결합이 필요할 팀 형태가 효과적일 수 있다. 각자 자신의 역할을 하면서 목표를 향해 통합되는 것이다. 스포츠팀에서 그 예들을 볼 수 있다. 각자 자신의 위치(포지션)에서 역할을 하면서 승리를 위해 한 팀이 되는 것이다.

창업의 경우에도 팀 활동 같은 협업이 필요할 수 있다. 시장조사 등과 마케팅, 자본 및 투자 유치, 고객에게 제공할 가치, 생산 설비와 기술 등 여러 문제를 해결하여야 한다. 창업자 혼자 모든 것을 감당하기란 쉽지 않다. 사정이 허락한다면 각 분야에서 활동할 여럿이 같이 일할 필요가 있다.

개방형 혁신(open innovation)이란 기업 등의 조직이 외부와 협력하여 문제를 해결하는 하나의 방식이다. 신제품이나 신기술을 개발할 때 외부 전문가 등의 아이디어나 기술을 적극적으로 채용하는 것이다. 거래 기업이나 전문가 등 외부의 지식과 역량 등을 내부의 역량과 결합하여 기술을 혁신하거나 신제품을 만들 수 있다. 다양한 기술 변화가 빠르게 진행되면 내부의 역량만으로는 한계가 있을 수 있다. 이때 외부의 기술자, 사업가, 소비자 등의 지식과 기술을 활용하여 자신의 사업과 기술을 효과적으로 혁신할 수 있다. 피앤지(P&G) 등의 기업은 내부의 연구개발(R&D) 투자를 줄이는 대신 개방형 혁신을 적극적으로 활용하고 있다. 내부 역량에 의존하는 것보다 조직 외부와 협업하여 효과적으로 신제품과 기술을 개발하려는 전략이다. 기술이 빠르게 발전하는 환경에서 자신의 한계를 극복하는 중요한 수단이 되고 있다.

조직 외부와의 협업이 중요하다. 외부와의 개방적 협력은 융·복합적 창조에 더 효과적일 수 있기 때문이다. 개방형 혁신에 성공하려면 이기적이고 폐쇄적인 조직문화에서 벗어날 필요가 있다. 우선 자신의 부족한 부분을 인정할 수 있어야 한다. 외부와 협력할 필요를 느끼고 개방적인 자세를 지닐 수가 있다. 또한 외부 협력자에 대하여 분명하게 응분의 보상을 하는 것이 중요하다. 기여한 정도에 따라 충분하게 보상하는 방안을 만들고 투명하게 공개할 필요가 있다. 외부의 기술과 아이디어 등에 대하여 호혜적인 자세를 지녀야 한다. 외부의 실력자들이 기꺼이 기술을 제공하도록 분위기를 만드는 것이다. 조직 내부에도 외부와 협력하는 것을 장려하는 분위기를 조성할 필요가 있다. "내부에서 이런 것도 못 하느냐?"는 비판이 있을 수 있다. 하지만 중요한 것은 내·외부를 가리는 것이 아니다. 제품과 기술을 혁신하고 새로운 사업을 창출하는 것이다.

# 6. 창의력 개발

## ◉ 줄 세우기 환경

하나의 획일적인 기준으로 사람들을 비교하고 평가한다. 수직적 구조와 서열적 문화 속에서 자신을 쉽게 타인과 비교한다. 어릴 때부터 시험 점수라는 하나의 기준으로 남과 비교되는 경험을 한다. 줄 앞쪽에 서야 한다. 다양한 성향의 개인들이 존중되는 환경이 되지 못하고 있다.

하나의 기준으로 줄 세우는 경쟁에는 몇 가지 문제가 있다. 우선 개성에 따라 다양한 역량을 개발할 기회가 봉쇄된다는 점이다. 시험 공부가 싫어도 공부할 수밖에 없다. 글을 잘 읽는 사람이 있으면 노래 잘하는 사람도 있을 것이다. 글 읽기나 노래 중 어느 한 가지만으로 사람을 평가하는 것은 공정하지 않다. 글이나 노래 모두 존중할 가치가 있는 역량들이다. 하나의 기준으로 평가하지 않고 각기 잘하는 것으로 각각 평가한다면 모두가 승자가 될 수 있다. 남과 비교하는 경쟁이 아니라 자신과 경쟁하는 것이기 때문이다.

TV에서 한 대학생이 말하였다.

> "고등학교 때는 거의 수녀원 생활 같았다고 생각하거든요. 이것도 안 해야 하고, 저것도 하면 안 되고… 정해진 규칙을 잘 지키는 게 모범생이잖아요. 튀는 행동하면 제재를 받고. 그런데 취업할 때는 창의성을 많이 본다고 한단

말이에요. 뭐라고 해야 하지⋯ 나는 열아홉 살 때까지는 수녀원 생활을 했는데, 스무 살이 되자마자 넌 왜 스티브 잡스가 아니냐고 질문을 받는 느낌. 아! 창의적인 것을 시도한 적이 없는데 어떻게 해요?"

한 점이라도 더 점수를 얻으려고 생활을 통제하고 시험공부에만 몰두한다. 그런데 상황이 바뀌어 갑자기 '창의성'을 요구한다. 당황스럽다. 선다형 필기시험에서는 출제자가 의도한 정답이 이미 정해져 있다. 수험생은 그것을 알아내야 한다. 내 생각이 아니라 출제자의 생각에 나를 맞추는 것이다. 창의력은 자신의 문제를 스스로 해결하는 과정에서 발휘된다. 객관식 시험공부로는 창의력을 기르기 어렵다. 스스로 자신의 문제를 푸는 것이 아니라 출제자의 의도에 자신을 맞추어야 하기 때문이다. 답을 알아내기 위해 실험을 하거나 상상력을 발휘할 여유가 없다. 짧은 시간에 많은 것을 외워야 한다. 아는 것과 이해하는 것이 분리된다. 이해하여 아는 것이 아니라 외워서 알게 된다. 이해하지 못하면 실제로 그것을 어떻게 응용할지도 모른다. 외운 것만으로는 새로운 것을 만들어내기 힘들다.

다양한 용도와 성능도 중요하므로 가격만으로 제품을 평가해서는 곤란하다. 시장의 제품이나 서비스는 이미지, 용도, 품질, 가격 등 다양한 요인으로 경쟁한다. 여러 요소 중 어느 하나의 우위가 확실하다면 성공할 수 있다. 자신 있는 분야에서 역량을 발휘하는 것이 중요하다. 누구나 자신이 잘하는 하나의 요소에 집중하는 전략으로 개성을 드러낼 필요가 있다.

## ⊙자신만의 눈으로 보라

모든 사람은 각자의 잠재적인 역량을 지니고 태어난다. 창의력도 그러한 잠재 역량에서 나온다. 잠재된 창의력을 불러 내 키우고 발휘하게 하는 것이 중요하다. 자신만의 세계를 창조하지 못하면 다른 사람이 묘사하는 세계에 머무를 수밖에 없다. 자신의 눈이 아닌 다른 사람의 눈으로 세상을 본다. 자신의 눈으로 보는 것은 아무것도 없다. 자신만의 눈으로 직관하고 통찰할 수가 없다. 누군가가 디자인한 안경으로만 사물과 세상을 보는 것이다.

자신만의 관점으로 느끼고 보는 것이 창조의 출발점이다. 창조란 관찰하고 느낀 것을 나름대로 형상화(imaging)하고 새롭게 편집하는 작업이다. 자신만의 관점이란 누구나 가질 수 있는 나름의 독특한 렌즈이다. 자신의 암묵지가 그 기반이다. 자신만의 렌즈로 대상과 세상을 관찰하고 상상하여 새로운 것을 창조할 수가 있다. 관찰 결과를 새로운 이미지로 형상화한다. 관찰하고 직관한 바를 자신만이 인식한 이미지로 그리는 것이다. 피카소는 "당신들은 보고 있지만 보고 있는 게 아니다. 그저 보지만 말고 생각하라! 표면적인 것 배후에 숨어 있는 놀라운 속성을 찾으라! 눈이 아니고 마음으로 보라!"[103]고 하였다.

창조는 독창적인 방법으로 자신을 표현하는 것이다. 창조적으로 생각하는 것에서 출발할 필요가 있다. 자신만의 눈과 감각으로 외부의 사물이나 정보를 수용하고 느낄 수 있어야 한다. 집중하고 몰입하여 관찰할 필요가 있다. 감각과 감성, 의지와 이성을 모아 몰입하는 것이다. 상상력 넘치는 직관과 통찰이 필요하다. 창조의 출발점이다.

## ⊙ 몰입과 집중

뉴턴은 어떻게 만유인력을 발견했느냐는 물음에 "내내 그 생각만 했으니까."라고 대답하였다. 다윈은 진화론에 대해 "내가 과학에서 성취한 것은 오로지 끈질기게 열심히 오랫동안 생각한 결과이다."라고 하였다. 아인슈타인은 상대성 원리를 발견하는 과정에서 "몇 년에 걸쳐 그 문제를 풀지 못하고 헤매었다."고 말했다. 시행착오 속에서도 긴 시간을 그 문제에 집중했던 것이다. 지루하고 진전없는 실패들이 축적되어 창조적인 발견으로 연결되었다. 문제 해결에 대한 열망이 클수록 깊게 몰입할 수 있다. 자신만의 눈으로 집중적인 관찰을 하고 생각하는 것이다.

베토벤은 말했다.

> "나는 악상을 악보로 옮기기 전에 아주 오래, 어느 때는 하루 종일이라도 머릿속에 품고 있곤 한다. 그 과정에서 많은 부분을 바꾸기도 하고 어떤 것은 버린다. 내가 만족할 때까지 계속 반복한다. 그러고 나서 작품을 정밀하게 다듬는다. 악곡의 이미지를 모든 각도에서 보고 듣는 것이다. 그것은 마치 조각하는 것과 같다."[104]

작곡에서 악곡 전체를 어떻게 디자인하고 형상화하는지 알 수 있다. 몰입하여 이미지를 만들고 창조적으로 편집을 한다.

'하고 싶은 것을 하라!'고 한다. 하고 싶은 것이 무엇인지 발견하는 것이 중요하다. 창의성은 새로운 것에 대한 내적인 동기로 인해 발휘될 수 있다. 외부의 요구와 기준에 맞추려고 하다 보면 창의력이 저하될 수 있다. 하나의 잣대로 자신을 남과 비교하는데 몰두하지 않는 것이 좋다. 자신의 독창성과 창의성을 위축시킬 수 있기 때문이다. 남에게 보이는 '나'에 덜 신경 쓰는 것이 좋은 것이다. 창의적인 직관과 통찰에 더 신경 쓸 필요가 있다.

하는 일에 몰입하고 반복해서 도전할 때 높은 숙련에 이를 수 있다. 반복 연습은 지루할 수 있다. 하지만 계속 연습하고 시도함으로써 질적인 도약을 이룰 수가 있다. 차원이 다른 경지에 이르는 것이다. 유명한 스포츠 스타나 예술가 중에는 이러한 경지에 오른 사람들이 많다. 그들 대부분은 반복적인 시도와 연습을 통해 그러한 경지에 간 것이다. 수준을 혁신하고 새로운 역량을 창조한 결과이다.

## ◉ 모방과 편집

피카소는 "유능한 예술가는 모방하지만 위대한 예술가는 훔친다(Good Artists Copy; Great Artists Steal)."라고 하였다. 이때 그가 '훔친 것'은 편집의 단위이다. 그는 훔친 편집의 단위 요소들을 자기만의 방식으로 편집하였다. 예를 들어, 피카소 큐비즘의 대표작인 '아비뇽의 처녀들'은 루벤스의 '파리스의 심판', 폴 세잔의 '다섯 명의 목욕하는 여인들'과 '세 명의 목욕하는 여인들', 엘 그레코의 '계시록-다섯 번째 봉인의 개봉' 등의 다양한 그림에서 '편집의 단위'들을 가져온 것이다. '편집'한다는 것은 '편집의 단위(unit of editing)'와 '편집의 차원(level of editing)'을 끊임없이 해체하고 재구조화하는 창조의 과정이다.[105]

관찰하고, 모방하고, 훔치고, 편집하는 것이 창조의 주요 수단이다. 큰 그림은 자신이 관찰한 것에 기반하여 그린다. 형상화 또는 설계가 가장 독창적인 부분이다. 여기에 이미 두뇌에 저장된 것들을 꺼내 조합하고 편집한다. 새로 인식한 사물과 정보를 저장된 기억들과 비교한다. 선택하고 버린다. 융·복합하고 창조가 이루어진다. 세상에는 정보가 넘친다. 무슨 정보를 어떻게 발견하느냐가 중요하다. 정보와 기억을 엮어서 새로운 것을 만들 수가 있다. 처음부터 전혀 새로운 것은 하나도 없다. 존재하는 것들을 새로운 방식으로 엮고 융·복합할 뿐이다.

## ⊙ 형상화와 표현

화가, 음악가, 디자이너, 엔지니어, 시인들이 공통적으로 고민하는 문제가 있다. 자신의 마음속에 있는 생각이나 사실을 다른 사람의 마음에 전달하는 방법의 문제이다. 어떻게 생각과 마음을 전할 것인가? 형상화된 이미지를 통해 그것을 전달할 수 있다. 그림이나 도형, 말, 음악, 춤, 공연 등의 형태로 그것을 형상화하는 것이다.

관찰 결과를 이미지로 형상화하거나 설계하는 것이 창조의 핵심 과정이다. 고객이나 세상에 전달할 이미지나 메시지의 핵심을 디자인하는 것이다. 기하학적 디자인이 있는가 하면 대수학적 설계도 있다. 모양으로 설계할 수도 있고 수치적인 정교함으로 디자인 할 수도 있다. 도안, 제도, 회화, 사진술 등으로 시각적 이미지를 표출하며 영화, 비디오, 동영상 등으로 작품을 제작할 수가 있다. 무엇을 어떻게 전달할 것인지를 디자인하는 것이 가장 중요하다.

스위스 화가 막스 빌은 "예술이란 인간 정신의 표현이다. 마음속에 이미 존재하고 있는 막연한 심상을 구체적인 형태로 가시화한 것"이라고 하였다. 미국의 작가 도로시 캔필드 피셔는 "나는 어떤 장면을 강렬한 이미지로 만들어낸다. 만일 그 장면을 완벽한 이미지로 형상화하지 못한다면 나는 아무것도 쓰지 못할 것이다. 그렇지 않으면 내가 잘 알지도 못하는 장소와 사람들, 삶에 대해 글을 쓰지 못한다."고 하였다.[106] 작품의 형상화, 디자인의 중요성을 강조하는 말이다.

## ◉ 암묵지와 명시지에 의한 창조

암묵지와 명시지들 간의 융·복합도 지식 창조의 기반이다. 암묵지와 명시지가 융·복합되고 변환됨으로써 새로운 지식을 창조할 수가 있다.[107] 어떤 기억을 언어로 표출하는 것은 체화된 암묵지를 명시지로 변환하는 것이다. 개인 내부의 지식을 외부화하는 것이다. 외부의 명시지를 개인의 암묵지로 체화하는 것은 지식의 내면화이다. 외부화, 내면화, 사회화, 종합화는 암묵지와 명시지, 암묵지 간이나 명시지 간 서로 결합, 변환하거나 융·복합하는 것을 말한다. 암묵지와 명시지의 관점에서 본 지식창조의 방법론이다. 암묵지와 명시지가 모방과 편집, 결합과 변형, 종합 등을 통해 새로운 지식으로 재창조되는 것이다.

- 외부화: 개인의 생각이나 노하우 등을 말이나 문자로 표현한다. 생각, 노하우, 느낌, 기억 등을 언어의 형식으로 드러내는 것이다. 자신의 독특한 암묵지가 명시지의 형태로 외부에 드러난다. 창작

의 한 과정이다.

- 내면화: 언어로 된 명시지를 개인의 내면에 체화한다. 언어와 논리, 메시지 등을 뇌, 근육, 몸에 새겨 저장하는 것이다. 체험, 교육, 훈련, 무의식의 과정을 통해 내면화가 진행된다. 외부의 명시지가 개인의 내면에 암묵지로 체화되어 재탄생하는 것이다. 그만의 독특함으로 체화되는 과정에 새로운 역량이 창조된다. 훈련으로 동작을 만드는 운동선수의 훈련과정이 그것이다.

- 사회화: 수련을 통해 기능이 전수된다. 사제관계 등으로 타인의 암묵지를 모방하고 변형하여 나의 새로운 암묵지가 된다. 암묵지가 또 다른 암묵지를 낳는 것이다. 개인 혹은 집단으로 경험을 공유함으로써 노하우나 지식을 새롭게 획득할 수도 있다. 숙련 기능의 전수, 코치의 지도, 노하우의 모방, 관찰과 체험에 의한 체득 등이 그 방법들이다.

- 종합화: 여러 개의 문장 등 명시지를 결합하여 편집함으로써 새로운 명시지를 만드는 것이다. 선택과 수정, 결합과 창작을 통해 새로운 명시지가 창조된다. 문서, 설계도, 데이터베이스 등으로부터 자료와 표현을 선택하여 결합하고 변형한다. 종합과 편집의 과정을 거쳐 새로운 명시지가 탄생한다.


## ◉직관과 분석, 사고의 결합

창조는 직관과 분석이 결합된 산물이다. 탁월한 직관력은 노련한 감과 촉에 의한 것이다. 그러한 감과 촉은 오랜 경험과 지식의 축적,

수많은 시행착오와 실패, 지속적인 사색에서 온다. 새로운 발견과 발명은 직관에서 시작될 때가 많다. 직관의 기반은 각자에게 체화된 기억에 있다. 스스로 적절한 소프트웨어와 앱, 데이터, 마음, 이성과 감성 등을 선택하고 저장할 필요가 있다. 앞으로 논리와 분석 대부분은 인공지능(AI)이 맡더라도 그 논리와 분석의 틀은 여전히 인간이 담당할 것이다. 창의적인 직관과 분석의 기반이 되는 틀이 중요하다. 그러한 틀을 만드는 공부가 중요하다.

분석은 언어와 수리, 논리력 등 주로 명시지 역량에 의한다. 분석 결과를 누군가에게 전달하여야 한다. 인간은 언어 안에서 존재한다. 언어와 문자는 인간과 사회 그 자체이다. 교육을 통해 언어와 논리력 등을 체계적으로 학습할 필요가 있다. 독서를 통해 사고력을 확장하고 다양한 어휘 활용을 익히는 것도 중요하다.

확산적 사고가 다양한 아이디어들을 발굴한다면 수렴적 사고는 안전하고 확실한 정답을 찾는 것이다. 확산적 사고가 창의력의 원천이라면 수렴적 사고는 실행력의 기반이다. 창의력에 실행력을 더할 때 완벽한 창조가 가능하다. 직관과 분석, 확산적 사고와 분석적 사고, 실행력 등의 역량이 중요하다. 스스로 뇌를 개발하고 필요한 프로그램과 데이터를 그곳에 저장할 필요가 있다. 통찰력을 발휘하는 기반이다. 새로운 정보를 받아들여 융·복합하는 데 쓰일 것이다.


## ⊙ 기업가정신과 창조

슘페터는 기업가정신을 이야기하였다. 기업가정신의 요체는 혁신이다. 새로운 생산방법과 새로운 상품은 혁신을 유발한다. 그는 기업가를 창조적 파괴를 통해 혁신을 이끄는 자로 보았다. 중요한 혁신으로 신제품 개발과 새로운 생산방법의 도입, 신시장 개척, 새로운 원료나 부품의 공급, 새로운 조직의 형성, 노동생산성 향상 등을 꼽았다. 이러한 창조와 혁신이 현대의 경제와 문명의 원동력이라 할 수 있다.

스티브 잡스는 '늘 새로운 것을 갈망했고, 무언가를 얻기 위해 노력했으며 훔쳤다.'고 한다. 일찍이 그는 매킨토시 개발 팀에게 "해군이 되기보다는 해적이 되어라(It's better to be a pirate than to join the Navy)!"라고 하였다. 기존 질서에 순응하기보다는 새로운 것을 개척하는 정신을 높게 평가한 것이다. 상식을 벗어나 끊임없이 남과 다르게 생각하려고 노력하였다. 고정관념화된 가치관과 상식을 가르치는 학교생활에는 잘 적응하지 못했다.

기업가정신은 시도하고 도전하는 데서 출발한다. 실패하고 좌절할 수도 있지만 새로운 것을 개척하는 기반이 된다. 현재의 모순을 극복하고 개선된 상황으로 가려면 창조와 변화가 불가피하다. 나름대로 자신의 분야에서 도전하고 경험할 필요가 있다. 그 과정에서 깨닫고 명시지와 암묵지를 축적할 수가 있다. 경험과 지식을 융·복합하여 자신만의 전문적인 역량을 개발하게 된다.

카카오의 김범수 의장은 신입사원 개발자들에게 "세상이 갈증을 느끼던 문제를 발견하고 해결책을 만들다 보면 큰 실력의 차이가 생긴다. '코딩만 하는 개발자'라는 틀에서 벗어나 세상이 변하는 큰 흐름을 많이 보고 경험하라"[108]고 한 바 있다. 문제의식을 지니고 도전하는 것이 중요하다. 시도하고 도전하지 않으면 얻을 수 없다. 열정을 가지고 집중할 필요가 있다.

# ◉창조를 위한 역량

한국 경제는 기술적으로 빠른 추격자(fast follower) 단계에서 시장 선도자(first mover) 위치로 바뀌는 상황에 있다. 주입식 암기 중심 교육에서 벗어나 자기 주도적 탐구학습으로의 전환할 필요가 있다. 일반화된 지식 획득은 온라인 강좌 등을 활용하는 대신 주체적으로 사물을 인식하고 창의적으로 사고하는 훈련을 할 필요가 있다. 스스로 지식과 정보를 선택하고 재구성할 수 있어야 한다.

도전과 실패, 시행착오를 통해 역량을 개발하고 축적하는 경험을 확대하는 것이 좋다. 실제에서 경험하고 배운 것을 체화하면서 자신만의 지식을 개발하고 축적할 수 있다. 주도적으로 문제를 인식하고 해결하려는 의지와 끈기가 중요하다. 물론 무조건 도전하고 실패하는 것을 반복할 수는 없다. 상황에 따라 위험을 회피하고 안정을 추구할 필요도 있다. 실패와 착오가 주는 위험을 최소화하여야 한다. 그리고 창의력을 기를 필요가 있다.

협력하고 소통하는 역량도 중요하다. 공동체 생활을 위해 권위와 질서에 순응할 필요도 있다. 동시에 대등한 관계에서 적극적으로 협력하는 역량도 중요하다. 팀 활동, 현장 경험 등을 통해 대인관계 역량을 학습하고 개발할 기회를 가질 필요가 있다. 21세기에 가장 중요한 역량은 창의성과 관계역량이다. 타인과 협력하고 소통하는 것이 중요하다. 소통과 협력을 통해 필요한 지식이나 콘텐츠를 공유하고 새로운 지식을 창출할 수가 있다. 다양한 개인이 참여하는 환경에서 공존하며 창의성을 발휘할 수 있어야 한다.

## ⊙ 두뇌 개발과 훈련

두뇌는 외부의 사건이나 상황의 변화에 적절하게 대응할 수가 있다. 대뇌는 좌뇌와 우뇌로 되어 있다. 좌뇌는 말하고 듣기, 읽기와 쓰기 등의 언어 기능과 시간관념, 계산하기 등의 논리적 사고를 담당한다. 이에 대해 우뇌는 모양 식별과 공간 인식 등을 담당한다. 사물을 직감적으로 이해하고 창조적 발상을 하는 역할을 한다. 대뇌의 앞쪽 전두엽은 회사의 기획실 같은 곳이다. 경우의 수를 고려하여 계획을 세우고 목표를 점검하는 역할을 한다. 시각, 청각, 기타 감각의 인식 능력, 마음의 눈, 냄새와 맛을 느끼며 상상하는 역량을 개발하고 유지할 필요가 있다.

뇌를 움직이는 프로그램과 데이터를 최적의 것으로 채우고 가동하는 것이 중요하다. 언어나 지식을 새롭게 갱신하여 기억하는 것이다. 시대에 맞추어 적절한 감각을 유지할 필요가 있다. 두뇌는 사람과 사물 등을 이미지나 언어의 형태로 인식한다. 기억이 누적되고 상호작용하면서 생각과 행동의 기반이 된다. 두뇌, 몸의 기억과 마음의 상태가 직관과 통찰, 분석의 역량을 결정하게 될 것이다. 좌뇌와 우뇌가 균형적으로 발달하도록 노력할 필요가 있다. 뇌를 움직이는 각자의 프로그램과 데이터가 중요하다. 무엇을 저장하고 기억하느냐에 따라 지식과 역량의 수준이 결정된다.

나이가 들면 전두엽 기능이 저하되고 고집도 세어진다고 한다. 대화가 한 가지 주제에서 다른 것으로 넘어가는 데 애로를 겪는다.[109] 나이 들수록 기획 기능은 저하되고 고집은 세어지는 것이다. 의욕은 저하되고 충동 조절 기능도 약화된다. 이러한 기능 저하에 대응하여 일찍부터 사고하는 훈련을 할 필요가 있다. 자신의 주장이 편향된 사고에 기반을 둔 것은 아닌지 스스로 성찰하는 것이다. 고집보다는 유연함, 충동보다는 제어와 조절에 익숙해지는 훈련이 필요하다.

# 제7장
# 교육개혁

1 | 지식기반의 역량

2 | 한국인의 지식역량 평가

3 | 지식역량 개발의 구조적 여건

4 | 역량의 활용

5 | 지식 국가의 새로운 기반

6 | 생애역량의 개발과 창조

7 | 교육개혁

교육이 달라져야 한다. 관련 제도의 개혁이 필요하다. 무엇을 어떻게 혁신할 것인가?

# 1. 교육개혁의 방향

## ⊙ 오래된 과제

한국은 건국 초 빠르게 초등교육을 보편화하였다. 한 세대 만에 모든 아동과 학생이 9년간의 기초교육을 받게 되었다. 경제성장기에는 실업계 고교 교육에 대한 투자 등이 산업 기반 조성에 기여한 것으로 평가되었다. 이렇듯 한국 교육은 경제개발의 기반이었다. 교육 형평성 실현에 성공한 우수 사례로 알려지기도 하였다. 교육의 양적 확대가 긍정적인 평가를 받은 것이다. 하지만 언제부터인가 한국 교육의 부작용이 두드러지고 있다. 지금은 고학력과 청년 실업, 입시, 교육 불공정성 등의 여러 문제가 불거져 있다.

'교육개혁'은 수십 년 된 해묵은 과제이기도 하다. 대통령 선거 때마다 후보들은 '국가교육위원회' 설치 등의 교육개혁을 공약으로 내세웠다. '교육을 개혁해야 한다.'는 주장에는 다수가 공감한다. 실제로 입시 제도나 교육 과정은 여러 번 바뀌었다. 하지만 교육을 제대로 개혁했다는 소리는 거의 들리지 않았다. '교육개혁'은 중요한 과제이지만 대기 상태에 있다고 할 수 있다. '교육개혁은 매번 실패한 것이 아니라 시도된 적이 없다.'고도 말한다. 교육을 제대로 개혁하려는 시도조차 아직 없었다는 것이다.

지금까지의 교육개혁은 주로 교육부나 교육계가 주도하였다. '교육은 학교의 것'이라는 생각의 범주를 벗어나지 못하였다. 개혁의 대상과 범위가 '학교 교육'으로 한정되었다. 교육의 목표와 방법에 대한 근본적인 성찰이 충분치 못했었다. 교육계가 주도하는 개혁은 교육의 근본적인 틀을 깨기에는 한계가 분명하다. 개혁을 주도하는 자가 또한 개혁의 대상이기 때문이다.

## ⊙근본적인 개혁 필요

대학 서열화, 금수저 논쟁, 고학력 실업 문제 등을 개선하지 못하는 교육개혁은 별 의미가 없다. 독일 출신 프리랜서 기자인 안톤 숄츠의 말이다.

> "한국의 교육은 핵심이 잘못되어 있다. 독일은 교육을 잘 받으려고 시험을 본다. 한국은 시험을 잘 보려고 교육을 받는다. 시험은 도구인데 한국에서는 시험이 목적이다. … 독일에서는 구직자를 평가할 때 사람을 보는데 한국은 학벌, 부모의 직업, 토플 점수 등의 숫자를 본다. 나는 토익, 토플을 한 번도 안 봤지만 큰 기업의 통역 일을 했다. 독일에서는 시험 문제가 아니라 인생 문제를 잘 풀 사람을 원한다. 그러니 창의성과 실질적 경험을 중시한다."[110]

문제의 근원을 회피해서는 필요한 개혁을 하기 어렵다. 학교만의 변화로 한국 교육의 문제를 풀 수는 없을 것이다. 국민 개인의 삶과 국가 공동체 전반을 생각할 수 있어야 한다. 교육 문제의 근본적인 원인은 오히려 학교 바깥에 존재한다. 그것을 함께 바꾸려고 노력하는 개혁일 필요가 있다.

학벌이나 학력으로 사람을 평가하는 경향이 있다. 공공부문과 기업은 주로 학력이나 필기시험으로 사람을 평가해 왔다. 학교가 '입시

교육'에 치우치게 되는 배경이다. 학력 과잉은 삶과 자원을 낭비하는 것이다. 서열화된 대학의 구조에서 입시는 적성과 진로보다 대학 서열을 우선적으로 고려한다. 고등학교에서는 명문대 입시에 매달리고 대학에서는 적성과 무관한 공부를 하거나 학점을 따야 한다. 삶과 분리된 좁은 의미의 지식 교육, 기업 등 '사회의 요구와 괴리된 교육'을 하고 있다. 또한 입시와 학비 등의 비용 대부분을 당사자가 부담한다. 입시가 부모의 경제력이나 정보력에 의해 좌우되는 등 교육의 기회균등 원칙이 무너져 있다.

교육의 합리성과 효율성에 대한 우려가 크다. 헌법 31조 1항은 "모든 국민은 능력에 따라 균등하게 교육을 받을 권리를 가진다."고 규정하고 있다. 자신의 적성과 수준에 따라 필요한 교육을 받을 수 있어야 하는 것이다. 하지만 이러한 헌법정신은 선언에 그치고 있는 것으로 보인다. 형식적으로는 고등학교까지 거의 무상교육이 이루어졌다. 문제는 교육의 실질적인 기회균등을 실현하는 것이다. 이하에서 교육개혁의 방향과 과제를 직업교육의 강화, 평생교육과 학교 역할의 변화, 교육의 공공성 강화, 개혁 성공의 조건 등의 주제로서 논의하기로 한다.


## ⊙직업교육의 강화


2014년 기준 한국의 전체 고등학교 졸업생 중 실업계 비율은 16.7%이었다. OECD 평균 49.1%에 비하면 매우 적다. 한국의 동 비율이 전체 학생의 1/6 수준인 데 비하여 OECD 국가들은 평균 1/2

에 달한다. 네덜란드와 프랑스, 스위스의 동 비율은 70%를 상회한다. 이들 나라의 청년실업률은 매우 낮다. 반면 한국은 산업계의 고졸 인력 수요에 비해 실업계고 졸업생 수는 크게 부족하다.[1] 물론 일자리나 직업에 필요한 교육이 부진한 현상은 교육기관의 잘못만은 아니다. 오히려 학교 바깥 요인의 영향이 더 크다. 고학력에 유리한 제도, 고학력을 선호하는 풍조 등이 그것이다.

OECD 국가들의 평균적인 직업교육 추세와 비교하면 한국은 매우 예외적인 경우라 할 수 있다. 아직도 직업교육을 천시하는 경향이 있다. 강한 물질주의 성향을 지녔지만 '산업 현장의 일'은 경시한다. 이율배반적인 모습이다. 한국의 고등학교와 대학은 직업교육을 멀리한 채 강의 중심의 교육에 몰두해 왔다. 직업교육이나 일자리 현장에서의 교육은 뒷전이다. 이를 개선하는 것이 한국 교육개혁의 핵심 사안이 될 필요가 있다.

학교에 다니고 역량을 개발하는 것은 획득한 역량을 발휘하기 위한 것이다. 그 역량을 활용하지 못한다면 시간과 비용의 낭비가 될 것이다. 인적자원의 역량 개발은 그 활용을 전제로 할 필요가 있다. 직업교육 강화가 교육개혁의 주요 방향이 되어야 할 이유이다. 물론 실업계고나 대학에서 기업과 연계된 교육 프로그램을 운영하는 경우들은 있다. 하지만 너무 미흡하다. 경영학자 드러커는 "학교는 새로운 직업에 필요한 지식을 유연하게 제공하는 학습체계로 바뀔 필요가 있다."고 하였다. 특히 고등학교와 대학이 그 역할을 하여야 할 것이다.

---

1) 2014~2023년 기간 고졸 인력에 대해 산업계의 초과수요는 210만 명으로 조사되었다. 이영민 외, 「지난 10년간 OECD 국가의 중등단계 직업고 학생 비중 변화 분석과 우리나라의 대응 방안」, 『KRIVET Issue Brief』, 제114호, 한국직업능력개발원, 2016.

학습한 역량을 활용하려면 활용할 만한 역량을 획득하는 것이 먼저이다. 고등학교나 대학의 과정이나 교과목이 학습한 것의 활용을 전제로 계획될 필요가 있다. '학교가 무엇을 가르칠 수 있느냐보다 학생에게 실제 유용한 것이 무엇이냐'의 관점에서 시작하여야 한다. 불필요한 암기를 하는 교육에서 삶에 필요한 지식과 역량을 획득하는 교육으로 변화하는 것이다.

개념 중심의 앎을 넘어 문제를 해결하는 역량을 기를 수 있어야 한다. 학교는 단순히 지식을 전달하는 곳이 아니라 국민 삶에 필요한 지식과 태도, 역량을 개발하고 학습하는 장이어야 한다. 명제지나 명시지 학습만이 아니라 방법지와 암묵지 개발도 중요하다. 창의적인 문제 해결 능력, 협동과 의사소통 능력, 인성과 사회성 등의 역량을 개발할 수 있어야 한다. 한 번의 승부를 위한 교육이 아니라 평생의 역량을 개발하는 교육이 필요하다.

필기시험 중심의 교육에서 벗어나야 한다. 현장실습, 문제 해결 학습 등을 통해 직업과 사회를 경험하고 배울 필요가 있다. 팀 활동 등 학과 공부 이외의 다양한 학습으로 공동의 성과를 창출하는 훈련이 필요하다. 실제를 경험하고 실천을 통해 배울 수 있어야 한다. 학교와 기업은 존재 이유와 운영 원리가 서로 다르다. 하지만 인적자원의 개발과 활용이라는 면에서 밀접한 연계가 불가피하다. 한국 교육의 많은 문제는 교육과 현장, 학교와 기업을 너무 엄격하게 분리하는 데서 온다. 필요에 따라 공부하고 취업할 수 있다면 바람직할 것이다. 학교와 기업, 공공기관은 각자의 폐쇄성에서 벗어나야 한다. 그리고 인적자원 개발과 활용이라는 공동 목표를 위해 개방적인 협력을 할 필요가 있다.

학교는 기업 및 지역 사회, 공공기관 등과 충분히 협력하여야 한다. 관련 정책이 '인적자원의 역량 개발과 운용'이라는 관점에서 연결되고 통합될 필요가 있다. 교육과 직업, 노동 간의 연계를 강화하여야 한다. 특히 학교 교육의 설계와 진행에 기업과 지역 사회 등의 적극적인 참여가 필요하다.

## ◉ 평생교육 확대

사람은 '출생-교육-취업-정년-재취업-은퇴' 등의 생애 주기를 거친다. 국가는 삶의 단계별 인적자원 역량을 개발하고 활용하는 정책을 개발하고 운용할 필요가 있다. 자유주의 사회에서 성인의 역량 개발과 활용은 각자의 몫이다. 하지만 국가는 그것을 체계적으로 지원하거나 그 기반을 조성할 필요가 있다. 예컨대 시민의 평생학습을 지원하는 교육생태계를 구축하는 것이다. 젊은이에게는 진로 지도와 직업 선택, 청장년에게는 일의 전문성 향상이나 전직 준비, 중노년에게는 새로운 지식이나 보람 있는 삶 등에 관한 교육을 하는 것이다.

한국은 평생교육 참여자와 비참여자 간 역량 차이가 큰 것으로 나타나고 있다. 또한 여성, 저학력자, 고령자, 저숙련자들의 평생학습 참여율이 낮았다. 근무시간 중의 평생학습 참여 비율도 낮았다. 상대적으로 고학력자의 평생학습 참여율은 높았고, 저학력자의 참여율은 낮게 나타났다. 학교 교육을 통한 학습 참여율은 일본에 이어 가장 낮았다. 특히 45세 이상에서 직무수행 목적의 평생학습 참여율은 두드러지게 낮았다. 타 국가들에서는 50대까지 평생학습 참여율의 연령별 차이가 거의 없었다. 한국 성인에게는 현장 교육의 기회도 매우 적었다.

평생교육을 강화하는 여러 방안을 고안해볼 수 있다. 특히 여성, 저학력자, 고령자 대상의 평생학습 기회를 확대하여야 한다. 60세 이전 직장인, 전직 예정자 등에게는 직무 및 기술 관련 교육 기회를 확대하여 제공할 필요가 있다. 대학의 평생교육 기능을 확대하는 것도 바람직하다.

## ⊙ 학교 역할의 변화

"정부는 교사들에게 지나치게 많은 내용을 가르치도록 요구하고 있다. 이의 완화 없이는 새로운 형태의 수업방식이나 수행평가를 하기 어렵다. 정부는 학교 현장의 자발적 변화를 지원하기보다 지시하고 제재하는 방식에 의존하고 있다."는 비판에 귀 기울여야 한다.

인공지능(AI)과 머신러닝 기술을 교육에 도입하여 학습자별 맞춤형 학습을 제공할 수 있다. 교사가 전체 학생에게 똑같은 문제를 가르칠 때보다 훨씬 효과적일 것이다. 앞으로 암기와 이해를 위한 학습은 교사보다 컴퓨터와 인공지능이 맡게 될 가능성이 있다. 교사는 학생의 적용, 분석, 평가, 창조 역량 등을 키우는 역할을 맡는 것이 바람직하다.

앞으로 디지털 기술을 활용한 교육 콘텐츠와 교육 플랫폼이 개발되고 보급될 가능성이 있다. 이때 학교는 진로를 체험하는 플랫폼 운영자 또는 진로 선택의 조언자로서 역할을 할 수 있다. 학생의 역량 개발에 관한 기획을 하고 필요한 조정과 조율을 하는 것이다. 가르치는 역할(teaching)을 줄이는 대신 코치(coach)하고 조력(facilitator)하는 기능을 강화하게 된다. 전통적인 교육 대신 학생 스스로 필요한 역량을 개발하고 학습할 수 있어야 한다. '교육'을 '학습'으로 바꾸는 틀의 변화가 필요하다. 학습자가 학습 과정을 자발적으로 계획하고 주도할 수 있어야 한다.

학교가 '문제 해결 역량'을 가르치려면 다양한 분야와의 협업이 필요하다. 예컨대 공학 원리와 컴퓨터, 물리학 같은 다양한 수업에 일자리 현장의 실습을 결합하는 것이다. 강의와 실습의 적절한 배합이 필요하다. 학교 스스로 가르칠 수는 있겠지만 더 잘 가르치는 곳에 맡기는 것이 더 효과적일 것이다. 사업자 단체, 지역 사회, 정부, 학부모 등과 소통하고 협업하는 것도 중요하다.

## ◉ 교육 공공성의 증대

교육을 개혁하는 주요 수단의 하나로 교육 공공성[2]의 강화를 들수 있다. 교육에서의 국가자원 낭비와 불공정성의 문제가 심각한 때문이다. '공공성의 강화'란 사적인 자치 또는 상업화된 부분을 국가의 재정 투입이나 정책적 개입을 통해 공영화하는 것이다.

부모의 경제적 능력 등에 따라 교육 기회가 차별되는 문제를 해결

---

2) 공공성이란 사회 구성원 전체에 관련되는 사항으로서 '시민의 참여하에 공식적인 소통과 절차를 통해 다수의 삶과 행복을 추구하는 속성'으로 정의할 수 있다.

하여야 한다. 교육이 부의 세습을 정당화하는 통로가 되어서는 안 될 것이다. 사학 재단의 상업적 운영이 교육의 공공성을 훼손해서도 안 될 것이다. 결과적으로 모두에게 균등한 교육 기회를 제공할 수 있어야 한다. 입시 제도는 공교육 이외에 추가 비용이 필요 없는 방향으로 변화될 필요가 있다. 대학 졸업장의 평균적 비용을 크게 낮출 수 있어야 한다. 대학의 상업주의를 최소화하고 국공립화를 확대할 필요가 있다.

학력 과잉이나 불필요한 자격 획득 등의 자원 낭비를 최소화하여야 한다. 즉 삶과 직업에 필요한 지식역량을 효과적으로 교육할 필요가 있다. 이러한 맥락에서도 학교의 직업교육 강화는 중요하다. 모든 고교와 대학의 교육 과정에서 현장실습이나 인턴 등에 의한 교육을 강화하는 것이다. 입시 제도도 직업 현장의 실습 성적이나 취업 경험을 우대하는 방향으로 혁신될 필요가 있다.

사교육비로 얻은 점수 대신 직업과 소득 획득을 경험하는 실습이나 취업 경력이 더 높은 평가를 받을 수 있어야 한다. 국가는 이러한 관점에서 입시와 각급 학교의 교육 과정을 관리할 필요가 있다. 예산은 교육의 기회균등을 확대하고 실용적 역량을 가르치는 곳에 지출되어야 한다. 금수저, 흙수저 논란을 잠재워야 한다. 학교와 직업 현장 간의 역량 미스매치, 청년 실업 등을 줄이는 데 도움이 될 것이다.

## ◉ 교육개혁 성공의 조건

교육은 '학교만의 것'이 아니다. 교육은 개인의 삶과 국가경쟁력에 지대한 영향을 미친다. 교육개혁은 '학교 교육'의 범위를 벗어나 인적 자원 개발 전반의 변화를 목표로 할 필요가 있다. 교육, 산업, 노동, 과학기술 등의 분야가 이에 관련된다. 어릴 때부터 아이들이 입시 경쟁에 내몰리는 구조는 학교만의 변화로 해결될 수 없다. 국가 제도와 국민 의식 등의 변화가 필요하다. 학교를 넘어 국가 전체의 관점에서 교육개혁 논의가 필요한 것이다. 그래야 일자리 등 삶과 연계되는 교육을 계획할 수가 있다. 국민의 지식역량을 증진하고 국가경쟁력 향상을 선도하는 교육이 될 수 있어야 한다.

학교는 기업, 지역 사회와 더불어 역량 중심의 교육을 할 수 있어야 한다. 그래야 진정한 공교육 혁신이 가능하다. 학교 바깥의 산업계, 비영리단체 등 교육 변화를 지지하는 다양한 영역과의 협업이 필요하다. 학생은 학교에서 배우지만 직업 현장과 사회도 배움의 터이고 또 다른 학교이다. 지금까지의 '교육'에 '역량 개발'을 더하여 학교의 역할을 확장할 필요가 있다. 예컨대 고등학교와 대학은 외부의 기업 등과 협력하면서 역할을 나눌 필요가 있다. 제대로 된 교육을 위해 교육 분권이 필요한 것이다. 인적자원의 역량 개발과 활용이 구체적으로 연계되어야 한다. 교육과 취업을 연결하는 가장 효과적인 수단이 될 것이다. 해당 부처와 기관 간 관련 정책의 연계가 중요하다.

한 번의 시험으로 과도한 혜택이 주어지는 제도를 개혁하여야 한다. 시험 점수 최상위 인재들은 의사, 법관, 변호사 등의 소수 직역에 몰린다. 바람직하지 않은 현상이다. 교육 혁신을 위해서도 해당 면허 제도의 개혁이 필요하다.

학벌이나 학력에 대한 사회적인 인식에도 변화가 필요하다. 중요한 것은 삶에 필요한 지식역량과 교양을 갖추는 것이다. 학력은 하나의 형식일 뿐이다. 고학력이 바로 높은 교양과 지식을 의미하지도 않는다. 학벌이나 학력에 의한 차별은 바람직하지 않다. 제도와 관행의 변화가 필요한 부분이다. 교육개혁은 학교만이 아니라 사회 전반과 교육부, 정부 내 타 부처 등의 협조로 이룰 수 있는 것이다.

대학 서열화, 사람 역량의 평가 제도, 입시 제도 등의 변화가 필요하다. 학교의 변화만으로 교육 기회 불균등이나 고학력 실업 문제를 해결할 수는 없다. 교육계와 더불어 산업계, 정부, 국민이 함께 참여하고 같이 변화할 수 있어야 한다. 이는 인적자원 역량의 개발과 활용에 관련된 기관들의 긴밀한 협의와 협업이 필요함을 의미한다. 범정부 차원에서 인적자원 역량의 개발과 활용에 관한 주요 사항을 논의하고 결정할 필요가 있다. 정부와 국회, 국민이 함께 참여하는 교육개혁 주도 조직을 만들고 운영해야 한다.

# 2. 직업교육 강화

## ◉ 해외의 중등학교 직업교육

스위스의 경우, 12세부터 실무형 직무교육을 받기 시작한다. 청소년들은 10대부터 이론과 실습을 결합하여 기술을 배우고 진로를 결정한다. 스위스 정부의 장관 50%는 이러한 직무교육을 받은 사람들로 구성되어 있다. 스웨덴에서는 고등학생의 직업교육에 많은 신경을 쓴다. 인문계에 비하여 직업교육에는 학생 1인당 정부 교육비를 50% 이상 더 지출한다. 스웨덴의 고등학생들은 충실한 직업교육을 받는 것이다. 특히 대학 입시에는 직장 경험이 있는 사람이 유리하다. 고등학교 졸업 후 바로 대학에 가는 경우보다 직장 생활을 거쳐 대학에 가는 사람들이 더 많다. 대학생 중 24세 이하의 비율은 50%가 되지 않는다.[111]

미국 고등학교의 교육 목적은 완전한 성인에 이르는 기반을 제공하는 것이다. 초등학교와 중학교의 교육 과정은 결국 고등학교 교육을 위한 단계로 볼 수가 있다. 미국 고교생들은 대학에 갈 것인가, 직업을 가질 것인가를 결정하고 필요한 수업을 선택하여 공부한다. 고등학교는 대학에 가는 과정으로서가 아니라 성인을 위한 교육의 무대이다. 고등학교에서는 보통 대학 진학을 위한 교육 외에 직업인을 양성하는 각종 커리큘럼을 제공한다. 미국 고교에서는 직업 과목을 한 단위(120시간 정도) 이상 취득한 학생이 전체의 90% 이상, 3단위 이상 취득 학생이 전체의 44.5%이다. 미국 고등학생들은 평균적으로 사회, 수학, 과학 과목보다 직업 과목 이수에 더 많은 신경을 쓰고 있다.[112]

## ⊙ 독일의 이원제 직업교육

독일의 22세 이하 청년 약 75%는 3년 또는 3년 반이 걸리는 '3+2 체제'의 도제식 직업훈련을 받는다.[3] 이원제 직업교육이다. 학생은 주 5일 중 3일을 기업에서 훈련을 받고 나머지 2일은 학교 수업을 받는다. 직업 현장에서 실천적 능력이나 전문적 능력을 배우고 익히는 것이다. '전문적 역량은 실습을 통해서만 완성된다.'는 독일적 사고가 반영된 결과라고 한다.

주 3일 훈련 내용에 관한 '훈련표준'은 산업계 주도로 개발하고 법령으로 공포된다. 다양한 독일 산업계 관계자와 중앙 및 지방 관련 부처 담당관이 그 개발에 참여한다. 2017년 현재 330개의 직업 표준이 설정되어 있다. 훈련표준 개발과정에는 직업학교 교사와 상공회의소가 함께 참여한다. 학교에서 가르칠 내용을 조정하기도 한다. 한편 직업학교 교사는 학교의 교육 과정을 개발하고 그 내용을 결정한다. 직업에 필요한 공통적 지식과 전문 분야에 대한 이론이 주요 내용이다. 산업계는 현장 훈련에 대한 표준과 내용을, 학교 교사는 학

---

3) 한국이나 독일은 고등학교가 크게 인문계, 취업계 고등학교로 나누어져 있다. 독일에서 이러한 구분은 차별적인 것이 아니다. 대학을 졸업하여 변호사가 되어도 일반인들과 급여 차이가 거의 없다. 장인(Meister)이 되면 대학을 나오지 않더라도 특정분야의 창업, 직업학교 교사 등의 자격을 얻는 등 사회적 인정을 받는다.

교 교육의 표준과 내용을 각각 개발한다. 전체의 교육 내용은 결과적으로 서로의 전문성을 결합한 것이 되는 것이다. 현장과 학교의 서로 다른 2개의 훈련 표준은 전국적인 교육 훈련을 전달·감독·모니터링하는 지침이 된다. 각 훈련 표준의 내용은 독일직업훈련연구소(BIBB) 홈페이지에 공시한다.

훈련과정에 참여하는 학생은 스스로 해당 기업에 지원해야 한다. 이때 노동청이 학생들의 기업체 선정을 도와준다. 특별히 정해진 자격요건은 없으나 기업은 지원자 선택 시에 학교 성적 등을 고려한다. 예를 들면 상업 분야는 최소한 중학교 졸업을 요구한다.

기업 현장에서는 직업교육 교사나 교육학을 이수한 마이스터(Meister)가 교육생을 가르친다. 교육생은 이들로부터 허드렛일부터 시작하여 차츰 전문적인 기술이나 지식을 배워나간다. 직업학교에서 청소년들은 전공 수업 외에도 수학, 경영학, 독일어나 사회학 같은 일반 과목을 수강한다. 3년 또는 3년 반의 학교 과정이지만 인턴십 경험이나 직업 경력이 있으면 기간을 단축할 수 있다.

## ◉직업교육 관련 제도

직업교육은 전 독일에서 직업교육법, 청소년노동보호법 등의 적용을 받는다. 각 법은 교육 품질 확보를 위해 교육 기간, 내용, 과정 편성과 졸업 시험 등에 대해 규정하고 있다. 청소년은 시간 초과 작업이나 사고, 건강, 윤리적인 위험으로부터 보호받는다. 교육 시작 전에 서면으로 직업교육 계약을 맺으며 미성년자는 학부모의 서명이 필요하다. 교육 기간 중 실습생들은 보험(건강, 간호, 연금, 실업, 사고)에 가입된다. 보수는 임금률에 따라 월당 약 205~920유로로 규정되어 있으며, 직업에 따라 금액이 달라진다. 학습자료, 식사, 작업복, 교통비 등의 비용은 학생이 부담한다. 어떤 기업은 이런 비용을 위해 보조금을 지원한다.[113]

독일 직업교육은 중세 길드의 전통에서 비롯되었다. 기업이 현장 기술인력을 직접 양성하는 전통이다. 직업교육 시스템에서 기업의 역할은 매우 크다. 독일 기업의 절반 정도가 자체적으로 실습생을 교육하며, 대기업은 실습장 등 직업교육센터를 갖추고 있다. 정부는 실습생을 많이 뽑는 기업에 예산을 지원한다. 가능한 한 다수 기업이 실습제도를 운영하도록 독려하는 것이다.

현재 다수 국가가 독일식 직업교육을 도입했거나 도입을 준비하고 있다. 일본은 20세기 초에 나가사키 조선소, 국철, 미쓰이 광산, 야와타 제철소, 히타치 제작소, 오사다 광산, 야수다 재벌, 미쓰이 은행 등이 초등학교 또는 중학교 졸업자를 대상으로 견습생 제도를 도입한 바 있다.[114] 현재 일본 전문대 이상의 학교가 인턴십을 교과목으로 인정하는 비율은 전체의 40~70%에 이른다.


## ⊙ 미국과 캐나다 대학의 직업교육


앞서 보았듯이 미국의 고등학교는 학생들에게 직업인 양성에 필요한 다양한 커리큘럼을 제공한다. 또한 대학은 인턴십 또는 코업(Co-op)[4]을 통해 학생들이 현장 실습을 하고 실무를 경험하도록 여러 지원을 한다. 인턴십은 학생들이 주로 여름방학 기간에 체험하는 자발적인 직장 경험이다. 전공과 무관하게 체험할 수 있으며 무급인 경우도 있다. 대학은 이들 대부분을 학과목으로 인정하고 학점을 부여한다.

미국의 공공기관이나 기업은 학생들에게 다양한 인턴 기회를 제공하는 프로그램을 운영한다. 예컨대 미국 국무부는 학생들이 외교에 대해 경험하도록 인턴의 기회를 제공하고 있다. 의회에서는 의원 사무실 또는 위원회나 기타 조직에서 인턴을 고용한다.

GE 계열의 한 보험회사는 학생들이 이론과 실습을 병행하여 배울 수 있는 인턴 제도를 운영한다. 4학년이 아닌 대학생이 대상이다. 선발 기준은 GE가 강조하는 리더십과 팀워크, 성취능력과 자신감, 변화에 대한 적응력, 분석적이며 적극적인 자질 등이다. 인턴에게는 명확한 업무기술서와 더불어 전문적인 과제가 부여된다. 직무와 대인관계 역량을 향상하는 기회를 제공하는 것이다. 회사는 인턴사원 1인당 한 명의 멘토를 임명하여 조직문화 적응을 돕는다. CEO를 비롯한 관리자들과 교류하고 다른 인턴사원과 네트워크를 형성할 기회를 제공한다.

IBM은 학생들에게 업무 경험의 기회를 제공하고 기업문화와 업무 스타일을 알릴 목적으로 인턴 제도를 활용한다. 회사는 이곳에 투자를 아끼지 않으며 회사가 아닌 학생들을 위한 제도가 되도록 애쓰고

---

4) Co-operative education assignment의 약칭이다. 기업 또는 공공기관이 청년들에게 제공하는 현장실습 과정을 말한다.

있다. 업무 경험과 더불어 사교의 장이 되도록 지원한다. 주요 시설을 안내하고 지역사회 봉사에 참여할 기회도 제공한다. 인턴은 보수와 복지 혜택 등에서 정규직 직원과 동일한 처우를 받는다.

코업(Co-op)이라 불리는 미국 대학의 현장실습 과정은 주로 공과대학 학부 과정에서 활용한다. 전공에 관련되는 기업 프로젝트에 참여하여 급료도 받고, 학점도 취득한다. 보통 1년 이내의 기간에 학업과 일에 번갈아 가면서 종사한다. 예컨대 퍼시픽대학에서는 총 129학점 중 코업 프로그램으로 50학점을 취득하여야 한다. 최소한 두 학기 이상 기업 현장 교육을 통해 실무를 경험하는 것이다. 미국 학생들은 보통 코업 과정이 있는 대학을 선호한다. 현장실습을 통해 이론을 이해하고 엔지니어들과 함께 문제 해결 역량을 배양할 수 있기 때문이다. 학교를 졸업하고 바로 취업하거나 진로를 설정하는 데 도움이 된다. 급료를 받아 학비에 보탤 수도 있다. 기업과 학생 모두에게 도움이 되는 프로그램으로 인식되고 있다.

인턴이나 현장실습에 해당하지 않는 산학협동 프로그램도 있다. 학생이 지도교수와 기업 관계자가 공동으로 진행하는 연구개발 과제에 참여하는 것이다. 직장에서 발생할 수 있는 문제 해결 과정을 미리 경험할 수 있다. 회사 담당자는 1주일에 1회 정도 학생들과 회의하고 연구 방향을 제시한다. 대학은 기업체와 협약하여 맞춤형 과정을 개설하고 운영하기도 한다.

캐나다는 1970년대 이후 현장실습 모델을 만들어 활발하게 진행하고 있다. 정부가 교육과 노동시장 차이를 줄이기 위해 적극적으로 다리 역할을 하는 것이다. 공대뿐만 아니라 모든 전공에서 코업 프로그램이 활성화되고 있다. 사회과학이나 인문학의 경우에도 직업훈련과 더불어 기업과 연계된 현장 교육을 진행한다. 워털루대학은 4~5년의 대학 생활 동안 2년 정도의 현장 실무를 경험한다. 그것은 졸업의 전제조건이다. 4개월 수업하고 4개월은 근무하는 식이다. 모든 과정은 정규 교과과정의 일부로 구성된다. 대학은 이 프로그램 진행을 위해 기업 등 외부의 6,300개 기관과 협력하고 있다. 동 프로그램은 캐나다의 100개 이상 대학에 전파되었다.

각국 대학의 내외부에는 인턴이나 현장실습 과정을 원활하게 운영하기 위한 조직이 존재한다. 캐나다 워털루대는 학내에 산학협동교육센터(CECS, Co-operative Education Career Services)를 두어 기업과 학생 간 행정 문제의 창구가 되고 학생의 커리어 관리도 지원한다. 미국에는 NACE(National Association of College and Employers)라는 인턴십 지원 및 중개 기구가 있다. 대학과 기업의 인턴십 프로그램을 지원하는 역할을 한다. 약 2,000개 대학의 8,100여 취업 지원 담당자, 3,100여 명의 기업 채용 담당자가 회원이다. 100만 명 이상의 학생들에게 정보를 제공함으로써 인턴십을 효과적으로 활용하도록 지원하고 있다. 기업에는 채용에 필요한 정보를 제공하고 있다. 일본은 학과 교수가 인턴십을 매칭하여 준다. 학교 내의 공식적인 프로세스와 체계적인 관리로 인턴십 운영을 지원하는 것이다.[115]

## ◉ 한국의 직업교육

한국의 특성화고는 직업교육에 특화된 고등학교이다. 대학의 경우 인턴 과정도 있다. 대기업과 중견 기업 간부들이 학교의 교육 과정 설계나 수업 주제 결정에 같이 참여하는 경우도 있다. 기업 인사가 교수와 함께 학생들의 최종 결과물을 평가하기도 한다. 기업이 자유 학기제에 참여 중인 중학생을 대상으로 직업체험이나 진로개발 지원 프로그램을 운영하는 경우도 있다. 건설, 무역, 디자인, 콘텐츠 기획 등 다양한 방면의 임직원들이 학생의 창의성과 문제 해결 능력 향상을 지원하는 멘토링에 참여한다. 하지만 이러한 사례들은 간헐적이다.

한 외국계 기업은 국내 기술계 대학과 협력하여 기술인력 양성 과정을 운영하고 있다. 마이스터고와 자동차 특성화고 재학생을 대상으로 독일식 이원제 직업교육을 하는 것이다. 훈련생은 학교 성적이나 자격증 유무보다는 관련 업무에 대한 관심과 열정, 인성을 기준으로 선발한다. 한 훈련생은 "학교에서는 자격증 위주 교육을 받고 현장에서는 트레이너 등 전문가로부터 기술과 이론을 체계적으로 생생하게 배운다."고 소감을 밝혔다. 주관기관인 한독상공회의소는 "트레이너와 마스터 트레이너를 체계적으로 양성하는 것이 중요하다. 일정한 자격 조건을 갖춘 후 독일 전문가들의 교육을 포함한 트레이닝 과정을 거쳐야 한다."고 하였다.[116]

앞서 보았듯 전체 고교생 중 실업계 비율이 OECD 국가는 평균 49.1%인데 비하여 한국은 16.7%였다. 우리가 선진국으로 부르는 국가의 상당수가 중등교육의 중심을 직업교육에 두고 있다. 직업교육을 매우 중요하게 여기며 관련 과정 운영에 충실하다. 입시 위주 교육의 인문계고가 중심인 한국과 대비되는 현상이다. 한국 인문계고에는 직업을 위한 교과과정이 거의 없다. 특성화고 등이 있지만, 그 비중이나 역할은 미약한 상황이다. 대신 입시에 유리한 외고나 과학고 등 특수 목적고에 입학하기 위한 경쟁이 치열하다.

한국의 중등교육은 입시를 먼저 생각한다. 반면 외국에서는 직업을 먼저 생각하고 그에 따라 대학에 간다고 할 수 있다. 많은 국가가 인턴과 실습생의 법적 지위, 학점 인정, 관련 프로그램 등을 제도화하고 있다. 이러한 프로그램들이 학교와 현장의 일자리 미스매치를 해소하는 역할을 한다. 이들 국가의 청년실업률은 매우 낮은 수준에 있다. 하지만 한국에는 이러한 역할을 하는 프로그램이 거의 없다. 현장실습 등이 제도화되지 않은 상태에서 학교와 기업이 단편적인 협업을 하는 수준이다.

## ◉외국 학교 교육의 시사점

미국, 캐나다, 독일, 북유럽 국가 등의 고등학교나 대학에서는 기업이 참여하는 직업교육이나 현장실습 교육이 활발하다. 이를 통해 청년들은 진로 결정에 도움을 받고 실제 업무에 필요한 역량을 학습한다. 학교는 학생의 원활한 취업을 지원할 수 있다. 기업은 자신을 홍보하면서 필요한 인력도 구하는 효과를 얻는다. 하지만 한국에는 학교와 기업이 연계된 현장실습 등의 제도화된 과정이 거의 없다.

외국의 인턴 과정이나 현장실습은 학교와 일자리 현장 간의 갭을 줄이는 등 취업에 긍정적으로 작용한다. 산학연계 교육을 위한 학교와 기업, 공공부문 간의 협의와 협업이 활발하다. 관련 교육에 관한 내용이 법 규정 등으로 대부분 제도화되어 있다. 이들의 직업교육이나 현장실습은 모든 고등학교나 대학에서 일반화된 과정으로 운영된다. 예컨대 독일에서는 실업계뿐만 아니라 일반계고 졸업자 상당수가 대학에 가기 전에 직업교육을 받거나 취업한다. 미국의 다수 고등학생은 직업 관련 과목들을 자유롭게 선택하여 수강한다. 여러 나라에서 대학생들이 인턴이나 현장실습을 통해 실무 역량을 키우는 모습을 볼 수 있다.

이들 대학의 인턴 프로그램이나 현장실습 과정은 학생 중심으로 운영된다. 예컨대 한국의 인턴은 주로 4학년 1학기 학생이 대상이지만 외국은 4학년을 제외한 학생을 대상으로 한다. 그들은 보통 고교 졸업자나 외국인 학생도 대상에 포함한다. 인턴 프로그램 운영의 초점이 기업이 아닌 학생에 있다. 또한 학교와 기업이 긴밀히 연계하여 프로그램을 운영한다. 인적 특성을 고려한 상담, 개인별 멘토의 지원 등은 학생 중심 인턴십의 예들이다.

외국 대학은 보통 학내에 인턴이나 현장실습 과정을 원활하게 운영하는 데 필요한 조직을 둔다. 학생들에게 인턴십 할 기업을 매칭해 주고 인턴 근무를 안내하는 등의 역할을 한다. 하지만 한국의 대학 내외부에는 이 같은 역할을 하는 조직을 발견하기 어렵다. 대학이 공식적인 역할을 하는 대신 학생 스스로 인턴 할 기업을 찾아야 한다. 학생의 부모가 개입할 여지가 생긴다. 자신의 직장 등을 인턴 기업으로 소개하는 등 영향력 발휘의 소지가 있는 것이다.

외국 청소년들은 대개 중등학교 과정에서 미래 진로를 결정하고 있다. 고교 졸업에 앞서 그들은 이미 다양한 진로 중에서 선택한다. 한국 청년들이 한 줄 세우기 입시를 앞두고 있다면 이들은 훨씬 다양한 진로의 출발선에 있다. 다양한 직업과 전공으로 진로가 차별화된다. 한 줄 세우기 압박에서 상대적으로 자유롭다. 타인과 경쟁하기보다는 자신의 직업이나 전공의 적절성을 스스로 점검하는 것이 더 중요하다. 입시가 타인과의 점수 경쟁이 아니라 자신의 진공과 역량을 스스로 검증하는 과정이 되는 것이다. 전공에 따른 영역이 다양하고 평가의 잣대도 다양하다. 공정성 시비가 일어날 일이 별로 없는 것이다.

외국에서는 고등학교를 성인이 되기 전의 마지막 교육 단계로 여기는 경향이 있다. 물론 고교를 졸업하고 바로 대학에 진학하기도 한다. 평균적으로 약 1/3의 학생이 이에 해당한다. 하지만 이들의 대학 진학은 선택적이다. 한국의 대학이 마치 성인이 되는 하나의 과정처럼 되어 있는 점과 다르다. 결과적으로 한국 청년은 외국 청년에 비해 사회 진출이 늦어진다.

현장실습 관련 파트너십은 '지역 대학-학생-기업체'가 연계되는 구조이다. 기업은 능력이 확인된 학생을 고용함으로써 비용을 절감하고 양질의 노동력을 확보한다. 학교는 학생의 현장 기술 접근으로 전체적인 학업 수준을 높일 수가 있다. 학생은 이론을 응용하는 현장에서 직업을 체험하고 보수도 받는다. 지방 정부는 고용 창출을 통해 지역경제의 번영을 추구하는 효과를 누릴 수 있다.

## ⊙ 직업 현장 교육의 필요

인성 교육은 중요하다. 동시에 직업이나 소득 획득에 필요한 교육도 중요하다. 그러한 점에서 청소년기에 관련 경험을 하고 학습하는 것은 매우 의미가 크다. 소득이 발생하거나 직업에 관련된 일을 경험할 필요가 있는 것이다. 직업 현장을 직접 접하는 것은 경제와 삶을 이해하는 데 큰 도움이 될 것이다. 세계적인 투자 전문가 짐 로저스는 "나는 내 딸들에게도 일해서 돈을 모으고 키우는 방법을 가르쳐주고 싶다. 근로와 저축으로 소득을 얻는 것이 얼마나 가치 있는 것인지 10대 시절에 배워야 한다는 것이 내 생각이다."[17]라고 말했다. 특히 관심 있는 직업이나 관련 현장을 경험하거나 실습하는 것은 중요하다. 직접 느끼고 미래를 결정하는 데 도움이 될 것이기 때문이다.

4차 산업혁명으로 일자리와 직종이 통째로 증발하는 사태가 올수도 있다. 물론 한국의 교육도 이에 대비하여야 한다. 학교의 교육과정에는 취업이나 직업을 위한 역량 획득이 중요한 요소로 포함되어야 한다. 특히 현장 실습이나 인턴 등 직업 현장에서의 학습이 필요하다.

교육은 교사나 교수의 수준을 넘을 수 없다. 직업교육도 마찬가지이다. 미국과 독일 등의 학교는 현장과 유기적으로 협력하여 현장 실무와 직업에 적합하도록 교과과정을 구성하고 진행한다. 국내 한 대학 총장은 "학교 교육만이 유일한 교육이라는 신념은 개방화와 국제화 시대에 바람직하지 않다. 통신기술 발달로 '캠퍼스 없는 학교'가 가능한 만큼 교육에 대한 인식도 바뀌어야 한다."고 말한다. 필요한 것을 가장 잘 학습할 수 있는 곳에서 배우도록 하는 것이 학교의 역할이다.

## ⊙학교와 기업이 함께 하는 교육

기업은 직원과 같이 사업을 운영한다. 직원의 역량이 사업의 성과를 결정하는 것이다. 학교가 그러한 역량을 지닌 졸업생을 배출하기를 바란다. 그러한 점에서 기업에 필요한 역할이 있다. 청년이 일과 회사를 경험할 기회를 제공하는 역할이다. 외국 기업들이 학생들의 인턴이나 실습 교육에 적극적인 것도 이러한 것에 관련된다. 학생들은 실습을 통해 기업에 필요한 실무 역량과 태도 등을 미리 느끼고 배울 수가 있다. 학교 졸업 후에 갖게 될 직업이나 사회생활을 먼저 경험하는 것이다.

기업이나 공공기관은 교육과 관련하여 중요한 역할을 할 수 있다. 학교와 함께 아이들을 가르치는 것이다. 지금까지는 '학교'에서만 아이들을 교육하고 졸업장을 주어 왔다. 이제 기업과 공공부문도 이들에게 현장실습 기회를 부여하는 등 교육에서 필요한 역할을 할 필요가 있다. 사실 기업과 공공부문은 모든 사람의 일터이다. 그곳에서 무슨 일을 어떻게 하는지 배울 수 있다면 진로 결정에 큰 도움이 될 것이다.

융합 교육에 필요한 교사와 커리큘럼은 부족하고 계획한 프로그램조차 시행하기 어렵다. 학교가 진행하기 어려운 과정은 외부 기관과 협업으로 해결할 필요가 있다. 학교는 적극적으로 기업 등과 필요한 협업을 하여야 한다. 교육 협업과 수업 나누기를 통해 학력과 필요역량 간의 괴리를 좁힐 수 있다. 필요한 제도를 만드는 데 정부와 국회 등의 협업이 필요할 것이다.

# 3. 입시와 학교의 개혁

　입시 중심의 교육에서 벗어나야 한다. 한국의 고등학교는 명문대학에 몇 명을 입학시켰느냐에 따라 평가된다. 다수 학생은 입시 중심 교육에서 소외되고 있다. 성인으로서 사회생활을 앞둔 이들이 직업 현장이나 사회를 배울 기회는 거의 없다. OECD 국가의 학교 교육이 대개 시민으로서의 교양 획득과 직업 준비가 중심이라면 한국 교육은 입시에 초점을 맞춘다.

　입시가 공정하지 못하다고 비판한다. 입학생 선발 기준이 사교육 등을 활용한 학생에게 유리하게 작동한다. 시험 점수와 학생부라는 기준으로는 지원자의 다양한 적성과 역량을 평가하지 못한다. 전공 공부에 필요한 역량을 제대로 검토하지 못하는 것이다. 입시 제도의 과감한 개혁이 필요하다. 과감하지 않으면 현재 교육의 여러 문제에서 벗어날 수 없다. 학생의 적성과 진로를 중요하게 고려하고 평가하는 입시가 되어야 한다. 부모 역량과 관계없이 공정하게 경쟁하는 입시이어야 한다. 입시 제도만이 아니라 교육 전반의 획기적인 변화가 필요하다.

　물론 먼저 해결해야 할 몇 가지 문제들이 있다. 대다수 청소년이 입시에 필요한 공부를 한다. 많은 문제가 이로부터 파생된다. 누구나 자신의 학업과 삶에 필요한 공부를 선택할 수 있어야 한다. 물론 고졸과 대졸을 부당하게 차별하는 제도와 관행 등의 개선이 필요하다. 입시의 결과로 상위 소수에게 특권적 지위를 부여하는 제도와 서열화된 대학의 문제도 바뀌어야 한다. 그 전이라도 고학력 실업,

불공정한 입시 경쟁 등의 문제를 방치할 수는 없다. 문제 해결을 위한 발상의 전환이 필요하다. 제로베이스에서 현상과 문제를 다시 판단하고 새로운 방안을 찾을 필요가 있다.

## ⊙입시 개혁

새로운 입시 제도는 암기 위주의 공부, 금수저 논란 등의 문제를 극복할 수 있어야 한다. 학생부와 수능 중 무엇을 더 중요하게 반영할 것인가의 차원을 넘어서야 하는 것이다. 원론적으로 본다면 입시는 왜 그것을 공부하고 진학하려는 지에 대한 자기 점검의 과정일 필요가 있다. 적성이나 역량에 대비하여 진로나 학업의 적정성을 평가하는 입시가 되어야 한다. 단순히 수능점수에 따라 대학과 학과를 배치하는 관행은 곤란하다. 부모 재력의 영향을 최소화하여야 한다. 시험 점수라는 획일적인 기준보다는 적성과 전공에 따른 다양한 역량을 평가할 수 있어야 한다.

특히 새로운 입시 제도는 일자리 미스매치, 고학력 실업 등의 문제 해결에 기여할 필요가 있다. 이러한 관점에서 직업 경력이나 실습 등의 경험을 응시의 조건으로 하는 입시 제도를 검토하여야 한다. 적어도 국공립 대학은 2년 정도의 직업 경력이나 실습 등을 응시 자격으로 하는 것이다. 암기 위주의 공부, 금수저 논란 등의 문제를 극복할 수가 있다. 응시자 진로와 학업의 적합성 등을 평가함으로써 고학력 실업 감소에 도움이 될 것이다.

응시자는 현장 경험을 통해 학업과 공부할 내용에 분명한 생각을 가질 수 있다. 공부의 필요와 전공의 적합성을 평가하고 검토하는 입시가 될 필요가 있다. 학교가 아닌 사회생활을 통해서도 중요한 역량을 획득한다. 큰 비용이 투입되는 사교육이나 학교 활동만이 중요한 것은 아니다. 직업 현장실습, 직장 경력 등을 중요하게 평가할 의미가 있는 것이다.

수능은 대학 공부에 필요한 최소한의 능력을 점검하는 정도로 활용하면 좋을 것이다. 학교생활기록부에는 직업 실습과 직장 경험 등에 관한 내용을 상세히 기재할 수 있어야 한다. 예컨대 대학은 지원자에게 수능 성적표, 학생부와 더불어 실습 증명서, 소득 증명원, 직장 경력 증명서 등을 요구한다. 수험생은 직업 경험을 통해 나름대로 느끼고 시행착오 등으로 특정 역량을 축적했을 수 있다. 그러한 것들을 인터뷰, 구술, 팀 활동, 과제 수행 등을 통해 표출하도록 하고 평가할 필요가 있다. 더불어 학업과 진로 등에 관해 서술한 '학업 계획서'를 제출받는다. 대학은 학업 계획서를 놓고 수험생과 같이 그 적정성을 검토하는 방식의 입시가 될 수 있다. 대학은 높은 학습효과가 기대되는 학생 중심으로 입학생을 선발할 수 있을 것이다.

## ◉ 수험생의 대학 선택권 확대

대학은 자신만의 차별화된 기준과 도구로 학생을 평가하고 선발할 수 있어야 한다. 입시에는 수험생마다 학교생활기록부와 수능 성적표가 첨부된다. 하지만 그것은 참고하는 데 필요한 서류이어야 한다. 수험생을 제치고 참고 자료가 수험생 평가를 대신해서는 안 될 것이다. 대학은 입학생을 받아 교육하고 그 역량을 개발하는 곳이다. 공부에 필요한 역량을 지녔는지 평가하는 것이 중요하다. 역량 향상의 잠재력을 지녔는지 다면적으로 평가할 필요가 있다.

수험생 입장에서 입시는 공부할 대학과 전공을 선택하는 하나의 중요한 과정이다. 시험성적이라는 하나의 기준이 아닌 자신의 다양한 역량을 평가받는 기회가 될 수 있어야 한다. 특히 중요한 것은 대학이 수험생을 평가하듯 수험생도 대학을 평가하고 선택할 수 있어야 한다는 점이다. 수험생이 서열화된 대학과 전공에 자신의 점수를 맞추는 방식에 변화가 필요하다. 수험생에게 보다 다양한 선택의 여지가 있어야 한다. 대학은 전공별로 입학과 진로에 관련된 상세한 정보를 사전에 공지할 필요가 있다. 전공별 수업, 졸업생 취업과 진로 등에 관련된 정보를 제공할 수 있어야 한다. 입학 심사의 주요 기준, 입학 후 학습할 주요 내용, 예상 진로와 직업 등에 관한 정보도 필요하다.

다양한 대학과 전공이 존재하여야 한다. 대학은 많지만 실제 교육 프로그램과 전공 과정의 차별성은 부족해 보인다. 수능점수에 따른 배치표 외에 대학에 관한 정보들이 필요하다. 대학별, 전공별 취업 경향이나 졸업 후 진로에 관련된 다양한 정보가 제공될 필요가 있다. 수험생이 공부할 대학을 충분히 고를 수 있을 정도의 정보가 있어야 한다. 대학별 교육 프로그램의 차별화가 진전되어야 한다. 서열화된 대학이 아니라 교육 프로그램과 성과로서 경쟁하는 대학이 필요하다.

## ◉ 공정한 입시를 위한 대안

대학은 스스로 최대한 공정하게 학생을 평가하고 선발할 것이다. 그것은 대학의 의무이자 권리이다. 학생부, 각종 수상기록, 증명서 등 서류를 통한 평가는 불가피한 면이 있다. 해당 기록이나 증명서 발급은 최대한 공정하고 객관적인 평가에 의하여야 할 것이다. 하지만 학생에게 유리하게 기술되고 작성된 부분이 있을 수 있다. 물론 기록의 진실성은 일차적으로 기록하는 자의 책임이다. 하지만 그 진실성을 객관적으로 확인하고 평가하는 것은 대학의 몫이다. 이를 소홀히 한다면 의무와 책임을 다하지 못하는 것이다.

대학의 학생과 부모는 대학교육의 소비자로서 입시 평가 공정성의 직접적인 이해관계자이다. 수험생 평가와 입시 관리가 공정하지 못한 대학은 소비자로부터 외면받을 수 있다. 정부는 이러한 점을 감안하여 대학별 평가에 입시 공정성 요소를 포함하고 예산 지원 등에 반영할 필요가 있다. 입시 부정 등의 사건들이 계속되고 있다. 수험생의 부정은 나쁘다. 하지만 평가의 주체인 대학의 평가 의무 소홀이나 부정은 훨씬 더 문제가 많다.

입시에 직업 경험이나 경력 등을 우대하는 것은 입시 불공정의 문제를 근원적으로 해결할 수 있다는 점에서도 중요하다. 금수저와 흙수저가 대물림되는 현상을 완화할 수 있는 것이다. 부모 재력이 영향을 미칠 소지를 줄일 수가 있다. 현장실습이나 직업 경력에는 사교육비가 필요하지 않다. 오히려 소득을 획득하는 등 소중한 경험을 한다. 비용 지출이 아닌 소득 획득 경험을 긍정적으로 평가하는 것은 당연한 일이다.

현재의 입시에서는 고등학교와 대학 등 학교만이 수험생을 평가하는 위치에 있다. 시험성적 위주의 평가 때문이다. 하지만 현장실습이나 직장 경력 등은 기업 등의 현장에서 이루어진다. 입시에 현장실습이나 직장 경력 등이 반영된다면 기업 등이 직간접으로 입시에 평가 주체로 참여하게 된다. 학교와 교육계에 집중된 교육과 학생 평가에 대한 권한이 분산되는 결과가 되는 것이다. 기업이나 공공기관이 직간접으로 수험생 평가에 참여함으로써 입시 공정성을 높이는 결과가 될 수 있을 것이다.

## ◉직업교육의 보강

한국에는 4년제 대학과 2년제 전문대학이 있다. 고등학교는 특수목적고, 일반 인문계고, 특성화고로 나누어져 있다. 이들은 각각의 목적을 지닌 학교 유형으로서 의미가 있다. 하지만 학벌과 고학력이 선호되는 여건에서 직업교육이 설 자리는 좁다. 인문계고에서는 직업교육 관련 과정이 거의 없다. 4년제 대학의 경우에도 현장 실습이나 인턴십 등 직업을 위한 교육은 체계화되어 있지 않다.

모든 학생에게 직업을 탐색하고 현장을 느끼는 데 도움이 될 학습 기회를 제공할 필요가 있다. 그러한 점에서 교육 과정을 크게 학교 교육과 직업 현장에서의 학습으로 나누어 구성하는 방안을 생각할 수 있다. 학교는 명제지와 명시지 성격의 이론과 지식을 전수한다. 방법지와 암묵지는 기업 등의 현장에서 학습하고 새롭게 획득한다. 학교와 직업 현장이 밀접히 연계되고 상호보완적 역할을 할 필요가 있다.

예컨대 고교와 대학을 각각 2+1, 3+1 체제로 운영하는 방안을 검토할 필요가 있다. 2년 또는 3년은 학교에서 공부하고, 1년은 직업 현장에서 일하고 교육을 받는 것이다. 고등학교는 인문계, 실업계 구분 없이 2+1 교과과정의 체제를 운영하도록 한다. 청년이 직업 현장을 체험하고 필요한 역량을 개발하는 데 산업계가 참여하는 모델이다. 외국의 교과과정에서 보이는 현상 교육이나 인턴 등의 방식을 반영한 것이다. 이러한 방식은 한국 교육의 여러 문제를 혁신하는 중요한 수단이 될 것이다. 현장과 괴리된 교육, 금수저 논쟁 등을 극복하는 데 유용할 것으로 보인다.

문제 해결에는 혁신적인 방안이 필요하다. 사실 OECD 국가의 교과과정이나 직업교육과 비교하면 특이한 것은 아니다. 학교와 기업이 함께 교육을 이끌 필요가 있다. 직업 현장의 교사를 어떻게 양성할 것인가를 결정하여야 한다. 예컨대 독일 마이스터는 사업체를 운영하는 경영자이면서 직업학교의 교사로도 일한다. 창업에 필요한 지식은 물론 제자를 가르치는 데 필요한 교육학도 배운다. 교육의 변화는 교사의 변화로부터 올 것이다.


## ⊙ 학교 개혁의 방향


앞으로 지식전달은 상당 부분 무크(MOOC)나 인공지능 등에 의해 대체될 가능성이 있다. 하지만 학업 방법과 진도 관리 등에서는 여전히 교사의 적절한 역할이 필요하다. 진로 등의 상담과 사회화 교육은 로봇으로 대체하기 어려울 것이다.[118] 더불어 고교 교육의 목적과 교육 방향을 새롭게 정립할 필요가 있다. 15~20세 청년 다수를 입시 준비에 내모는 것이 바람직한지 묻고 논의하여야 한다. 고교 유형에 관계없이 직업교육 등 진로 설계의 기회를 풍부하게 제공해야 하는 것이다.

교육부와 학교는 '교육'을 독점하는 데서 벗어나야 한다. 대신 지자체와 학교, 기업과 교육부가 함께 교육을 이끌 필요가 있다. 학교는 전인교육의 주체로서 학생의 진로 지도와 상담, 직업에 필요한 이론 등을 교육한다. 지자체는 지역 학생들의 취업을 지원하고 지역 기업에 필요한 인재를 기르는 데 힘을 보태야 한다. 기업은 학생들에게 현장 직무를 경험할 기회를 제공함으로써 교육에 기여한다. 관련 주체들이 함께 교육 프로그램을 설계하고 운영에 참여하는 모습이다.

필요 사항은 법으로 규정하고 제도화할 필요가 있다. 학교와 기업 각각의 교육 프로그램, 각 교사의 자격, 학점 인정 방법, 예산과 지출 등에 관한 내용을 새롭게 정하고 제도화하여야 한다. 누가 무엇을 가르치고 평가하여 어떻게 학점에 반영할 것인지 논의가 필요하다. 필요한 예산을 모으고 각 프로그램 운영자에게 배분하는 방법도 결정하여야 한다. 각국의 관련 사례에서 배우고 우리에게 적합한 틀과 방법을 찾을 일이다.

교육부 등 정부의 태도와 역할이 중요하다. 학력 과잉과 부의 대물림 현상 등의 문제를 해결해야 한다. 현재의 틀을 벗어나는 근본적이고 과감한 개혁이 필요하다. 교육 과정에 직업교육과 인턴, 현장실습 등의 과정을 도입하고 강화할 필요가 있다. 관련 방안을 입안하

기 위해 충분히 조사하고 연구할 수 있어야 한다.[5]

교육이라는 이름으로 금수저와 흙수저가 각각 대물림되어서는 안 될 것이다. 문제는 국가가 이러한 대물림을 오히려 조장하는 제도를 만들고 운영해 왔다는 사실이다. 계층 간 격차를 고착하거나 확대하는 교육에 국가재정을 투입하고 있다. 국가 예산은 그보다 입시 개혁 등으로 격차를 완화하는 곳에 배분할 필요가 있다. 흙수저에 유리한 입시 제도를 운영하는 대학에 집중적인 지원을 할 수도 있을 것이다. 정부와 국회가 같은 뜻을 모으고 바람직한 변화를 이끌 필요가 있다.

---

5) 최근의 대통령 선거에서는 다수 후보자가 '국가교육위원회' 등 근본적이고 장기적인 교육개혁을 위한 국가기구를 대선공약으로 제시하였다.

# 4. 대학 개혁

## ⊙대학 평가

2019년 세계 경제포럼(WEF)에 따르면 한국의 국가경쟁력은 141개 국가 중 13위였다.[6] 또한 스위스 국제경영개발대학원(IMD)의 국가경쟁력 평가에서 한국은 63개국 중 28위였다.[7] 반면 국가경쟁력 평가 요소 중 하나인 대학교육의 사회수요 적합성에서 한국 대학은 55위로 평가되었다. 사회의 수요와 거리가 먼 내용을 교육한다는 점이 지적된 것이다. 한국 대학은 국가경쟁력 순위를 올리기보다는 오히려 낮추는 데 기여하고 있는 셈이다.

한 해외기관(TOPUNIVERSITIES)[119]은 매년 학계 평판, 학생 대비 교수 비율, 교수들의 논문 인용률 등으로 세계의 대학을 평가한 순위를 발표한다. 이에 따르면 2020년 세계 100위 이내 대학에 한국은 서울대학교 37위 등 모두 5개 대학이 포함되었다. 30위 이내의 대학을 가장 많이 보유한 나라는 미국이었고 다음은 영국이었다. 스위스, 싱가포르, 중국, 일본, 홍콩, 호주, 캐나다가 30위 안의 대학을 1개 이

---

[6] 세계 경제포럼(WEF)은 각국의 경제 여건을 제도와 인프라 등의 기본 환경, 보건과 기술로 측정하는 인적자원, 생산물과 노동 등의 시장 원활성, 기업 혁신의 생태계 등 4대 분야로 나누어 측정하고 종합하여 국가경쟁력을 평가했다. (기획재정부, 「2019년 세계 경제포럼(WEF) 국가경쟁력 평가 결과」, 2019.)

[7] 국제경영개발원(IMD)은 각국의 경제 관련 지표를 무역과 고용 등의 경제 성과, 재정과 규제 등의 정부 효율성, 생산성과 경영활동 등 기업 효율성, 기술과 교육 등 인프라의 4부문으로 나누어 평가하고 국가경쟁력 정도를 산출했다. (기획재정부, 「2019년 IMD 국가경쟁력 평가 결과」, 2019.)

상 보유하였다.

대학의 질적 수준 평가에 관련된 한 연구[120]는 한국 대학이 "연구 수준 등에서 세계 최고 수준에 미치지 못한다. 한국의 200여 개 4년제 대학, 150여 전문대학들은 입학 성적순에 따른 수직적 서열화가 심하다. 반면 특성화 등 전공별 차별화는 매우 약하다. 대학들은 주로 시험성적으로 측정하는 인지역량(cognitive skills)만 강조하면서 창의성, 인성, 직업역량 등은 제대로 키우지 못하고 있다."고 평가하고 있다.

## ⊙ 학비와 격차 확대

한국 대학은 한때 '개천에서 용 나는' 곳이었다. 가난한 집 자식도 공부하여 명문대학에 가고 출세할 수 있었다. 대학 진학률도 높지 않았다. 고등학교만 나와도 취업하고 중산층으로 살 수 있었다. 하지만 고교 졸업생의 70~80%가 진학하면서 대학은 누구나 가야 할 곳이 되었다. 특히 사교육이 필요한 입시가 되면서 문제를 악화시켰다. 입시 제도가 한국의 교육을 퇴보시키는 주요 원인이다. 더구나 한국은 유럽과 달리 대학 학비의 대부분을 학생 자신이 부담하는 구조이다.

2018년 기준 한국 25~34세 연령층의 고등교육8) 이수율은 69.6%로 OECD 국가 중 가장 높았다. 또한 한국 국공립대학의 연평균 등

---

8)　전문대학 이상을 의미한다.

록금은 $4,886로 26개 국가 중 8번째, 사립대학은 $8,760로 15개 국가 중 4번째로 높았다.[121] 대학교육비 중 민간 부담 비율은 GDP 대비 1.1%로 OECD 평균 0.5%의 두 배가 넘는 수준이었다. 즉, 한국인은 외국에 비하여 평균 2배 이상에 해당하는 대학 학비를 부담하는 셈이다. 한국인의 대학 졸업률은 세계 최고이다. 학비는 학생 스스로 부담하고 있다. 이러한 구조가 가계의 경제적 격차를 오히려 확대하는 역할을 한다. 부의 격차에 불구하고 동일한 학비를 부담해야 하기 때문이다.

## ⊙ 공급자 우위의 대학

맥도날드 창업자 레이 크록은 대학에 대하여 비판한 바 있다.

> "대학에는 교양과목에 많은 시간을 할애하면서 밥벌이하는 일은 배우지 않는 젊은이들로 가득하다. 대학 졸업자는 너무 많고 정육점 주인은 너무 적다. 그렇다고 내가 지식인들에게 반감이 있는 것은 전혀 아니다. '가짜'지식인에게 반감이 있을 뿐이다."[122]

한국의 대학은 국민으로부터 오랫동안 많은 기대와 사랑을 받아왔다. 대학이 수요자에 대해 공급자 우위(seller's market)의 지위를 누려온 배경이다. '대학에 가야 한다'는 높은 교육열은 대학 입학수요가 되었다. 대학의 교육 여건이나 교육 품질에 관계없이 대학 신입생은 계속 증가하였다. 대학 서비스의 수요자인 학부모나 학생은 대학 서비스에 대하여 상대적으로 관대했다. 대학은 한국의 높은 교육열이 지향하는 종착점이기도 하였다. 공부의 출발점이 아닌 종착점이 된 것이다. 이것이 많은 문제를 야기하는 주범이다.

입시 경쟁은 어떤 톨게이트를 통과할 것인가의 경쟁이 되었다. 하지만 어떤 톨게이트를 통과할 것인지가 중요한 것이 아니라 어디에서 무슨 일을 할 것인지가 중요하다. 대학 입학에 전 국민이 투입하는 시간과 비용은 단연 세계적 수준이다. 그에 비해 내학교육의 질적 수준과 내용은 기대에 미치지 못하는 면이 있다. 예컨대 고학력 실업이 그 대표적인 현상이다. 사회적 수요와 무관한 내용을 교육한다. 대학이 홈페이지 등을 통해 학과를 소개하는 내용을 보면 대학 간의 차별성을 발견하기 어렵다. 천편일률적인 경우가 많다. 교육 프로그램의 차별성이 부족한 것이다.


## ◉중국인 유학생

학령 인구 감소로 대학 입학 예정자 수는 줄고 있다. 수도권에서 먼 곳의 대학일수록 입학생 수 감소가 대학 운영에 어두운 그림자를 드리운다. 등록금은 오랫동안 동결된 상태이지만 외국인 유학생은 정원 규제의 바깥에 있다. 대학들은 외국인 학생 유치를 통해 재정 문제를 해결하려고 한다. 1999년 3,418명에 불과하던 국내 대학의 외국인 유학생은 2019년 16만165명으로 늘었다. 20년 만에 40배 넘게 증가한 것이다. 이에 따라 유학생 신분의 불법체류자 증가, 교육 수준의 하락 등의 문제가 제기되고 있다.

한 중국인 유학생은 "학부생의 경우 중국에서 중위권 대학에 가기 어려운 학생들이 주로 한국에 온다. 성적이 좋은 학생은 미국이나 유럽으로 유학을 간다. 다음은 일본이다.”라고 말한다. 한 교수는 “외국인 학생의 한국어 실력도 문제지만 기본적 학업능력이 떨어지는 학생이 많다. … 재정 문제로 대학들이 중국인 유학생에게 기대는 현실이다. 정상적이지 않다. 보통 유학생은 귀국한 뒤 자기가 공부한 나라와의 가교 구실을 한다. 하지만 한국에 유학한 중국 학생 상당수는 좋은 감정을 갖지 못한다. 언어와 실력의 문제로 공부가 어렵고, 여러 갈등 상황에 놓인다. 반한 인사들을 만들고 있다.”고 한다.

중국인 학생들에게 ‘한국 대학은 돈 내고 졸업장 사러 가는 곳’이라는 인식이 퍼져 있다고 한다. 유학생 중에는 “우리는 한국 대학의 돈벌이 대상”이라고 불만을 털어놓는 경우들도 있다.[123] 언어 능력 검증도 없이 유학생을 받는 잘못된 정책, 대학들의 부실한 교육관이 문제이다. 외국인 학생을 교육할 체계도 부족한 상태에서 유학 장사를 하고 있다. 유학생 규모를 주요 지표로 삼는 교육부의 대학 정책도 문제이다.


## ⊙대학 변화의 방향


한국 대학의 가장 큰 문제는 진로나 직업과 연결되는 교육이 부족한 점이다. 사회의 수요와 거리가 먼 내용의 교육이 많다. 이는 대학 교육 시장에서 대학이 오랫동안 공급자 우위에 있어 온 상황과 관련된다. 이러한 점에서 대학 개혁은 교육 소비자인 학생 중심의 대학으로 바뀌는 것에 초점을 두어야 한다. 창의성, 인성, 직업역량 등을 충분히 개발할 수 있는 대학이어야 한다. 고학력 청년 실업을 줄이는 방향으로의 변화가 필요하다. 또한 학문 연구 등을 통해 국가의 지식 경쟁력을 이끌 수 있어야 한다. 자동차와 반도체, TV와 조선 산업 못지않게 세계적인 경쟁력을 지닌 대학이 나와야 한다.

한편 대학은 지역 사회의 지식공동체, 평생학습의 장으로서 충분한 역할을 수행할 수가 있다. 청년 중심의 대학에서 벗어나 전 연령대를 위한 지식공동체를 이끌 수 있어야 한다. 지역민의 평생학습을 책임지는 것이다. 성인의 학습과 역량 개발을 지원하는 학습체제를 개발하고 운영하여야 한다. 지자체, 지역 기업, 공공기관 등과 학습 프로그램을 개발하고 협업할 필요가 있다.

한 대학의 총장은 "대학은 지식전달이라는 전통적인 역할에서 벗어나야 한다. 덜 가르치고 더 코칭하라!(less teaching, more coaching!) 가르치기보다 학생의 지적 호기심을 자극하고 스스로 학습하는 역량을 키워주는 안내자 역할이 필요하다."고 하였다.[124] 핀란드 알토대의 툴라 테에리 총장은 "대학은 연구개발의 결과인 기술과 지식을 기업에 이전한다는 낡은 틀에서 벗어나야 한다. 대학 과학자와 기업이 서로 배우며 지식을 공동 창출(co-creation)하는 방향으로 새롭게 역할을 조정할 필요가 있다."고 강조하였다. 대학과 연구기관, 산업계가 서로의 경계를 허물고 산학연 공동체가 돼야 한다는 주장이다.[125]

대학은 직접 가르치는 역할을 줄일 필요가 있다. 대신 학생들이 학교 바깥의 최근 기술과 기업으로부터 필요한 것을 배우도록 지원하여야 한다. 강의와 필기시험 중심에서 산학협력으로 현장 공부를 강화하는 방향으로 변화하는 것이다. 경험과 일에 기반하는 배움 (work-based learning)을 확대하여야 한다. 가르치는 교육에서 스스로 배우는 학습으로 진화하는 것이다. 학교는 그러한 프로그램을 만들고 학생의 진로를 코치하는 역할을 할 필요가 있다. 예컨대 워털루대의 산학협동교육센터 같은 기관을 두고 학생들의 현장실습과 진로 선택을 지원하는 것이다.[9]

교육부는 대학의 인턴십과 현장실습 강화를 위한 제도화에 앞장서야 한다. 결국 대학 교육의 혁신은 취업률을 높이는 방향이 되어야 할 것이다. 어떤 대학을 나왔느냐보다 어디에서 무슨 일을 하고 있는지가 중요하다. 그것에 도움을 주는 대학이 되어야 한다.


## ⊙우수 입학생보다 우수 졸업생을 배출해야

대학은 교육열의 종착점이 되어서는 안 된다. 입학 품질 못지않게 졸업 품질이 중요하다. 대학 서열에 무관하게 대학별 교육 프로그램이 충분히 차별화되어야 한다. 그것이 대학 서열을 타파하는 역할을 할 수가 있다. 입학 성적이 아닌 졸업생의 사회적 기여도로 대학 서열이 매겨져야 한다. 사회와 정부, 대학 모두의 노력이 필요하다.

대학별 교육 프로그램의 차별화로 서열화된 대학의 문제를 풀 수 있어야 한다. 교육 프로그램의 차별화는 취업 성과나 졸업생 역량의

---

9)  과거 실업계 고등학교에서는 학교가 기업 등과 연계하여 학생들의 방학 중 현장 실습을 계획하고 실행한 경험들이 있다. 학교가 자율적으로 학생의 취업을 지원하는 등 적극적으로 진로를 지도했던 것이다.

차이로 나타날 수가 있다. 대학 서열보다 졸업 품질에 관심을 갖는 분위기를 만들 필요가 있다. 상위권 대학일수록 차별화된 프로그램 개발에 소홀할 가능성이 있다. 학생들이 똑똑하고 알아서 하는 면이 있기 때문이다. 대학 이름을 떠나 학생들은 창의성, 인성, 직업역량 등을 배양하는 프로그램을 지닌 대학에 지원할 수 있어야 한다. 성적 우수생을 선발하는 경쟁이 아닌 교과과정 프로그램으로 경쟁하는 입시일 필요가 있다.

대학은 교육 효과가 클 것으로 기대되는 지원자들을 선발할 의무가 있다. 지원자의 적성, 희망 직업과 관련 경험, 태도, 인성 등을 중요하게 고려하여야 한다. 지원자는 입시생들은 시험 성적이나 '배치표' 대신 보다 다양한 정보로 대학과 전공을 선택할 수 있어야 한다. 하지만 대학과 학과 선택에 관련된 정보는 턱없이 부족한 경우가 많다. 차별화된 교육 프로그램을 개발하고 충분히 홍보할 필요가 있다.

기업과 협업하여 일자리 역량을 획득한 졸업생을 배출할 필요가 있다. 인턴이나 현장실습 기회가 풍부한 교과과정이 되어야 한다. 학생 역량이 향상되는 학생 중심의 교과과정을 만들고 이행하는 것이 대학의 역할일 것이다.


## ◉지식 경쟁력을 이끄는 대학


대학은 국가의 지식경쟁력을 견인하는 주체이자 메카일 필요가 있다. 대학은 중요한 지식산업이며 개별 대학은 '지식기업'이다. 각 분야 학문에서 독창적인 연구와 새로운 이론의 왕성한 결과들이 산출되어야 한다. 획일적인 이론에 기반하는 학문과 교육 내용에서 벗어나야 할 것이다. 한국의 경제와 정치, 기업과 사회 등 현실을 반영하는 독창적인 관점과 창의적인 연구 방법이 필요하다.

대학은 특히 기초 학문, 기초연구에 강할 필요가 있다. 응용연구, 사업화 연구는 기업이나 기업 연구소가 담당할 수 있기 때문이다. 대부분의 OECD 국가도 대학이 기초연구의 50~80%를 담당하는 것으로 알려져 있다. 하지만 한국 대학의 동 비율은 20% 수준이다. 한국이 GDP 대비 국가의 연구개발비는 세계 1위이지만 대학에 대한 연구비 지원 비중은 매우 낮은 것이다. 기초연구 인력이 대학에 정착하여 연구할 수 있는 기반을 마련할 필요가 있다. 또한 대학은 국가 각 부문의 정책 개발에서도 보다 중요한 역할을 할 수 있다. 이해관계자들을 대변하는 정치권이나 그와 연결된 정부의 정책은 때때로 합리적 타당성이 결여될 수 있다. 정부 각 부처 산하의 연구기관들도 현재 정책의 틀을 벗어난 연구를 하기 어렵다. 이러한 점에서 대학은 보다 적극적으로 각 분야 정책에 도움이 되는 연구를 통해 국가에 기여할 필요가 있다. 정부와 국회는 이런 점에서 대학이 충분히 연구할 수 있도록 필요한 지원을 할 수 있어야 한다.

유능한 교수진이 필요하다. 현장 경험을 지닌 교수진이 실무 지식을 기반으로 연구하고 새로운 이론을 제안할 수 있어야 한다. 연구에서도 이종교배에 의한 창조와 혁신이 필요하다. 다양한 배경과 경험을 지닌 교수진들이 필요하다. 동문으로 구성된 교수진은 동종교배의 학문 풍토를 만들 수 있다. 교수당 논문 수, 네이처(Nature) 등에 게재한 논문 수, 논문 피인용 지수 등에서 한국이 낮은 평가를 받는 배경일 수가 있다. 독창적이고 깊이 있는 내용의 논문이 부족한 것이다.

선후배로 연결되는 수직적 구조, 동종교배의 분위기에서 창의적인 연구와 융·복합적 창조는 쉽지 않다. 토론과 협업 등 이종교배에 의한 학문적 성과를 기대하기 어려운 것이다. 법령으로라도 대학별 동문 출신 교수진의 비율을 제한할 필요가 있다. 동문 교수 비율이 일정률 이하일 것을 조건으로 정부 예산을 지원하도록 하는 것이다. 예컨대 교수 요원의 70~80% 이상은 타 대학 출신으로 구성할 필요가 있다.

대학 교수진에 고소득층 자녀가 많을 수 있다. 학문의 보수화가 우려되는 부분이다. 진취적이고 혁신적인 자세보다는 현상 유지적 관점에서 사회나 사물을 볼 수가 있다. 도전적이고 획기적인 관점의 연구가 부족한 것이다. 보다 다양한 계층과 배경을 지닌 사람들의 교수직 진출이 필요하다. 다양한 분야의 현장 전문가 등이 교수직에 진출할 수 있어야 한다. 이론과 실제, 현장과 연구소 등 이질적인 배경의 사람들이 모일 때 융·복합적 창조가 가능할 것이다.

특히 공대, 경영대, 사회과학대, 법대 등에 현장 경력을 지닌 교수진이 필요하다. 교수의 성과 평가는 논문 수뿐만 아니라 다양한 지표에 의할 수가 있다. 기업에 기술을 이전한 실적이나 특허, 사회적 기여 등에 관련된 성과도 중요하다. 학생의 진로 지도, 직업교육, 현장실습 지원, 교수 창업 등의 활동도 중요한 성과로 평가되어야 할 것이다.

# ⊙대학 공공성의 강화

대졸자의 취업난과 더불어 입시 불공정성의 문제가 심각하다. 국가의 중요한 문제를 국회와 정부 등 책임 있는 국가기관이 방치해 온 결과이다. 교육열에 편승한 과도한 상업주의를 용인하고 국가의 역할을 회피해 왔다. 이제 대학교육의 공공성 강화를 통해 문제를 풀어가야 한다. 국가가 대학 운영에 관련하여 필요한 역할을 강화하는 것이다. 청년 다수가 대학에 진학하고 있다. '대학을 위한 학생'이 아니라 '학생을 위한 대학'이어야 한다. 교육의 기회균등을 위해 학비의 개인 부담을 낮출 필요가 있다. 부모의 역량과 관계없이 누구나 원하는 교육을 받을 수 있어야 한다.

교육 방식의 변화를 통해 큰 폭의 비용 절감이 가능할 것이다. 예컨대 무크(MOOC) 같은 강의 플랫폼 활용을 확산하여야 한다. 차별화가 불필요한 강의 등을 통합 운영하여 대학 졸업장 비용을 대폭 낮출 수 있을 것이다. 학생 수 감소에 따른 대학 운영의 변화도 필요하다.

정부는 대학 운영 방향을 정한 후 필요한 지원을 하고 관리하여야 한다. 2019년 기준 교육부가 대학교육에 직접 지원한 예산은 10조 원 수준이었다. 이러한 예산이 고학력 실업과 격차 확대를 지원하는 곳에 쓰여서는 안 될 것이다. 교육의 기회균등과 청년 실업 해소, 대학 경쟁력 향상 등의 분야에 지출될 필요가 있다. 정부 예산은 바람직한 방향의 대학 혁신과 교육 품질 향상에 쓰여야 한다.

## Epilogue

한 국가의 융성과 쇠락은 그곳에 사는 사람들에게 달려 있다. 신분과 자본의 시대를 지나 지금은 지식기반의 시대이다. 지식기반의 역량이 경제는 물론 국력 전반을 결정짓는다. 지식역량을 충분히 개발하고 그것을 마음껏 발휘할 수 있어야 한다. 이것이 바로 성공하는 국가의 조건이다. 물론 국민의 지식역량 개발과 활용에 관하여 완벽한 수준의 제도를 갖춘 나라는 없을 것이다. 그러한 점에서 한국은 어느 수준에 있는지 알 수 없다. 비교 가능한 자료가 별로 없는 것이다.

하지만 한국의 교육열은 세계적이며 교육에 투자한 만큼 효과가 충분치 않다는 점은 분명하다. 교육과 입시, 사람 평가와 보상, 과도한 진입 규제와 불공정한 경쟁구조 등이 문제이다. 이러한 문제들은 대부분 구조화되어 있고 경직적이다. 법령이나 규정 등으로 된 제도가 그 배경에 있다.

어떻게 해야 하는가? 우선 변화의 필요를 인식하는 것이 중요하다. 강렬하게 인식하고 다수가 같이 느낀다면 좋을 것이다. '현재의 구조에서는 앞으로도 여러 문제를 풀기가 쉽지 않다'는 사실에 공감하여야 한다. 지식역량 개발을 저해하는 여건과 격차 확대 등의 문제가 지속될 것이다. 이러한 모순은 언젠가는 제거되거나 사라져야 한다. 스스로 변하지 않는다면 언젠가 타의에 의해 변화가 강제될 수도 있다.

인적자원의 역량 개발과 그 활용에 관한 실태 등 사실을 파악하고 공유하는 것이 중요하다. 공표되었거나 확인 가능한 자료들을 통해 가능한 한 객관적인 사실을 파악할 필요가 있다. 일상에서 벗어나 멀리 바라보고 타인의 눈으로 나를 볼 수 있어야 한다. 적나라한 모습을 통해 문제를 직시할 수 있어야 할 것이다. 이로부터 변화와 개혁에 대한 논의가 시작될 수 있다.

지식기반 경제나 4차 산업혁명은 지식역량이나 창의력이 삶과 경제의 기반이 될 것으로 설명한다. 그것은 우리에게 주어진 시대적 환경이다. 한편 입시, 연공서열제, 면허 제한에 의한 진입 규제 등은 우리가 만든 제도로서 지식역량 개발에 지대한 영향을 미친다. 결과적으로 과다한 암기, 불공정한 보상, 기술 개발의 봉쇄 등의 현상을 낳고 있다. 지식역량 개발에 부정적 역할을 하는 것이다. 관련 제도와 구조가 바뀌어야 한다. 지식역량을 충분히 개발하고 마음껏 역량을 발휘할 수 있어야 할 것이다.

하지만 한번 형성되어 유지된 관행과 제도는 쉽사리 바뀌지 않는다. 사람들은 기존 방식에 익숙하고 변화에 낯설다. 현재의 틀에 익숙하여 살아간다. 변화에 대해서는 구조적 관성[1]이 작용한다. 변하려고 하지 않는 것이다. 학벌이나 학력 우대, 사교육 등에 의한 입시 교육, 연공서열형 급여체계, 과도한 진입 규제에 따른 고소득 획득, 기울어진 운동장에서의 경쟁, 교육의 학교 독점 등의 현상에 익숙해 있다.

유리한 입장의 다수가 스스로 문제를 인지하고 관련 제도의 변화를 주도하다면 좋을 것이다. 제도 변화를 통해 순조롭게 구조가 개선될 것이다. 그러나 이러한 변화가 어렵다면 모두가 변화를 위한 환경 조성에 동참할 필요가 있다. 사실을 공유하고 문제를 인식함으로써 같이 변화의 방향을 찾는 것이다. 한국의 입시 제도와 학벌사회는 비인간적이고 낭비적인 면을 지녔다. 연공서열제는 불공정하며 비효율적인 문제가 있다. 고소득을 보장하는 과도한 면허규제는 혁신되어야 한다. 당장은 현재의 여건에 익숙하고 편안하지만 개인이나 공동체에 독이 되고 있음을 인식할 필요가 있다. 같이 변화를 꿈꾸어야 한다.

비도덕적 가족주의에 대해서도 생각해 볼 필요가 있다. 자녀에 대

---

1) Structural inertia. 조직이나 기업이 기존 상태를 유지하고 기존 방식으로 조직을 경영하려는 관습적인 성향, 즉 변화의 요구를 거부하고 기존 방식을 고수하려는 성향을 말한다.

한 사랑이 불공정한 '입시 경쟁'의 배경일 수 있는 것이다. 교육의 기회균등 원칙을 훼손하는 기반이 되고 있다. 어린 자녀들을 기울어진 운동장에서 경쟁하게 한다. 하지만 이 땅의 아이는 누구나 원하는 수준의 교육을 받을 권리가 있다. 그러한 나라가 되어야 한다. 이기적 가족주의의 문제를 극복하고 보다 성숙한 사회로 나아갈 필요가 있다.

좁은 땅에 많은 인구가 모여 산다. 갈등과 격차 등 여러 문제가 발생하지만 개선되고 해결되기도 한다. 겉으로 드러난 증상을 개선하기도 한다. 그보다는 구조적 원인을 찾아 해소하는 근본적인 변화가 필요하다. 인적자원 역량을 효과적으로 개발하고 역량을 충분히 발휘하게 한다면 많은 문제를 해결하게 될 것이다. 정부와 국회가 나선다면 축복받은 나라이다. 아니면 국민의 관심과 참여로 제도와 정책의 변화를 논의하고 요구하여야 할 것이다.

'혁신적인 변화는 절벽 가까이 갔을 때만 가능하다.'고 한다. 온갖 낭비와 희생이 지속된 후에 변한다면 무슨 소용인가? 아인슈타인은 "세상은 악한 일을 행하는 자들에 의해 멸망하지 않는다. 아무것도 하지 않으면서 그 악한 자들을 지켜보기만 하는 자들에 의해 망한다(The world will not be destroyed by those who do evil, but by those who watch them without doing anything)."고 하였다. 범죄의 주도자가 아닌 방관자가 주범이다.

# 인용 및 참고 자료

1 "know", 『네이버 영영사전』, 검색일: 2020년 8월 11일.

2 하영삼, 『한자어원사전』, 도서출판3, 2014.

3 한국직업능력개발원, 「한국인의 역량, 학습과 일: 국제성인역량조사(PIAAC)」, 2013.

4 장덕삼, 『신교육사철학』, 재동문화사, 2000, 362-368쪽.

5 김문, "제주공항 제2 관제사고를 막으려면", 『제주일보』, 2015년 12월 17일.

6 "스턴버그의 삼위일체 지능이론", 『한국어 위키백과』, 작성일: 2020년 3월 6일.

7 박선영, "레시피대로 했는데 왜 안 되지?", 『한국일보』, 2016년 1월 13일.

8 MICHAEL POLANYI, 『Personal Knowledge』, 『The University of Chicago Press』, 1958.

9 유시민, 『역사의 역사』, 돌베개, 2018, 40쪽

10 유발 하라리, 『호모데우스』, 김영사, 2017.

11 M. Porter, 『The Competitive Advantages of Nations』, Free Press, 1990.

12 제롬 케이건, 김성훈 역, 『무엇이 인간을 만드는가』, 책세상, 2020, 408쪽.

13 김형석, "내가 철이 없어서 그런지, 늙는다는 생각이 잘 안 든다", 『중앙일보』, 2019년 11월 21일.

14 신혜연, "'잘못 살았나 싶다' …졸업과 동시에 '빚 수렁' 빠진 청년들", 『중앙일보』, 2019년 4월 18일.

15 「OECD 교육지표 2019」 결과 발표, 교육부, 2019.

16 「OECD 교육지표 2019」 결과 발표, 교육부, 2019.

17 「2018 한국의 사회지표」, 통계청, 2019.

18 로버트 루트번스타인 외, 박종성 역, 『생각의 탄생』, 에코의 서재, 2007, 41-42쪽.

19 "대학수학능력시험/문제점 및 해결 방안", 『나무위키』, 작성일: 2020년 8월 10일.

20 「The Global Human Capital Report」, WEF, 2017.

21 「OECD Skills Strategy Diagnostic Report for Korea」, OECD, 2015, p.16.

22 김상봉, 『학벌 사회』, 한길사, 2013.

23 교육부 등, 「한국인의 역량, 학습과 일: 국제성인역량조사(PIAAC)」, 2013, 84-99쪽.

24 이주호 외, 「한국인의 역량: 실증분석과 미래전략」, 『한국 경제포럼』, 제9권 제1호, 2016, 27-28쪽.

25  백예리, "한국 인재 경쟁력. 여성 사업환경 개선해야", 『이코노미조선』, 2017년 2월 6일.

26  「20대 남성 '강한 남자, 일에서 성공하는 남자, 위계에 복종하는 남자' 되기 거부 성향 뚜렷」, 한국여성정책연구원, 2019.

27  "702010모델", 한경 경제용어사전, 『네이버 지식백과』.

28  조명진, 「유럽 관점에서 본 한국인의 창의성」, 과학기술정책연구원(STEPI), 2009.

29  "신에 도전하려는 인간, 그 고단한 삶이여", 『중앙SUNDAY』, 2019년 8월 17일.

30  "확산적 사고(divergent thinking)", 실험심리학용어사전, 『네이버 지식백과』, 시그마프레스(주), 2008.

31  "삼원지능이론(triarchic theory of intelligence, 三元知能理論)", 상담학 사전, 네이버 지식백과』, 상담학 사전, 2016.

32  김규원, 「전통적 교육패러다임과 창의성 함양의 역설」, 『한국학논집』, 제54집, 2014.

33  이재윤, 김명언, 「문화와 창의성 개관: 과거, 현재 그리고 미래」, 『한국심리학회지』, 일반 34권1호, 2015.

34  장하석, "과학의 기본은 호기심과 질문… 한국선 실험·문제풀이가 전부", 『조선일보』, 2016년 10월 14일.

35  박현성, 「기업가정신 지수 국제비교를 통한 한국 기업가정신 환경평가」, 『KERI Brief』, 2017.

36  「2018 세계 경제포럼(WEF) 국가경쟁력 평가 결과」, 기획재정부, 2018.

37  김승민, 「서비스산업 비즈니스 모델 혁신 경쟁력 국제 비교」, KIET 산업연구원, 2018.

38  김명자, "김명자의 과학 오디세이: 과학기술혁신 모델, 선형(linear)에서 삼중나선(triple helix)까지", 『중앙일보』, 2016년 9월 23일.

39  김신영, "'지시 대기族'의 사회", 『조선일보』, 2016년 3월 31일.

40  이혜정, "'1개 정답 찾기' 수능이 창의력 죽인다", 『매일경제』, 2016년 3월 4일.

41  김태룡, "한국 축구는 기술, 체력은 괜찮지만 정신력이 약하다?", 『다음 스포츠』, 2016년 6월 2일.

42  「OECD Skills Outlook 2013」, OECD, 2013.

43  오페르트, 신복룡 외 역, 『금단의 나라 조선』, 집문당, 2000.

44  한영우, 『다시 찾는 우리 역사』, 경세원, 2017.

45  오구라 기조, 『한국은 하나의 철학이다』, 모시는 사람들, 2019.

46  교육부 등, 「한국인의 역량, 학습과 일: 국제성인역량조사(PIAAC)」, 2013.

47  최원형, "공공기관 '블라인드 채용' 했더니… SKY 30% 줄고 지방대·여성 늘어", 『한겨레』, 2019년 9월 27일.

48  배우한, "'학벌이 곧 능력' 편견에… '문과 서연고, 이과 서카포' 줄 세우기", 『한국일보』, 2020년 1월 13일.

49  홍인기, "한국이 휩쓸던 기능올림픽 3위 추락, 우리 사회 기능인 대접 보는 듯 씁쓸", 『

한국일보』, 2019년 9월 17일.

50  김승일 외, 『헌법 제119조』, π-TOUCH, 2017.

51  유주현, "60세 발레리나? 국공립 무용단 정년 연장 논란", 『중앙SUNDAY』, 2018년 12월 1일.

52  「사업체 노동력 부가조사」, 고용노동부, 2019.

53  「OECD 교육지표 2019」 결과 발표, 교육부, 2019.

54  신지민, "'공무원 성과급 재분배 금지' 규정, 합헌", 『법률신문』, 2016년 12월 2일.

55  이주호·최슬기, 「한국인의 역량: 실증분석과 미래전략」, KDI, 2015.

56  황수경, 「연공임금을 다시 생각한다」, 『노동리뷰』, 2005년 2월호, 1-12, 2005.

57  김혜진 외, 『실리콘밸리를 그리다』, 스마트북스, 2018.

58  이병기, 「기업 진입·퇴출의 생산성 효과와 진입 규제 개혁과제」, 한국 경제연구원, 2014.

59  선정원, 「선진국으로의 발전과 진입 규제의 개혁」, 강원 법학 제31권, 2010.

60  「"Better Policies" Series KOREA」, OECD, 2015.

61  류지민, "뜨거운 감자 '원격의료'…"무조건 NO" 앞에선 기술 있어도 '무용지물'", 『중앙일보』, 2019년 5월 23일.

62  이상재, "농식품부 경매제 고수…도매협회에 퇴직관료 낙하산 있었다", 『중앙일보』, 2019년 6월 4일.

63  「"Better Policies" Series KOREA」, OECD, 2015.

64  김승일 외, 「공공부문의 시장사업 정당성 분석」, 파이터치연구원, 2018.

65  「Competitive Neutrality: Maintaining a level playing field between public and private business」, OECD, 2012.

66  박종규, 「우리나라 소득 불평등의 추이와 원인 및 정책목표」, 『KIF 연구보고서』, 2017.

67  조강수, "재판부·전관 변호사에 따라 죽살이 치는 판결 누가 믿겠나", 『중앙일보』, 2019년 4월 5일.

68  노민선, 「기업 규모별 임금 격차 국제 비교 및 시사점」, 중소기업 포커스, 2017.

69  김주영, 「중소기업 청년고용의 현황과 과제」, 산업연구원, 2018.

70  마틴 포드, 이창희 역, 『로봇의 부상(RISE OF THE ROBOTS)』, 세종서적, 2016.

71  「2016년 중소기업실태조사 보고서」, KBIZ 중소기업중앙회, 2016.

72  「산업기술인력 수급 실태조사」 결과 발표, 산업통상자원부, 2018.

73  양돈선, 「세계 1위 국가브랜드파워 국가 독일」, 『Hansun Brief』, 통권85호, 2019.

74  전병유·정세은, 「일자리 분포의 변화와 동인에 관한 연구: 1993-2016년」, 한국경제발전학회, 제23권 제2호, 31-58쪽, 2017.

75  박예은·정영순, 「재취업 중·고령 임금근로자의 좋은 일자리 영향요인 분석」, 한국사회복지정책학회, 제43권 제1호, 235-257쪽, 2016.

76 김유빈·최충, 「고용·직업 안정성의 노동시장 효과 연구」, 한국노동연구원, 2018.

77 「OECD Skills Strategy Diagnostic Report for Korea」, OECD, 2015.

78 사설, "넘치는 neet족 절반이 대졸이라니", 『헤럴드경제』, 2019년 11월 20일.

79 「신임공무원 가치관·의식조사 최종 보고자료」, 중앙공무원 교육원, 2015.

80 「세계 가치관 조사(World Value Survey)」, Institute for Comparative Survey Research, 2018.

81 양해만·조영호, 「한국의 사회경제적 변화와 탈물질주의」, 『한국정치학회보』, 52집 1호, 2018.

82 박종규·전게서, 「공적자금의 연령별 상환부담에 관한 연구」, 한국금융연구원, 2003.

83 김용창, 「부동산이 판치는 새로운 신분 사회」, 디딤 혁신 리포트, 제17호, 2018.

84 송해룡, "원격의료는 시대정신이다", 『중앙일보』, 2020년 5월 4일.

85 「"Better Policies" Series KOREA」, OECD, 2015.

86 김우철, 「사회적 자본으로서의 신뢰 형성」, 『응용경제』, 제16권 제1호, 2014.

87 교육부 등, 「한국인의 역량, 학습과 일: 국제성인역량조사(PIAAC)」, 2013.

88 프랜시스 후쿠야마, 『트러스트: 사회도덕과 번영의 창조』, 한국경제신문사, 2002.

89 "비도덕적 가족주의(amoral familism)", 선샤인 논술사전, 『네이버 지식백과』, 선샤인 논술사전, 2007.

90 양돈선, 「세계 1위 국가브랜드파워 국가 독일」, 『Hansun Brief』, 통권85호, 2019.

91 로베르타 골린코프 외, 김선아 역, 『최고의 교육: 4차 산업혁명 시대 미래형 인재를 만드는』, 예문아카이브, 2018.

92 마셜 B. 로젠버그, 캐서린 한 역, 『비폭력대화』, 한국NVC센터, 2017.

93 황세희, "황세희의 '러브에이징': 노년기 운동은 과유불급, 능력치의 '55% 미학' 지키자", 『중앙SUNDAY』, 2019년 11월 9일.

94 움베르또 마뚜라나 외, 최호영 역, 『앎의 나무』, 갈무리, 2007.

95 로버트 루트번스타인 외, 박종성 역, 『생각의 탄생』, 에코의 서재, 2007, 25-29쪽.

96 권순완, "[Why] 선장되고 첫 항해서 침몰…", 『조선일보』, 2016년 4월 9일.

97 김동규, 「4차 산업혁명 시대의 직업교육」, 『교육제주』, 2018 봄·여름, 2018.

98 김정한, "'세계 최고 코로나 진단국' 왕관 쓴 한국… 美 제친 비결은", 『뉴스1』, 2020년 3월 19일.

99 김식, "홈런 감잡은…", 『중앙일보』, 2019년 4월 18일.

100 박세진, "일, '노벨상' 요시노.", 『연합뉴스』, 2019년 11월 1일.

101 김지한, "'손흥민 존' 왼발 감아차기…", 『중앙일보』, 2018녀 12월 10일.

102 전원경 외, "'합스부르크 주걱턱.'", 『조선일보』, 2016년 10월 1일.

103 로버트 루트번스타인 외, 박종성 역, 『생각의 탄생』, 에코의 서재, 2007, 45쪽.

104 박종규·전게서, 「공적자금의 연령별 상환부담에 관한 연구」, 한국금융연구원, 2003,

91-92쪽.

105 김정운, 『에디톨로지』, 21세기북스, 2018.

106 박종규·전게서, 「공적자금의 연령별 상환부담에 관한 연구」, 한국금융연구원, 2003, 27-28쪽.

107 노나카 이쿠지로 외, 나상억 역, 『지식경영』, 21세기북스, 1998.

108 김정민, "카카오 새내기 만난…", 『중앙일보』, 2019년 11월 28일.

109 "대뇌 기능", 인체 구조 학습 도감, 『다음 백과』, 중앙에듀북스, 2013.

110 이경주, "헬조선이 웬말?", 『서울신문』, 2020년 6월 3일.

111 "스웨덴은 어떻게 교육선진국이 되었나?", 서울시교육청 블로그 서울교육나침반, 2015년 2월 6일 수정, 2020년 8월 11일 접속, https://seouleducation.tistory.com/1735.

112 "미국의 교육'에 대한 질의와 답변", 『다음 T!P』, -.

113 장홍근 외, 「숙련개발체제와 노사관계」, 한국노동연구원, 2009.

114 테라다 모리키, 나승일·이명훈 공역, 『일본의 직업교육』, 충남대학교출판문화원, 2012.

115 김향아, 「국내기업의 채용 관행 변화 실태와 개선과제」, 한국노동연구원, 2013.

116 한경환, "일자리·졸업장 두…", 『중앙SUNDAY』, 2018년 12월 8일.

117 짐 로저스, 전경아 외 역, 『세계에서 가장 자극적인 나라』, 살림, 2019.

118 김동규, 「4차 산업혁명 시대의 직업교육」, 『교육제주』, 2018 봄·여름, 2018.

119 "TOPUNIVERSITIES", 2020년 8월 11일 접속, https://www.topuniversities.com.

120 김용성·이주호, 「인적자본정책의 새로운 방향에 대한 종합연구」, KDI, 2014.

121 「OECD 교육지표 2019」 결과 발표, 교육부, 2019.

122 레이 크록, 이영래 역, 『사업을 한다는 것』, 센시오, 2019.

123 이상언, "중국인 유학생들 '우리는 교육이 아닌 돈벌이 대상'", 『중앙일보』, 2019년 12월 2일.

124 강홍준, "덜 가르치고 더 코칭…대학 '실험실서 시장으로' 나가라", 『중앙SUNDAY』, 2019년 11월 23, 24일.

125 김범준, "지식은 공유할 때 가치 빛나… 대학, 기업과 지식공동창출 더 늘려야", 『한국경제신문』, 2016년 4월 17일.